陕西师范大学优秀学术著作出版资助

新闻
商业模式
创新
理论、实践与案例

张建中 著

中国社会科学出版社

图书在版编目（CIP）数据

新闻商业模式创新：理论、实践与案例/张建中著.—北京：中国社会科学出版社，2024.7

ISBN 978-7-5227-3684-6

Ⅰ.①新… Ⅱ.①张… Ⅲ.①新闻工作—商业模式—研究—中国 Ⅳ.①G219.2

中国国家版本馆 CIP 数据核字（2024）第 110744 号

出 版 人	赵剑英	
责任编辑	张 湉	
责任校对	姜志菊	
责任印制	李寡寡	

出　　版	中国社会科学出版社
社　　址	北京鼓楼西大街甲 158 号
邮　　编	100720
网　　址	http://www.csspw.cn
发 行 部	010-84083685
门 市 部	010-84029450
经　　销	新华书店及其他书店
印　　刷	北京明恒达印务有限公司
装　　订	廊坊市广阳区广增装订厂
版　　次	2024 年 7 月第 1 版
印　　次	2024 年 7 月第 1 次印刷
开　　本	710×1000　1/16
印　　张	19.5
字　　数	316 千字
定　　价	108.00 元

凡购买中国社会科学出版社图书，如有质量问题请与本社营销中心联系调换
电话：010-84083683
版权所有　侵权必究

序　　言

　　随着新媒体技术的迅猛发展，新闻业所处的生态环境发生了根本性变化。报纸发行量和广告收入急剧下降，给传统媒体带来巨大经济压力。与此同时，社交媒体平台崛起，使得新闻传播方式和读者消费习惯发生深刻变革。面对这一系列挑战，新闻媒体必须进行商业模式创新，以适应新的市场环境。

　　传统新闻业商业模式不可持续已经是不争事实。广告收入的减少和数字化带来的冲击正迫使新闻组织寻求新的盈利方式。通过系统分析和总结全球范围内新闻商业模式创新案例，本书试图解释和揭示新闻业转型成功的关键因素和发展路径。

　　本书首先从理论层面出发，系统梳理商业模式创新相关理论。作者引入阿米特和祖特的商业模式框架，强调商业模式不仅仅是企业赚钱的方式，更是一个复杂的系统设计，涉及企业为创造和获取价值所采取的行动。通过对商业模式框架的详细解析，作者为读者提供了一个理解和分析新闻商业模式的理论工具。

　　在阐述商业模式创新理论的同时，作者还引入元新闻话语理论。元新闻话语作为一种研究策略，帮助我们理解新闻记者如何在新闻文本中公开协商和确认他们的价值和实践。这一理论的引入，使得本书在探讨商业模式创新的同时，能够更加深入地分析新闻业的变迁和创新过程。

　　在提出理论框架的基础上，本书通过多个经典案例，详细展示了不同类型新闻组织的商业模式创新路径。这些案例涵盖传统新闻组织的数字化转型、新兴数字媒体的商业模式创新，以及新闻电子邮件驱动的创新平台等多个方面。

　　例如,《卫报》通过实施会员模式,强调与读者建立深层关系,成功实现了经济收入上的可持续发展。《华盛顿邮报》则在贝佐斯的领导下,通过开发和售卖内容管理系统和广告技术,开辟了新的收入来源。《环球邮报》利用人工智能技术,开发了动态付费墙,实现了新闻订阅收入的显著增长。财新传媒作为中国第一个实行付费订阅的新闻媒体,通过多种创新手段,成功探索出了一条独特的商业模式转型之路。

　　这些案例不仅展示了新闻商业模式创新的多样性和复杂性,也为新闻从业者提供了宝贵的经验和启示。通过对这些实践案例的深入分析,读者可以更好地理解不同新闻组织在面对市场挑战时所采取的策略和方法。

　　本书还特别关注了新闻组织在收入多元化方面的探索。面对广告收入的下降,许多新闻组织积极拓展新的收入来源,如电子商务、品牌授权、课程销售、活动赞助等。例如,BuzzFeed 通过发展电子商务和品牌授权,成功实现了收入的多元化。Axios 则通过新闻电子邮件驱动的原生广告和软件工具服务,开辟新的收入来源。STAT 新闻组织凭借其在健康新闻领域的专业报道,成功吸引了大量付费订阅用户。这些案例展示新闻组织在面对突发危机时的应对策略和创新能力,也为未来新闻行业的创新管理提供了宝贵经验。同时,这些新闻组织多元化收入模式的探索,不仅增强了新闻组织的财务稳定性,同时也为新闻行业的可持续发展提供了新的思路和可能性。

　　新冠疫情全球大流行,对新闻行业产生深远影响。疫情期间,新闻媒体不仅面临着广告收入的急剧下降,还需要应对读者对新闻信息的迫切需求。许多新闻组织在这一特殊时期,加快了数字化转型步伐,探索新的商业模式。

　　本书共分为十四章,内容涵盖新闻业的多种商业模式创新实践,从广告模式的衰落到会员制、订阅模式的兴起,从单一收益模式到多元化收入模式的转变。在第一章中,作者探讨了传统新闻商业模式的衰落,广告收入的减少和数字化带来的冲击正迫使新闻机构必须寻求新的盈利方式。作者通过详细的数据分析和行业案例,深入解释了新闻行业面临的困境和转型的迫切性。

序　言

从第二章到第十二章，作者系统介绍了多种不同的新闻商业模式创新实践。以《卫报》《华盛顿邮报》《环球邮报》等新闻组织为例，展示了这些新闻机构如何通过实施会员制、销售软件服务、利用人工智能等策略来适应新的市场环境。每个案例都详细阐述了实施过程中的战略选择、挑战及成效，为新闻业提供了可借鉴的经验和启示。

在第十三章中，作者探讨了新闻电子邮件的兴起及其在新闻业务中的作用。随着用户阅读习惯的变化，新闻电子邮件成为新闻机构与读者建立稳定联系的重要工具。本章不仅分析了新闻电子邮件市场的竞争态势，还详细介绍了如何有效利用电子邮件增强读者的参与度和忠诚度。

最后，在第十四章中，作者总结了新闻商业模式创新的关键问题和未来趋势。在这一章中，作者不仅回顾了全书的核心观点，还展望了新闻行业面临的新机遇和挑战，提出建立多元化协同商业模式的必要性。

回顾历史，每一次技术革命都会引发媒介形态的重塑，新闻生态的变革。新闻组织需要在变局中孕育新的机会，在危局中寻找转机。面对新媒介技术的冲击，事实上，许多传统新闻组织并没能成功转型，他们或出售、或破产、或陷入困境。但同时我们也看到，一些传统媒体和新兴媒体突围而出，他们锐意进取，积极探索商业模式创新之路。本书正是对这些创新实践的总结与深入剖析。这些案例昭示我们，面对不确定的未来，唯有持续创新、多元探索，方能在激烈竞争中赢得先机。

目　　录

第一章　研究背景与问题 …………………………………… 1
    第一节　不可持续的广告商业模式 ……………………………… 2
    第二节　新闻信任下降 …………………………………………… 4
    第三节　新闻记者人数剧烈下降 ………………………………… 6
    第四节　新冠疫情的冲击 ………………………………………… 8

第二章　理论与方法 ………………………………………… 11
    第一节　商业模式理论 ………………………………………… 11
    第二节　元新闻话语理论 ……………………………………… 19
    第三节　研究方法 ……………………………………………… 22

第三章　以会员为中心的多元化商业模式
         ——《卫报》 ……………………………………… 29
    第一节　《卫报》独特的所有制结构 ………………………… 31
    第二节　开放式新闻 …………………………………………… 34
    第三节　会员制模式 …………………………………………… 37
    第四节　设置注册墙 …………………………………………… 47
    第五节　迈向多元化收入模式 ………………………………… 53
    本章小结 ………………………………………………………… 69

第四章　软件服务销售商业模式
         ——《华盛顿邮报》 ……………………………… 72
    第一节　Arc 的创建缘起 ……………………………………… 75
    第二节　Arc 的全球扩张 ……………………………………… 79
    第三节　Arc 内容管理平台的持续创新 ……………………… 81

第四节	Arc 开拓非媒体企业市场	82
第五节	软件即服务市场的激烈竞争	83
第六节	贝佐斯效应	85
本章小结		89

第五章　人工智能驱动的商业模式
——《环球邮报》……91

第一节	动态付费墙	92
第二节	自动化网页设置	98
第三节	授权技术收入来源	100
第四节	人工智能与媒体组织的可持续发展	102
第五节	数字时代的产品思维与创新文化	104
本章小结		107

第六章　付费订阅驱动的商业模式
——财新传媒……110

第一节	财新传媒概况	111
第二节	国内媒体的付费订阅探索	112
第三节	迈向付费订阅：财新传媒商业模式的艰难转型	113
第四节	财新传媒推动付费订阅的创新模式	121
第五节	迈向多元化收入	125
本章小结		138

第七章　超越原生广告
——BuzzFeed……140

第一节	从原生广告到程序化广告	142
第二节	数据驱动的竞争优势	146
第三节	电子商务战略	150
第四节	数字新闻会员模式	158
第五节	并购《赫芬顿邮报》实现新闻扩张	162
第六节	并购上市	167
本章小结		170

目 录

第八章 "智能简洁"驱动的商业模式
——Axios ··········173
- 第一节 报道模式创新："智能简洁" ··········176
- 第二节 新闻电子邮件驱动的原生广告 ··········179
- 第三节 Axios 地方新闻项目 ··········182
- 第四节 Axios HQ：软件即服务 ··········190
- 第五节 迈向多元化收入 ··········192
- 本章小结 ··········196

第九章 长尾新闻商业模式
——气候内幕新闻 ··········198
- 第一节 利基新闻网站的崛起 ··········198
- 第二节 规模最小的普利策新闻奖得主 ··········200
- 第三节 新闻生产的长尾模式 ··········201
- 第四节 高质量新闻与调查报道 ··········205
- 第五节 迈向多元化收入 ··········208
- 本章小结 ··········209

第十章 慢新闻驱动的商业模式
——Tortoise ··········212
- 第一节 众筹创业 ··········213
- 第二节 慢新闻 ··········215
- 第三节 开放式新闻 ··········218
- 第四节 会员模式 ··········222
- 第五节 Tortoise 社区网络 ··········224
- 第六节 音频与新闻电子邮件优先策略 ··········228
- 第七节 迈向多元化收入 ··········229
- 本章小结 ··········233

第十一章 建设性新闻驱动的商业模式
——The Correspondent ··········238
- 第一节 建设性新闻驱动的商业模式 ··········239

第二节　无广告的会员经济模式 …………………………………… 240
　　第三节　会员与知识社区的建构 …………………………………… 243
　　第四节　透明主观与共创新闻 ……………………………………… 244
　　第五节　未来挑战 …………………………………………………… 248
　　本章小结 ……………………………………………………………… 249

第十二章　健康新闻驱动的商业模式
　　　　　——STAT ……………………………………………… 251
　　第一节　健康新闻利基网站 ………………………………………… 252
　　第二节　精益创业 …………………………………………………… 254
　　第三节　"新型冠状病毒效应" …………………………………… 256
　　第四节　核心商业模式——付费订阅 ……………………………… 259
　　第五节　迈向多元化收入 …………………………………………… 266
　　本章小结 ……………………………………………………………… 268

第十三章　新闻电子邮件驱动的商业模式
　　　　　——Substack …………………………………………… 271
　　第一节　新闻电子邮件的崛起 ……………………………………… 272
　　第二节　新闻商业模式创新 ………………………………………… 273
　　第三节　新闻电子邮件市场的激烈竞争 …………………………… 275
　　第四节　推动地方新闻发展和国际扩张 …………………………… 277
　　第五节　推动记者独立创业 ………………………………………… 278
　　第六节　激情经济与创造者经济 …………………………………… 280
　　本章小结 ……………………………………………………………… 281

第十四章　结论 ……………………………………………………… 283
　　第一节　迈向多元化协同商业模式 ………………………………… 283
　　第二节　多元化创新三角 …………………………………………… 291
　　第三节　迈向成功的商业模式创新 ………………………………… 292

参考文献 ……………………………………………………………… 295

后　记 ………………………………………………………………… 302

第一章　研究背景与问题

在媒体数字化转型过程中，随着以广告为中心的媒体商业模式变得不可持续，探索和创新商业模式已经成为媒体组织亟须解决的一个问题。我们一般认为商业模式就是企业赚钱的方式，事实上，商业模式是一个企业组织的系统设计，具体而言就是企业为创造价值和获取价值的一种行动设计。除了广告收入逐渐消失之外，公众对新闻媒体信任的下降，报纸发行量、新闻记者的急剧减少，都对传统媒体的商业模式造成了巨大冲击。

自2009年以来，在国外的媒体报道中，"新闻危机"一词似乎逐渐淡出了人们的视线。2014年，皮尤研究中心（Pew Research Center）的报告称，数字新创媒体组织已经创造了5000个新工作岗位。2016年美国总统大选结束后，"特朗普冲击"（Trump Bump）推动了报纸订阅量的突然飙升。一些人认为新闻业已经渡过难关，开始反弹[①]。

事实上，传统报纸媒体的下行"死亡螺旋"（death spiral）仍在继续。虽然新的数字新闻模式，比如BuzzFeed新闻、Vice媒体集团，最初让人们产生了希望，很多人认为这类数字原生媒体会取代旧的新闻业，但几乎所有的数据现在都显示，无论是在数量上，还是在质量上，这些新创数字新闻媒体组织及其报道都呈下降趋势。

---

① Victor Pickard, *Democracy without Journalism? Confronting the Misinformation Society*, Oxford: Oxford University Press, 2019. p. 69.

第一节　不可持续的广告商业模式

尽管近年来报纸数字广告收入有所增长，但这一增长仍无法弥补传统广告收入的巨大损失。多年来，皮尤研究中心一直在调查这一下降趋势。早在 2012 年，皮尤中心的一项研究就发现，自 2003 年以来，纸质媒体广告收入下降高达 50%，但在线广告收入的增长没有抵消这一收入的下降，收入与损失之间的比率是十比一。之后，对于大多数报纸来说，这种下降趋势一直在持续，而且还在继续恶化，数字广告无法弥补印刷广告和订阅所带来的收入损失。随着纸质媒体广告收入不断减少，传统媒体组织必须找到能够代替广告收入的其他收入来源。

另一个导致新闻业衰落的原因是克雷格列表网（Craigslist）[①] 和它的免费分类广告模式，它单凭一己之力就影响了报纸的主要收入来源。不过，报纸商业模式变得不可持续是一个更深层次的问题，即传统媒体商业模式的结构性弱点。即使克雷格列表网从未存在过，报纸也没有可靠的商业模式，因为读者和广告商都转移到了互联网上，其中大部分数字广告收入（只有一小部分流向印刷媒体）也被转移到了在线平台和搜索引擎上。

像谷歌（Google）和脸书（Facebook）这类垄断互联网公司已经成为消费者接触新闻报道的途径。这两个"双头垄断"平台获得了 85% 左右的数字广告[②]。自从 2000 年以来，报纸行业每年损失数百亿美元的广告收入，可以肯定的是，这些收入已经一去不复返了。

通常情况下，报业集团一般通过削减成本来弥补收入损失。不过，削减成本是一种短期策略，会带来长期的负面影响。作为一项总体商业战略，成本削减措施造成了一个恶性循环：随着媒体组织削减新闻纸张，削

[①] 克雷格列表网是由创始人 Craig Newmark 于 1995 年在美国加利福尼亚州的旧金山创立的一个网上大型免费分类广告网站。它是分类信息网站中的开拓者。网站上的分类信息包括了求职招聘、房屋租赁买卖、二手产品交易、家政、娱乐以及寻找异性朋友等敏感信息。

[②] Matthew Garrahan, "Advertising: Facebook and Google Build a Duopoly", https://www.ft.com/content/6c6b74a4-3920-11e6-9a05-82a9b15a8ee7. 查询时间：2023 年 11 月 8 日。

减版面、页面，媒体组织也在逐渐丧失他们最忠诚的付费订阅者。伴随着报纸质量持续下降，媒体报道中充斥着更多广告和空洞的故事，读者购买报纸的动机随着时间的推移逐渐减弱。媒体经济学家肯·多科特（Ken Doctor）指出，"即使是几十年的忠实订阅者也在慢慢取消报纸订阅"[①]。早在2013年皮尤研究中心的一项调查就发现，31%的受访者表示，他们逐渐抛弃了报纸这一特定的新闻渠道，因为他们发现报纸刊载的新闻和信息质量在不断下降[②]。

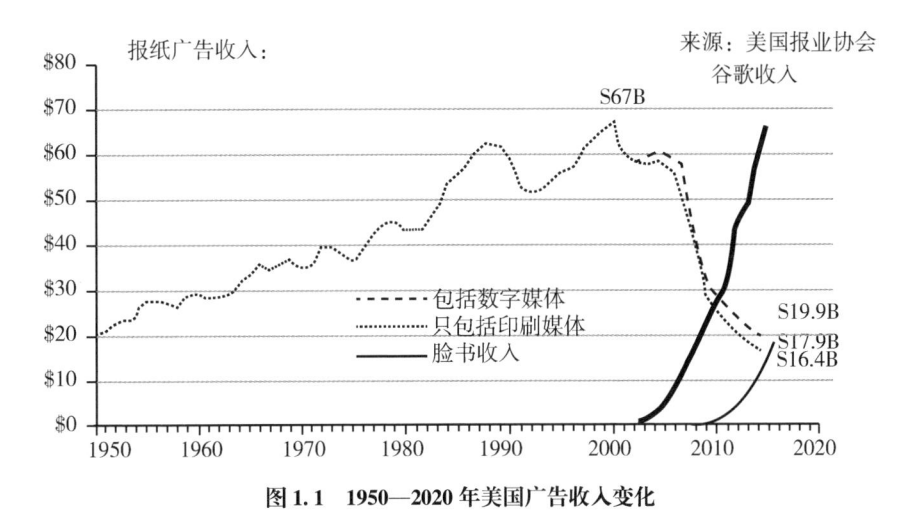

图 1.1　1950—2020 年美国广告收入变化

传统报业似乎进入了一个没有尽头的"死亡螺旋"。2016年，皮尤研究中心调查发现，报纸的每日发行量、广告收入和新闻编辑部人员都比前一年有大幅下降，该研究中心得出的结论是，传统报纸行业可能已经越过了"一个不可回头的点"（a point of no return）[③]。学者维克托·皮卡德

---

① Ken Doctor, "Newsprint Tariffs Gone, Print's Heavy Boot Remains", http://newsonomics.com/newsonomics-newsprint-tariffs-gone-prints-heavy-boot-remains/. 查询时间：2023年11月8日。

② Jodi Enda & Amy Mitchell, "Americans Show Signs of Leaving a News Outlet, Citing Less Information", http://www.journalism.org/2013/03/17/americans-show-signs-of-leaving-a-news-outlet-citing-less-information/. 查询时间：2023年11月8日。

③ Michael Barthel, "State of the News Media 2016: 5 Key Takeaways", http://www.pewresearch.org/fact-tank/2016/06/15/state-of-the-news-media-2016-key-takeaways/#. 查询时间：2023年11月8日。

(Victor Pickard)指出，如果新闻业的崩溃真的迫在眉睫，那么它就是一个值得大规模讨论的严重社会问题①。

过去 10 年中，随着广告收入迅速下降，以广告为主导的商业模式迅速变得不可持续，报纸的高利润时代已经终结。对于一个直到 21 世纪初还在赚取巨额利润的行业来说，这种下降速度惊人。在 20 世纪 80 年代和 90 年代，大多数大型报业公司的利润率超过 20%，2000 年以来，广告收入持续稳步攀升。事实上，直到 2005 年左右，报业公司的利润都非常可观，利润率保持在 20%—30%，有时甚至高达 40%。但是，由于美国报纸的广告收入约占其总收入的 80%，又特别容易受到市场波动的影响。这种结构性的脆弱说明为什么报业比其他媒体同行遭受的损失更大②。

中国国内传统媒体产业遇到的问题也与美国媒体大体相似，2014—2020 年中国传统媒体领域内，报纸、期刊产量持续下降。尤其在 2020 年，受疫情影响，本身处于转型中的报纸媒体元气大伤，大量纸媒通过停印纸质版报刊或缩减版面来维持生存。根据 CTR 媒介智讯数据，2020 年报纸、期刊广告刊例花费分别下降 28.2%、30.0%，报刊经营收入继续萎缩。纸质报刊发展深陷困境，进一步凸显了传统新闻组织数字化转型的紧迫性。虽然传统发行业务短期无法回暖，但数字订阅收入在一定程度上对传统业务板块收入的流失有所弥补。疫情防控期间大众对疫情相关信息与报道的需求激增，也刺激了媒体全方位的内容生产③。

第二节 新闻信任下降

在全球范围内，公众对新闻媒体的信任都在不断下降，这在美国表现

---

① Victor Pickard, *Democracy without Journalism? Confronting the Misinformation Society*, Oxford: Oxford University Press, 2019. p. 7.
② Victor Pickard, *Democracy without Journalism? Confronting the Misinformation Society*, Oxford: Oxford University Press, 2019. p. 79.
③ 崔保国、陈媛媛：《2020～2021 年中国传媒产业发展报告——兼论新世纪传媒 20 年》，《中国传媒产业发展报告（2021）》，社会科学文献出版社 2021 年版，第 11 页。

的尤为明显。2016 年，随着特朗普当选美国总统，美国公众对媒体的信任和信心降至 Gallup 民意调查历史上的最低点，只有 32% 的美国人表示他们对媒体有极大的信任[1]。

盖洛普从 1972 年开始调查媒体信任问题，从 1997 年开始每年进行一次调查。在民意调查的整个历史上，美国公众对媒体的信任和信心在 1976 年达到最高的 72%，这是因为对越南战争和"水门事件"的新闻调查受到公众广泛赞扬。从 20 世纪 90 年代末到 21 世纪初，美国公众对媒体的信任度一直保持在 50% 左右，此后逐年下降。2018 年，45% 的美国公众对大众媒体"全面、准确、公正"地报道新闻抱有极大或相当程度的信任，这代表着自 2016 年 32% 的历史低点以来公众对媒体信任的持续复苏[2]。

对大众媒体的信任因年龄的不同而有显著的差异：美国老年人比年轻人更有可能信任媒体。调查数据显示，65 岁及以上人群中有 53% 的人信任媒体，而 30 岁以下人群中只有 33% 的人信任媒体。年轻人所处的时代，充斥着党派媒体和假新闻，而美国老年人对媒体的信任，在很久以前就已经建立起来：以往人们每天都广泛阅读报纸，也信任电视新闻主播[3]。

尽管公众对媒体的信任度在下降，但盖洛普的调查发现，许多美国人仍然认为媒体在美国社会中扮演着重要的角色。恢复公众对媒体的信任是一个挑战，2021 牛津路透数字新闻报告调查显示，在新冠疫情背景下，公众对媒体的信任逐渐恢复。新闻媒体只有获得公众信任，才有可能建立一个可持续的商业模式。

---

[1] Art Swift, "Americans' Trust in Mass Media Sinks to New Low", https://news.gallup.com/poll/195542/americans-trust-mass-media-sinks-new-low.aspx. 查询时间：2023 年 11 月 8 日。

[2] Jeffrey Jones, "U.S. Media Trust Continues to Recover From 2016 Low", https://news.gallup.com/poll/243665/media-trust-continues-recover-2016-low.aspx. 查询时间：2023 年 11 月 8 日。

[3] Jeffrey Jones, "U.S. Media Trust Continues to Recover From 2016 Low", https://news.gallup.com/poll/243665/media-trust-continues-recover-2016-low.aspx. 查询时间：2023 年 11 月 8 日。

第三节　新闻记者人数剧烈下降

面对收入的迅速流失,许多传统新闻单位都以大规模裁员来应对经济压力。美国新闻编辑协会(American Society of News Editors)估计,从 2005 年到 2015 年,新闻行业的从业人数下降了近 40%。同样,劳工统计局(Bureau of Labor Statistics)发现,自 2001 年以来,报纸行业已经失去了超过一半的员工[①]。随着新闻机构削减成本、不断减少的收入,日益紧缩的财政政策不仅导致工作岗位减少,而且还导致工作薪酬更低、福利更少。新闻组织对志愿者和临时工的依赖日益增加,新闻工作环境正在恶化。新闻编辑室还要求记者用更少的时间和资源做更多的事情。新闻工作者在不断承担更多的数字劳动。伴随着这种不稳定的增长,媒体组织用各种各样的新方法逐步淘汰全职记者,包括更多地依赖自由职业者、实习生,甚至机器人。

新闻工作者的临时化也造就了大批半就业的新闻工作者,他们必须把大部分时间花在寻找短期的写作工作上。传播学者妮可·科恩(Nicole Cohen)所称的"创业新闻"(entrepreneurial journalism)已经成为许多苦苦挣扎的自由职业者的唯一选择。她指出,围绕这一现象的讨论"促进了一种观念,即有事业心的个体记者通过自我品牌和自主创业的实践,以及学习适应能力、灵活性和自给自足,为自己开辟职业生涯"[②]。比如,有越来越多被新闻组织裁掉的记者,开始入驻新闻电子邮件平台 Substack,开始自己的创业之路。

由于传统新闻业中没有稳定明确的职业发展之路,许多想成为或曾经

[①] Bureau of Labor Statistics, "Newspaper Publishers Lose Over Half Their Employment from January 2001 to September 2016", https://www.bls.gov/opub/ted/2017/newspaper-publishers-lose-over-half-their-employment-from-january-2001-to-september-2016.htm. 查询时间:2023 年 11 月 8 日。

[②] Nicole Cohen, "Entrepreneurial Journalism and the Precarious State of Media Work", *South Atlantic Quarterly*, Vol. 14, No. 3, 2015, p. 3.

当过记者的人都转向了公共关系或其他类型的企业传播工作,这些工作通常有更大的工作保障和更高的薪酬。仅仅在10年前,公关人员与记者的比例已经达到了惊人的三比一。到2014年,这一比例达到了惊人的五比一,而最近的计算结果是六比一。平均而言,新闻记者的收入只有公关人员的三分之二,由于收入之间存在很大差距,也很难责备这些新闻记者纷纷转行①。

皮尤研究中心提供的数据显示,美国报业新闻编辑部的就业人数持续下降,自2008年以来下降了约一半。不过,在2014年之后,其他新闻制作部门,特别是数字原生新闻组织的就业人数有小幅增加,这部分增加抵消了报纸行业记者的部分减少,让美国新闻编辑部员工在过去五年中保持了总体数量稳定。

从2008年到2019年,美国新闻编辑部的总体就业人数下降23%。2008年,大约有11.4万名新闻编辑部员工,包括记者、编辑、摄影师和摄像师,他们来自五大新闻制作行业:报纸、广播、广播电视、有线电视和数字原生新闻组织。到2019年,这一数字已降至约8.8万名,减少了约2.7万个工作岗位②。

新闻编辑部就业人数长期下降主要是由报纸行业造成的,从2008年到2019年,报纸新闻编辑部员工的数量下降了51%,从约7.1万人降至3.5万人。其他四个新闻制作行业——广播电视、广播、有线电视和数字原生媒体——新闻编辑部的就业人数总和保持相对稳定,甚至在2014年之后略有上升③。

根据皮尤研究中心对美国社区调查数据的分析,处于职业生涯中期的

---

① Alex Williams, "The Growing Pay Gap between Journalism and Public Relations", http://www.pewresearch.org/fact-tank/2014/08/11/the-growing-pay-gap-between-journalism-and-public-relations/. 查询时间:2023年11月8日。

② Elizabeth Grieco, "Newsroom jobs and employment in the U.S.: 10 charts about the industry", https://www.pewresearch.org/fact-tank/2020/04/28/10-charts-about-americas-newsrooms/. 查询时间:2023年11月8日。

③ Elizabeth Grieco, "U.S. newspapers have shed half of their newsroom employees since 2008", https://www.pewresearch.org/fact-tank/2020/04/20/u-s-newsroom-employment-has-dropped-by-a-quarter-since-2008/. 查询时间:2023年11月8日。

新闻工作者（35岁至54岁）受到的打击最大，这个年龄段的记者下降的人数最多。美国处于职业生涯中期的全职新闻编辑部员工人数下降了42%，从52900人降至30800人。55岁及以上的新闻编辑部员工人数增加了31%，从16400人增加到21400人，但这不足以抵消职业生涯中期人群的损失。相比之下，年轻的新闻编辑部员工（18至34岁）的数量保持相对稳定，在过去十年中没有发生重大变化①。

　　在法国，新闻记者的人数也越来越少。第二次世界大战结束以来，法国的记者人数出现了大幅增长，这种情况一直持续到21世纪初，不管是记者人数的绝对值还是相对于全部就业人口的比例都是如此。进入21世纪后，法国的新闻从业人数首次突破了35000人的历史大关，但此后这一世纪性的增长却突然中断，出现增速放缓甚至增长与下降交替出现的相对停滞局面。与"管理人员和高知人群"相比，记者所占的比重实际上从1965年以来一直在不断下降。换句话说，相对于日益复杂的社会构成，法国目前的记者比50年前要少得多。面对日益复杂的世界，记者的深入报道必不可少。他们的一部分工作就是把知识经济中其他主体产出的知识和文化产品传播给尽可能多的大众。如果充当这种媒介的人群数量越来越少，那么将来由谁来承担这项任务②？

第四节　新冠疫情的冲击

　　新冠大流行引发了严重的全球危机。这场危机对公共卫生、全球交通、个人自由、国际合作和世界经济，产生了前所未有的冲击，造成了大面积的经济动荡和普遍失业。临时性和永久性的企业关闭以及破产导致数百万个工作岗位流失。许多人在大流行中丧生，尤其是老年人和弱势

---

① Elizabeth Grieco, "Newsroom job cuts from 2008-18 hit midcareer workers hardest", https://www.pewresearch.org/fact-tank/2020/04/07/decade-long-decline-in-newsroom-employment-hit-midcareer-workers-the-hardest/. 查询时间：2023年11月8日。

② [法]朱莉娅·卡热：《媒体的未来：数字时代的困境与重生》，洪晖、申华明译，中信出版社2018年版，第12—13页。

群体。

  与十几年前相比，媒体的格局和信息生态环境已经完全不一样了。整个新闻行业处于不断的变化之中，同时面临着前所未有的挑战——被颠覆的商业模式，公众对新闻媒体的信任在全球不断的下降，以及网络中随处可见的假新闻。新冠疫情全球大流行导致新闻行业出现巨大的断裂，目前，我们很难看到一条清晰的复苏之路①。

  以英美两国为例，2020年，英国的报纸和杂志经历了几十年来从未有过的变化，在第一季度，杂志在报摊的销售额比2019年下降8%，随后，由于疫情期间的封锁让这一数字同比下降20%—25%，有40多家杂志关闭。报纸发行量下降的趋势更为明显，报纸销量一度下跌40%。由于零售商店关闭、客流量减少，同时担心广告出现在负面新闻旁边，广告商一直在消减媒体中的广告，结果导致英国媒体的广告收入下降42%，广告收入减少10多亿美元。本来不景气的美国报业也受到沉重打击。自2016年以来，美国全国性报纸的发行量下降30%，新型冠状病毒就导致60家新闻组织关闭②。

  在2020年新型冠状病毒疫情大流行之前，新闻媒体组织已经开始转向获取读者收入。新冠疫情则极大地促进了以读者为中心的商业模式转型。报摊零售、广告、举办线下活动等其他收入来源的枯竭，提升了读者收入在媒体组织未来商业计划中的地位。随着全球健康危机的蔓延，人们迫切需要找到可以信任的信息，许多人开始转向受信任的品牌媒体来获取信息。《卫报》（*The Guardian*）、《华盛顿邮报》（*The Washington Post*）、《金融时报》（*The Financial Times*），这些媒体2020年的读者收入都大幅增加。

  展望未来，读者收入的重要性将在未来几年继续增加。2021年，世界报业协会调查报告显示，订阅（21%）是媒体组织的第二大收入来源，仅次于广告（27%）。正如世界报业协会的一位主管指出，"尽管新冠疫情大流行造成了一定的损害，但它加速媒体组织立刻开始业务转型与创新，而

---

  ① Damian Radcliffe, "The impact of COVID-19 on journalism in Emerging Economies and the Global South", http：//covid-report.trust.org/. 查询时间：2023年11月8日。

  ② Jeremy Walters etc., "Media Moments 2020", https：//mailchi.mp/e05333334295/media-moments-2020. 查询时间：2023年11月8日。

不是等到明天，同时积极迎接随之而来的不确定性和挑战。其中的道理很简单，他们再没有别的选择了"。①

当然，新闻组织面对的这些挑战也会带来新的机遇。危机后出现的"新常态"，以及当前全球经济衰退和复苏步伐的不确定性，将推动媒体组织领导人重新思考媒体商业模式的设计，使他们采用系统层面方法进行商业模式设计，在商业模式的概念化和设计过程中，以及在数字技术的使用过程中，更倾向于提高弹性和效率。这些发展将推动媒体组织行动系统架构的重大结构性变化。换句话说，这些挑战会刺激媒体商业模式创新，从而推动媒体组织领导人制定商业模式创新战略。

基于上述背景分析，本书的主要研究问题如下：

1. 在传统媒体广告商业模式不可持续的背景下，传统新闻组织和新创媒体组织如何探索和创造新的新闻商业模式，这些新闻组织通过哪些创新来实现数字化转型？

2. 多元化协同新闻商业模式对传统新闻组织和新创新闻组织意味着什么？为何每个新闻组织的多元化协同商业模式又有所不同？

3. 在新型冠状病毒疫情冲击下，新闻组织如何战略性地进行商业模式创新？

---

① Faisal Kalim, "44% publishers cite accelerating digital transformation an 'overwhelming top priority': WAN-IFRA reports", https://whatsnewinpublishing.com/44-publishers-cite-accelerating-digital-transformation-an-overwhelming-top-priority-wan-ifra-reports/. 查询时间：2023年11月8日。

第二章 理论与方法

第一节 商业模式理论

一 商业模式为何重要

在过去几十年中,随着计算机和信息技术的创新加速,经济和市场竞争格局出现了根本性的转变。这种转变所推动的经济变革是普遍而全面的,甚至具有颠覆性。学者拉斐尔·阿米特(Raphael Amit)和克里斯托弗·祖特(Christoph Zott)将这种变化称为"商业数字化"(digitalization of business),但"商业数字化"远远不止是通过将公司内部的单个流程或功能数字化,来提高公司的效率和营利能力[1]。"商业数字化"覆盖了全球每一个地方的每一个行业。之前,那些被认为几乎不会受到新来者攻击的行业,提供了新的和令人兴奋的商业机会。"商业数字化"的发展为各类企业提供了巨大的发展机会,它们的创新商业模式甚至可以颠覆整个行业,正如爱彼迎(Airbnb)在酒店业,优步(Uber)在出租车行业的

---

[1] Raphael Amit & Christoph Zott, *Business Model Innovation Strategy: Transformational Concepts and Tools for Entrepreneurial Leaders*, New Jersey: Wiley, 2021. pp. 3-4.

表现①。

阿米特和祖特认为，商业模式是关于"如何做生意"（how to do business），而商业模式创新是关于"如何以新的方式做生意"（how to do business in new ways）。对于公司经理、企业家、投资者来说，商业模式和商业模式创新都已成为至关重要的战略问题。不过，直到20世纪末，商业模式的概念才被人们认识和讨论，在20世纪90年代中期，商业模式的概念突然流行起来，成为讨论新商业机会和如何抓住商业机会的关键话题②。

商业模式研究的"起飞"，与互联网的大规模应用，以及第一批浏览器（如网景公司Netscape Communications Corporation）的开发，几乎同时出现，这些浏览器让更广泛的公众能够使用互联网技术，并将商业模式创新货币化。这一时期出现了第一波互联网公司，包括亚马逊（Amazon）、易贝（eBay）、谷歌（Google）和雅虎（Yahoo），它们利用互联网技术为其创新商业模式提供动力，从而接触到数百万客户。与老牌的竞争对手相比，这些公司采用了全新的经营方式③。

举例来讲，最初亚马逊是一家网上书店，这个在线书店从根本上改变了顾客购买书籍的方式。易贝则是通过建立一个在线平台，让个人可以从特定的卖家那里购买二手商品，这与跳蚤市场类似，但规模要大得多，而且不需要买家或卖家在场。谷歌和雅虎则为人们提供了搜索信息的新方式，从而也为广告商提供了新机会，这些互联网企业以高度定制和个性化的方式，将信息传递给大量潜在的目标客户。

早期互联网企业的商业成功表明，网络时代的商业运作已经发生了根本性的变化。一些专家最初认为，世界已经进入了一个机会无限、经济繁荣的新时代，在这个数字化时代，既定的经济法则不再有效。但事实并非如此。2001年股市的崩盘，以及随后那些曾经被大肆炒作并获得高估值公

---

① Raphael Amit & Christoph Zott, *Business Model Innovation Strategy: Transformational Concepts and Tools for Entrepreneurial Leaders*, New Jersey: Wiley, 2021. p. 4.

② Raphael Amit & Christoph Zott, *Business Model Innovation Strategy: Transformational Concepts and Tools for Entrepreneurial Leaders*, New Jersey: Wiley, 2021. p. 5.

③ Raphael Amit & Christoph Zott, *Business Model Innovation Strategy: Transformational Concepts and Tools for Entrepreneurial Leaders*, New Jersey: Wiley, 2021. p. 5.

司的倒闭，充分说明了这一点①。

不过，在网络泡沫破灭之后，亚马逊、易贝、谷歌和雅虎成功地生存了下来，技术驱动的商业模式创新已经成为管理者必须面对的新现实，也就是说，管理者已经意识到如何利用和部署先进的计算和通信技术来为企业利益相关者创造价值是对企业现状的根本挑战。那么，到底发生了什么变化呢？很明显，商业模式已经成为企业家需要考虑的核心战略选择之一。因为，商业模式回答了一个重要问题，即公司应该如何开展业务②？

例如，1997年成立的网飞公司（Netflix）③，利用互联网在视频租赁行业引入了一种创新的商业模式。在此之前，该行业一直由百视达（Blockbuster）等公司主导。这种新的商业运作模式，让用户可以通过邮件从网飞公司租赁DVD，而不是在专门的租赁商店购买电影。这代表着一种商业模式创新，因为它涉及一种全新的经营方式，网飞公司甚至为此获得了商业经营专利。

阿米特和祖特指出，商业公司的经理们很清楚"颠覆性数字新来者"（disruptive digital newcomers）带来的威胁。一项针对公司高级管理层的调查发现，"竞争不仅仅来自旧行业的新组合，也来自具有完全不同商业模式的数字入侵者（digital invaders）"。我们所熟知的一个新的数字入侵者便是创建于2009年的优步（uber）。在2018年8月27日的最后一轮融资中，优步成功融资5亿美元，投资前估值715亿美元，2017年报告收入75亿美元④。

相比之下，福特汽车公司（Ford）2018年底的市值约为340亿美元（约为优步公司的一半），年收入约为1600亿美元（约为优步公司2017年收入的20倍）。福特是汽车制造商的先驱，创建于1903年，比优步公司早了一个多世纪。显然，投资者预计优步公司在个人交通市场会有不错的表

---

① Raphael Amit & Christoph Zott, *Business Model Innovation Strategy：Transformational Concepts and Tools for Entrepreneurial Leaders*，New Jersey：Wiley，2021，p. 6.

② Raphael Amit & Christoph Zott, *Business Model Innovation Strategy：Transformational Concepts and Tools for Entrepreneurial Leaders*，New Jersey：Wiley，2021，p. 6.

③ 该公司的联合创始人是里德·哈斯廷斯和马克·伦道夫。

④ Raphael Amit & Christoph Zott, *Business Model Innovation Strategy：Transformational Concepts and Tools for Entrepreneurial Leaders*，New Jersey：Wiley，2021，p. 3.

现，这个市场的年销售额估计为 10 万亿美元。另一个数字入侵者爱彼迎（Airbnb）是一家成立于 2008 年的房屋共享公司，2018 年估值为 310 亿美元，2017 年估计年收入为 35 亿美元。这家不拥有或经营任何房地产的公司被广泛认为是当下酒店行业的挑战者，在家庭共享业务模式兴起之前，酒店业几十年来没有看到任何重大创新。相比之下，作为全球知名品牌的老牌连锁酒店希尔顿（Hilton）的市值为 210 亿美元，比爱彼迎低约 30%[①]。

阿米特和祖特认为，希尔顿和福特等老牌企业与爱彼迎、优步等行业新进入者的估值差异，在一定程度上可以归因于它们截然不同的商业模式设计。更具体地讲，这可以归因于它们技术驱动的商业模式创新。爱彼迎不仅仅发明了一种新的酒店模式，它还引进了一种全新的方法，为需要住宿的人提供住宿。

简言之，商业模式，尤其是商业模式创新对企业的发展至关重要，因为它们是创业者和成熟企业中具有创业精神管理者的机会来源。商业模式创新之所以重要的另一个原因是，它们会对财务绩效产生影响。商业模式是创新和价值创造的核心。无论是新企业还是老牌企业，它们都有了开拓市场机会的新途径，而不仅仅是推出新产品或新服务[②]。

二 商业模式的定义

商业模式的定义不下百种，本书作者借鉴了阿米特和祖特对商业模式的定义。阿米特和祖特将商业模式定义为由焦点公司（focalfirm）及其合作伙伴执行的相互依赖的行动系统（the system of interdependent activities），以及将这些行动相互联系起来的机制（mechanisms）[③]。

[①] Raphael Amit & Christoph Zott, *Business Model Innovation Strategy: Transformational Concepts and Tools for Entrepreneurial Leaders*, New Jersey: Wiley, 2021. p. 8.

[②] Raphael Amit & Christoph Zott, *Business Model Innovation Strategy: Transformational Concepts and Tools for Entrepreneurial Leaders*, New Jersey: Wiley, 2021. p. 8.

[③] Raphael Amit & Christoph Zott, *Business Model Innovation Strategy: Transformational Concepts and Tools for Entrepreneurial Leaders*, New Jersey: Wiley, 2021. p. 13.

阿米特和祖特认为，商业模式包括四个维度：

（1）内容，即商业模式由什么（what）活动和行动组成；（2）结构，即在商业模式中这些行动如何（how）联系起来；（3）治理，即由谁（who）执行商业模式支持的行动；（4）价值逻辑，即为什么（why）商业模式创造价值，为什么（why）它还通过收入模式实现价值分配[①]。

在众多学术文献中，学者们对商业模式一词有不同的定义。总的来讲，一些商业模式的概念以价值创造（value creation）为中心，而另一些则更关注价值分配机制。本书借鉴阿米特和祖特的研究成果，采用商业模式价值创造的视角，聚焦于"公司如何做生意"或"公司如何以新的方式做生意"。这种观察商业模式的视角，就是将商业模式描述为创新的来源，例如，它连接以前不相连的各方（比如优步公司），以新的方式连接利益相关者，或引入新的交易机制（比如易贝）。

阿米特和祖特认为商业模式的特征主要集中在一些重要的相关主题上，具体来讲有以下4个共同主题：

商业模式的核心是如何为所有利益相关者创造价值，而不仅仅是关注一家公司如何获取价值。

由焦点公司执行的行动起着重要的作用，但是由合作伙伴、供应商甚至客户执行的行动也扮演着重要角色。

商业模式强调系统层面的、整体的方法来解释企业如何"做生意"。

商业模式正在成为新的分析焦点。

综上所述，这四个主题代表了一个共同点，即商业模式是建立在完善的价值链之上的概念，它指出公司"为设计、生产、营销、交付和支持其产品所进行的一系列活动"。阿米特和祖特提出的商业模式概念借鉴了价值链框架核心的论点，特别是活动和价值的多种来源，但他们扩展了这些论点。阿米特和祖特的商业模式定义，通过强调价值创造和交付变化，跨越公司和行

[①] Raphael Amit & Christoph Zott, *Business Model Innovation Strategy: Transformational Concepts and Tools for Entrepreneurial Leaders*, New Jersey: Wiley, 2021. p. 10.

业边界，以及允许非线性的相互依赖活动，扩展了价值链概念。

三 作为一个分析单位的商业模式

在管理学中，不同的理论侧重于不同的分析单元来解释价值是如何创造的：企业家（熊彼特创新理论，Schumpeterian innovation）、资源（资源理论，resource - based view，RBV）、交易（交易成本经济学，transaction cost economics，TCE）、活动（波特价值链分析，value chain analysis）和网络（战略网络理论，strategic network theory）。如果单独应用，其中任何一个都可以单独解释商业模式如何创造价值的特定的某些方面，例如，通过新颖性或提高效率。不过，正如优步公司的例子所证明的，没有一个理论能够完全解释数字化驱动的、高度创新的新商业模式是如何创造价值的。换句话说，这些理论非常适合分析和理解传统线下经济中的价值创造。当然，另一个关键问题是，这些理论中的每一个都只能解释数字互联经济中价值创造过程的一部分，因此，我们需要更全面、系统和综合的方法来理解价值创造①。

阿米特和祖特认为，商业模式作为一种新的分析单元（a new unit of analysis）满足了这些要求。商业模式是指一个行动系统，通过由一家焦点公司设计和推动的交易联系起来，但跨越了公司和行业边界。商业模式代表了公司、供应商、合作伙伴和客户的"有目的"（purposeful）的网络，他们链接和部署各自的资源，以实现面向特定目标的活动，同时满足具体客户的需求。因此，商业模式补充了已有的分析单元，但它不会取代它们。商业模式为数字时代的价值创造增添了新的分析视角②。随着数字技术和其他新兴技术（如人工智能、云计算和区块链）的出现，企业新的运营方式正在成为可能，这就需要新的分析路径、视角和工具，而不是使用现有的过时方法。

商业模式也可以是一个分析层次（the level of analysis），作为一个分析

---

① Raphael Amit & Christoph Zott, *Business Model Innovation Strategy: Transformational Concepts and Tools for Entrepreneurial Leaders*, New Jersey: Wiley, 2021. pp. 43-44.

② Raphael Amit & Christoph Zott, *Business Model Innovation Strategy: Transformational Concepts and Tools for Entrepreneurial Leaders*, New Jersey: Wiley, 2021. p. 45.

层次，商业模式嵌套在企业层次和网络层次、行业层次、生态系统层次，以及更广泛的环境之中（如图2.1所示）①。它以一个焦点公司为中心，但是跨越了焦点公司的边界，包括当公司生产和交付价值时与之互动的利益相关者。因此，商业模式与其他分析层次相联系，但又截然不同。

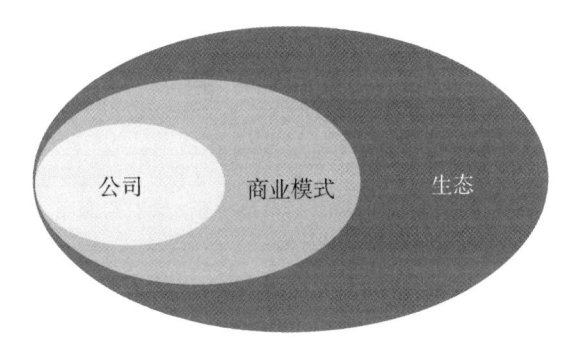

图 2.1　商业模式 vs. 其他分析层次

四　商业模式不是什么

为了进一步阐明商业模式的概念，阿米特和祖特指出关于商业模式的两个常见误解——将商业模式与战略等同起来，以及把商业模式看作是企业要素无所不包的聚合。

（一）　商业模式不是传统战略

传统的战略管理文献区分了商业战略问题（business strategy issues）与公司战略问题（corporate strategy issues），商业战略问题与企业的产品市场定位相联系，公司战略问题与企业的范围相联系。具体来讲，商业战略回答了企业在产品市场空间中如何定位其竞争对手和用户的问题②。公司战略问题回答了诸如从事哪些业务，或何时以及如何进入和退出这些业务等

---

① Raphael Amit & Christoph Zott, *Business Model Innovation Strategy: Transformational Concepts and Tools for Entrepreneurial Leaders*, New Jersey: Wiley, 2021. p. 46.

② Raphael Amit& Christoph Zott, *Business Model Innovation Strategy: Transformational Concepts and Tools for Entrepreneurial Leaders*, New Jersey: Wiley, 2021. p. 47.

问题。商业模式补充了这些经典的战略问题。它增加了一个重要的、迄今尚未回答的问题，即在公司选择参与竞争的每个产品细分市场中"如何做生意"（how to do business）。有关商业模式和产品市场战略之间的区别（见表2.1）①。

表 2.1　　　　　　　　　商业模式 vs. 产品市场战略

	商业模式	产品市场战略
定义	由焦点公司设计的以价值为中心的相互依赖的活动系统，并由焦点公司及其合作伙伴操作，以满足市场需求。	解释企业如何通过在产品市场上的定位，来获得和保持竞争优势的选择模式。
主要解决的问题	如何连接要素和产品市场。 采取什么（What）行动？ 如何（How）链接行动？ 谁（Who）负责这些行动？ 为什么（Why）要执行这些行动（价值创造和分配逻辑）？	针对竞争对手采取何种定位。 采用什么样的通用战略（即成本领先和/或差异化）？ 什么时候进入市场？ 卖什么产品？ 服务什么客户？ 该针对哪些地理市场？
分析层次	焦点公司的商业模式（可以跨越其边界，包括其合作伙伴）	公司

（二）商业模式并非无所不包

商业模式有时被看作是一种综合性的东西，包括所有与公司相关的要素。这种自下而上的方法有助于充实商业模式，并将其推向商业计划，并最终实现商业模式的执行。不过，它并不完全符合阿米特和祖特提出的更简洁的整体性框架——公司行动系统的What，How，Who，Why等四个维度的内容。如果商业模式被认为是一个包罗万象的概念，就很难将其与其他宏观的概念区分开来，如公司或其组织结构②。

同样，商业模式也不应该与商业计划相混淆。这两个概念不可互换。与

---

① Raphael Amit & Christoph Zott, *Business Model Innovation Strategy: Transformational Concepts and Tools for Entrepreneurial Leaders*, New Jersey: Wiley, 2021. p. 47.

② Raphael Amit & Christoph Zott, *Business Model Innovation Strategy: Transformational Concepts and Tools for Entrepreneurial Leaders*, New Jersey: Wiley, 2021. p. 48.

商业模式不同，商业计划是一份静态的、前瞻性的文件，例如，由寻求资金的企业家准备提供的商业计划书。一份好的商业计划是对未来的简洁描述，它包括人力资源、机会、市场趋势、技术、运营、商业模式、竞争战略、营销战略和财务等方面的问题，是一个可能随时间而变化的移动目标①。

第二节　元新闻话语理论

作为一种研究策略，元新闻话语（metajournalism discourse）提供了新闻记者作为一个解释性社群（interpretive community）如何构建他们的领域，以及如何面对受众等问题。通过元新闻话语，我们可以观察新闻记者如何理解他们的职业变化，也就是新闻记者如何在新闻文本中公开协商和确认他们的价值和实践。

马特·卡尔森（Matt Carlson）和塞斯·刘易斯（Seth C. Lewis）指出，元新闻话语指的是这样一个场所（site），在这个场所中"行动者（actors）公开参与建立定义、设置边界和对新闻合法性作出判断的过程"。元新闻话语也常常被定义为"新闻记者叙述他们应该做什么的能力"。元新闻话语的独特价值在于这些话语公开发布（public-facing publication）。作为"新闻业的主要定义者"，新闻记者针对新闻业的变迁生产出元新闻话语，并以此作为一种向该行业内外的行动者解释规范实践的方式②。

作为新闻业的制度性对话，元新闻话语主要涉及新闻记者对新闻业的谈论（journalists talking about journalism）。元新闻话语让新闻记者通过公开报道，在诸如《哥伦比亚新闻评论》（*Columbia Journalism review*）、《编辑与出版人》（*Editors and Publishers*）、尼曼新闻实验室（Nieman Journalism Lab）等行业期刊网站，以及《卫报》（*The Guardian*）、《金融时报》（*Financial Times*）等传统新闻组织的"媒体专栏"来讨论新闻业的创新与变

---

① Raphael Amit & Christoph Zott, *Business Model Innovation Strategy: Transformational Concepts and Tools for Entrepreneurial Leaders*, New Jersey: Wiley, 2021. p. 49.

② Matt Carlson & Seth C. Lewis, *Boundaries of Journalism: Professionalism, Practices and Participation*, New York: Routledge, 2015. pp. 7–12.

革，并以此来监督自己的行业领域。

元新闻话语研究主要分析"有关新闻业的叙述（utterances about journalism）如何塑造新闻实践"，并将新闻业社会文化意义的创造和传播，与围绕新闻生产和消费的社会实践联系起来。通过解释性社群框架、范式修复（paradigm repair）、边界运作（boundary work）和集体记忆，新闻记者一直在保护其范式，并努力控制其领域的边界。

元新闻话语涉及特定行动者是否在更广泛的新闻生态中占有一席之地，并确定其地位，当前不可得知。理解当下新闻行业如何进行商业模式创新，不仅可以揭示传统新闻话语如何回应竞争压力与面对的危机，而且可以阐明新闻业的核心范式价值。

元新闻话语通常是针对关键事件（critical incidents）而出现的，关键事件的"关键时刻激活了解释性社群成员对其工作重要特征的反思过程，这些反思有可能对自身社群或整个社会造成实质性后果"。关键事件实际上是新闻业内的解释性社群进行解释的触发点（triggers）。新闻业界在新闻工作中表达出来的这种解释，不仅对事件做出反应，而且对事件进行建构（construct），同时赋予这些事件一定的意义。这些关键事件激发解释社群成员对他们工作重要特征的反思过程，这可能会导致实际后果（material consequences），不管是对他们自己的社群，还是对整个社会。由于新闻业是一个解释性社群，新闻业的边界总是在不断变化，因此研究行业期刊中对一些关键时刻的报道和分析，可以让我们了解新闻界的专业记者如何以话语方式构建其解释性社群。

在新闻业不断遭到颠覆的时代，元新闻话语让我们能够"通过制度化的新闻实践运用，或者通过明确的解释过程来合法化或挑战这些实践和其实践者，并以此来理解该行业是如何被建构的"[1]。卡尔森认为，元新闻话语有三个主要组成部分，这些组成部分应该处于所有研究的前沿，因为它们提供了有关内容如何被消费的必要场景信息。第一个部分是场/受众（site/audiences），即这些话语在哪儿发布。受众不能与"场"分开，因为"场"会影响受众如何解读信息，而受众是谁又取决于"场"。第二部分是

---

[1] Patrick Ferrucci, "Joining the Team: Metajournalistic Discourse, Paradigm Repair, the Athletic and Sports Journalism Practice", *Journalism Practice*, Vol. 16, No. 10, 2021. pp. 1–18.

话语的主题（topic）。话语主题可以是反应性的（reactive），这意味着它涉及一个特定的事件，话语主题也可以是生成性的（generative），这意味着它涉及整个行业。第三个组成部分包括构成话语的行动者（the actors who compose the discourse），行动者可以是记者，也可以是受众。蒂姆·沃斯（Tim Vos）和詹妮·赛格尔（Jane Singer）两位学者认为，新闻记者在行业期刊上发表的话语类型是最有效的，因为它针对的受众主要是新闻行业的从业人员，已经预先将行业出版物视为权威的话语来源[1]。

正如芭比·泽丽泽（Barbie Zelizer）所指，新闻业是一个"解释性社群"[2]，这意味着研究社群如何讨论自身的变化，可以提供有价值的信息。研究各类行动者如何讨论新闻行业出现的变化，为我们提供了有价值的信息。这也就是帕特克·费卢奇（Patrick Ferrucci）所说的，新闻业"是一种依赖于内部和外部行动者通过话语表述，对其行为进行合法化和正当化的职业"[3]。本研究主要从商业模式理论视角出发，分析来自行业期刊和传统新闻媒体专栏（场/受众），由新闻记者（行动者）生产的关于新闻商业模式变迁的元新闻话语（生成性话语）。

目前，有关元新闻话语的研究绝大多数都关注由新闻记者创造的生成性话语（generative discourse）。这类研究关注新闻记者如何通过话语，对关键的新闻概念、规则进行定义和合法化。元新闻话语包括在新闻行业内所有公开提到的原则与规范。从根本上说，正是通过这些关于新闻业的公开言论，新闻业的定义、角色、规范、伦理和其他重要的基本方面才被社会建构起来[4]。事实上，正如制度话语理论所指出的那样，一个行业采用的规范和实践，需要该行业公开讨论。由于新闻工作以及与之相关的一切都是社会建构的，新闻工作者的角色，以及与这些角色相关的恰当和不恰

---

[1] Tim Vos & Jane Singer, "Media Discourse About Entrepreneurial Journalism", *Journalism Practice*, Vol. 10, No. 2, 2016. pp. 143-159.

[2] Barbie Zelizer, "Journalists as interpretive communities", Critical Studies in Mass Communication, Vol. 10, No. 3, 1993, pp. 219-237.

[3] Patrick Ferrucci, "The End of Ombudsmen? 21st-Century Journalism and Reader Representatives", *Journalism & Mass Communication Quarterly*, Vol96, No. 1, 2019. pp. 1-20.

[4] Matt Carlson, "Metajournalistic Discourse and the Meanings of Journalism: Definitional Control, Boundary Work, and Legitimation", *Communication Theory*, Vol. 26, No. 4, 2016. pp. 349-368.

当的做法并非一成不变。因此新闻业是一个不断变化的行业，该行业通过元新闻话语被定义、具体化、塑造和改变。通过对元新闻话语的研究，我们可以理解来自新闻的行业内部和外部的行动者是如何合法化、简单讨论或批评这个行业的运作。

总的来讲，元新闻话语常常出现在新闻行业期刊（trade magazines）、专门报道媒体变革的博客网站以及传统媒体的媒体评论专栏中。正是在这些地方，新闻记者才会讨论、评论或试图解决新闻行业遇到的一些问题。通过新闻记者的这些叙述（utterances），新闻行业的规范被社会建构起来。比如，沃斯和赛格尔两位学者通过分析新闻行业期刊（industry trade magazines），发现随着从业者改变他们对"创业新闻"（entrepreneurial journalism）的定义，"创业新闻"在行业内的意义以及与之相关的实践也在演变。同样，费卢奇与罗斯·泰勒（Ross Taylor）通过对行业期刊中的元新闻话语进行研究发现，摄影记者在过去十年中如何改变他们对"接近"（access）一词的定义。费卢奇还通过分析行业期刊，研究了《纽约时报》（*The New York Time*）取消公共新闻编辑如何（或不）符合新闻实践[1]。本研究主要从商业模式的理论视角出发，考察和分析有关11个新闻组织数字化转型的元新闻话语文本。

第三节 研究方法

一 多案例比较分析

在新闻业的创新与数字化转型过程中，新闻行业的变革领先于理论的发展，不过，研究人员也在努力跟上行业转型步伐。新闻组织不断在发生

---

[1] Patrick Ferrucci & Ross Taylor, "Access, Deconstructed: Metajournalistic Discourse and Photojournalism's Shift Away From Geophysical Access", *Journal of Communication Inquiry*, Vol. 42, No. 2, 2018. pp. 121-137.

着变革，新的进入者也不断涌现，同时推出新的创新战略。这种不断变化的情况决定了本书的研究过程和研究视角、方法。本书采取的方法是一种基于案例研究的探索性方法。商业案例研究可以在一定程度上解释新闻组织如何进行创新，以及如何适应正在进行的发展。案例研究提供一般的介绍和概述，可以适应个别组织的不同情况，并允许得出共同的结论。

本书选取中外 11 个新闻组织，以元新闻话语作为研究路径，来分析这些新闻组织如何进行商业模式创新，其中传统新闻组织选择了《卫报》（英国）；《华盛顿邮报》（美国）；《环球邮报》（*The Globle and Mail* 加拿大）；财新传媒（中国）4 家；数字创业新闻组织选择了 BuzzFeed（美国）Axios（美国）Tortoise（英国）The Correspondent（荷兰）"气候内幕新闻"（Climate Insider News，美国）STAT（美国）6 家，以及 1 家由新闻电子邮件驱动的创新平台 Substack（美国）。

二 质性文本分析

学者卡拉夫特和托马斯认为，针对元新闻话语研究最有效的方法是文本分析（textual analysis）[1]。本研究的主要分析对象是元新闻话语生成性内容（generative content），即将由新闻记者撰写并在行业杂志和相关新闻网站上对以上 11 个媒体组织的公开报道作为文本分析对象。分析新闻行业期刊中发布的相关报道内容，可以让我们更深入地了解新闻业，即作为一个解释性社群，它是如何与自己对话的。这些生成性元新闻话语并不是为了让更广泛的受众看到，所以这些元新闻话语更有可能代表整个行业的内部观点。

本研究借鉴并采用了德国学者伍多·库卡茨提出的质性文本分析方法。[2] 德国学者伍多·库卡茨指出质性文本分析，源自主题分析、扎根理论、传统内容分析和其他理论，是一种阐释性诠释的系统化分析。在欧洲

---

[1] Patrick Ferrucci, "Joining the Team: Metajournalistic Discourse, Paradigm Repair, the Athletic and Sports Journalism Practice", *Journalism Practice*, Vol. 16, No. 10, 2021. p. 1–18.

[2] [德] 伍多·库卡茨：《质性文本分析：方法、实践与软件使用指南》，朱志勇、范晓慧译，重庆大学出版社 2017 年版，第 36 页。

国家,"质性内容分析"一般包括在质性文本分析中,在以英语为母语的国家,"内容分析法"往往与量化范式关联。为了避免出现过多误解,伍多·库卡茨提出用质性文本分析来取代"质性内容分析",并提出了质性文本分析的三个主要方法:主题分析、评估分析和类型建构分析。

三 商业模式画布分析

商业模式实践中重要的进步来自亚历山大·奥斯特瓦德(Alexander Osterwalder)和伊夫·皮尼厄(Yves Pigneur)在《商业模式新生代》一书中提出的商业模式画布。商业模式画布是用于思考商业模式的工具和理论框架。基于与数百名经理、创业者和学者的讨论,奥斯特瓦德开发了一套相对简单的商业模式元素,并对这些元素进行了相对简洁的设计。商业模式画布确定了九个相对稳定的商业模式元素:客户细分、价值主张、渠道通路、客户关系、收入来源、核心资源、关键业务、重要合作,以及成本结构。(见下表2.2)

表2.2 商业模式画布

重要合作 (Key Partners) 支持主要行动和资源的业务合作伙伴或供应商	关键业务 (Key Activites) 提供价值所需要的行动	价值主张 (Value Propositions) 解决客户的问题满足客户的需求为客户提供什么样的产品或服务	客户关系 (Customer Relationships)需要与客户群体建立何种客户关系类型	客户细分 (Customer Segments) 给什么样的客户或市场提供价值
	关键资源 (Key Recourses) 执行商业模式所需资产,如人力、物力、财力		渠道通路 (Channels)如何将价值提供给客户,即销售、流通的路径,如店铺或线上商店	
成本结构(Cost Structure) 商业模式运营过程中发生的所有成本,即由关键业务、关键资源、重要合作而产生的成本				收入来源(Revenue Streams) 从每一个客户群体中获得的资金收益,即以什么样的方式获取收入

奥斯特瓦德和皮尼厄对商业模式的定义是："一个商业模式描述的是一个组织创造、传递以及获得价值的基本原理。"奥斯特瓦德和皮尼厄认为，"任何好的关于商业模式创新的讨论、会议及研讨的起点都应该是基于对一个商业模式本质的共识性的理解。我们需要一个人人都能理解的对于商业模式的定义，一个可以使描述和探讨变得容易的定义。我们需要从相同的起点和相同的事物开始讨论。确定这样一个定义的挑战是，它既要简单、有效、直观、易理解，又不能因过于简化而降低了其描述真实企业运行环境下的复杂情况的能力。"[1]

商业模式画布提供了一个商业模式的定义方式，任何人都可以通过它来描述和分析各种商业模式，分析不同的商业组织、特定商业组织的竞争者，以及其他各类商业企业。商业模式画布已经被世界范围内的众多商业和公共服务组织应用和检验过，其中包括国际商业机器公司或万国商业机器公司（International Business Machines Conporation，IBM）、爱立信（Ericsson）、德勤（Deloitte）、加拿大公共服务及政府服务部。

商业模式画布定义商业模式的方式，可以成为一种通用语言，使得实践者和研究人员可以简明扼要描述和操控商业模式以创造新的战略选择。离开这样一种通用语言，很难系统地去挑战某一个商业模式假设，并成功地创造一个新的模式。

商业模式画布描述一个商业模式可以通过构成它所需的九大要素来完成，九大要素可以展示一家公司寻求利润的逻辑过程。这九大要素涵盖了一个商业体的四个主要部分：客户、产品或服务、基础设施，以及金融能力。

商业模式画布的九个构成要素，是对商业模式进行可视化的理论工具。这九个要素的位置布局也有一定的意义：将"价值主张"放在最核心的位置，因为"价值主张是商业模式的核心和灵魂"；左侧三项（关键业务、关键资源和重要合作）是价值提供所必需的要素；右侧三项（客户关系、客户细分和渠道通路）是价值提供给客户之后的各个关联部分；下面

---

[1] ［瑞士］亚历山大·奥斯特瓦德、［比利时］伊夫·皮尼厄：《商业模式新生代》，王帅、毛心宁、严威译，机械工业出版社2011年版，第4—5页。

两项展示的是对上面所有部分的支持，各要素之间具有一定的互动性。将商业模式细化分解为多个要素进行可视化分析，无论是梳理自己企业原有的商业模式，还是分析其他企业的商业模式，都会容易掌握其整体情况。此外，商业模式画布可以用来构想商业模式，在建构和发展商业模式的时候，只要在商业模式画布中填充相关要素，就会直接形成商业模式设计图。

商业模式画布是商业模式研究向前迈出的重要一步，亚当·博克（Adam J. Bock）和杰拉德·乔治（Gerard George）认为有三个原因。首先，商业模式画布合理且有效地整合了学者们关于商业模式的研究。其次，商业模式画布对特定商业模式的思考和讨论提供了一种有效的视觉机制。最后，商业模式画布强调，设计、评估和改变商业模式的一个关键问题是如何将这些元素结合在一起，而不仅仅是明确元素是什么[①]。在本书中，作者以商业模式画布为分析工具，来分析各个新闻商业模式创新案例九大要素之间的互动关系。

四　数据来源与数据获取

（一）行业期刊和传统新闻组织网站"媒体专栏"

本研究所分析的文本数据主要来自《哥伦比亚新闻评论》、尼曼新闻实验室、英国新闻网（Journalism.co.uk）、国际期刊联盟（Federation Internationale de la Press Perodique，简称 FIPP）、《连线》杂志（Wired）等新闻行业期刊网站的报道，以及《金融时报》等一些传统新闻组织的"媒体专栏"。

本研究主要分析的是新闻组织的商业模式的创新与实践，因此在搜集文本资料的过程中还特别关注了两家关注商业模式创新的专业期刊：《哈

---

① ［英］亚当 J. 博克、［英］杰拉德·乔治：《商业模式工具书》，王重鸣著，Adam J. Bock·Gerard George 浙江大学全球创业研究中心团队译，人民邮电出版社 2020 年版，第 19 页。

佛商业评论》（*Harvard Business Review*，简称 *HBR*）和《麻省理工斯隆商业评论》（*MIT Sloan Review*）。

（二）新闻组织网站资料

1. "关于我们"

几乎每一个新闻组织会在"关于我们"（About us）栏目中阐述该媒体组织创建的缘由、使命，以及要解决的问题等。比如，马特·卡尔森和妮可·厄舍就以全球范围内的 10 个初创新闻组织的"关于我们"作为元新闻话语文本，来分析这些新闻组织的创业特点①。

2. 网站资料（文字资料和视频资料）

一些新闻组织在自己的网站中不断报道自己在数字化转型中的合作、创新与变革，比如，《华盛顿邮报》（*The Washington Post*）作为一家私人公司一般不会公布自己的财务报告，但该报网站专门有一个栏目，来报道自己的创新与变革。《纽约时报》更是专门创建了一个网站来记录自己的所有变革②。

（三）新闻组织季度报告、年度报告

《卫报》等新闻组织定期会发布季度报告或年度报告，通过这些新闻组织发布的财务报告可以获取比较可信的二手数据资料。此外，像"气候内幕新闻"（Climate Insider News）等非营利组织也会发布年度财务报告或年度影响力报告③，这类报告会提供有关新闻组织运作的比较重要的数据资料。

（四）视频采访、音频采访资料

通过 YouTube 等视频网站可以查询到有关汤普森、拉斯布里杰等媒体

---

① ［美］马特 J. ·卡尔森、［美］妮可·厄舍，於红梅编译：《新闻业传统的继承与革新——对 10 家数字媒体创业公司宣言的分析》，《新闻记者》2016 年第 3 期。
② "We seek the truth and help people understand the world", https：//www.nytco.com/. 查询时间：2023 年 11 月 12 日。
③ "ICN Annual Reports", https：//insideclimatenews.org/about/annual-reports/. 查询时间：2023 年 11 月 12 日。

领导人讨论媒体数字化转型的视频资料，以案例分析的各个媒体组织名称搜索，共搜索到相关视频 100 多个。在本研究过程中，作者对这部分视频资料经过删选，最后对其中的 50 多个视频进行反复观看和分析。

近几年，新闻播客成为人们获取信息的一个主要渠道，一些新闻行业网站在适应数字化转型的过程中也推出了新闻播客节目，这类新闻播客主要是对新闻行业的一些热点事件和人物进行采访，一般会涉及新闻组织的运营与创新，以及传统新闻组织如何尽快实现数字化转型的目标。在本研究中，作者主要对数字天播客、英国新闻网播客节目和 Media Voice 播客节目①，进行针对性的收听和分析。

（五）行业报告

新闻与传媒行业各类组织和机构定期发布的行业报告也是本研究获取数据资料的一个重要渠道。在本研究中，作者主要参考了牛津大学路透新闻研究所《数字新闻报告》、皮尤中心调查报告、哥伦比亚大学陶中心数字新闻创新报告、世界报业协会《报业数字转型》等一些定期发行的行业报告。

总的来讲，通过以上渠道对所研究的案例进行文本数据的跟踪整理，作者基本上能够建立一个有关这些案例研究的结构化数据库。之后，再结合质性文本分析方法对这些文本数据资料进行分析。在作者分析的这 11 个案例中，每一个案例基本上都按照这个流程来搜集整理和分析相关的文本数据资料②。

---

① "Media Voices"，https：//voices. media. 查询时间：2023 年 11 月 12 日。
② 毛基业：《运用结构化的数据分析方法做严谨的质性研究——中国企业管理案例与质性研究论坛（2019）综述》，《管理世界》2020 年第 3 期。

第三章　以会员为中心的多元化商业模式
——《卫报》

《卫报》是最早开始数字化转型的传统新闻组织之一。同时《卫报》一直致力于可持续地提供开放和独立的新闻，与大多数传统新闻组织不一样，《卫报》没有付费墙。相反，该新闻组织实践了一种新的进步商业模式（a new progressive business model），专注于深化与读者的关系，并直接从这些读者手中获得收入来源，这就是《卫报》宣称的"会员模式"。目前，《卫报》经由读者获得的收入，已经超过了通过广告获得的收入，这开始激励更广泛的媒体组织采用这种商业模式。

2016 年，《卫报》实施新的读者会员计划，得益于三年的扭亏为盈战略，在数字收入增长和读者捐助资金增加的推动下，卫报传媒集团在 2019 年实现收支平衡，甚至有 80 万英镑的营业利润。这意味着，《卫报》从广告客户那里赚到的钱，加上从读者那里得到的资金资助，已经可以抵消新闻制作成本，并在某种程度上实现了财务上的可持续发展。

目前，《卫报》面临的挑战是如何让这种增长趋势长期持续下去，这样才能继续创作更有价值的高质量新闻报道。生产调查性报道比较耗费资金，《卫报》希望将尽可能多的资金用于新闻调查，主要包括气候危机，以及全球政治、文化和社会领域正在发生的变化。2019 年《卫报》实现营利之后，紧接着就制定了一个新的目标计划——2022 年实现全球 200 万读者的支持。

在 2020 年底，《卫报》已经拥有超过 100 万的订阅者和固定捐助者，在线读者的资金捐助在一年内增长43%，仅数字订阅就增长60%。新型冠状病毒疫情对传统报业经济构成重大挑战，报摊销售和广告受到严重冲击。2020年7月，卫报传媒集团裁撤部分员工，并指出裁员是为了避免不可持续的损失。由于读者对新型冠状病毒疫情、"黑人的命也是命"运动、气候变化和美国总统选举的报道格外关注，读者支持的显著增加有助于减轻新型冠状病毒疫情带来的不利影响。由于美国大选，2020年11月4日，《卫报》的数字流量创下了历史最高纪录，在24小时内，其页面浏览量超过1.9亿[1]。

对《卫报》来说，2020年是集中精力执行已经计划好的任务的一年，也是具有挑战性的一年。与2019年相比，《卫报》的数字订阅和经常性捐款增长了34%，这些收入帮助抵消了印刷和广告收入的损失。数字订阅同比增长46%，达到40.1万，经常性捐助增长24%，达到56万，印刷版订阅增长8%，达到12万。《卫报》的澳大利亚用户增加了一倍，接近50%的澳大利亚人口。2021年，《卫报》在全球收到了58.5万单笔捐款，比去年同期增加了83%。根据《卫报》最新公布的财务报表显示，国际收入目前占卫报传媒集团总收入的30%以上[2]。

《卫报》总编凯瑟琳·维娜（Katherine Viner）指出："在这充满挑战的一年里，阅读《卫报》的读者数量创下了纪录，他们要求《卫报》进行严谨、可信的报道，让权势人物承担责任。正是有了读者的支持，我们才能让《卫报》的新闻向所有人开放，而不仅仅是那些付得起费的人。"[3]在2020年英国《新闻公报》发布的新闻订阅用户排行榜中，《卫报》全球

---

[1] Neha Gupta, "How The Guardian plans to hit 2 million paying supporters by 2022", https://wan-ifra.org/2021/07/how-the-guardian-plans-to-hit-2-million-paying-supporters-by-2022/. 查询时间：2023年11月12日。

[2] Guardian Media Group plc 2021, https://uploads.guim.co.uk/2021/07/27/GMG_Financial_Statements_2021.pdf. 查询时间：2023年11月12日。

[3] GNM press office, "Guardian sees digital reader support grow by 43% in a year", https://www.theguardian.com/gnm-press-office/2020/dec/17/guardian-sees-digital-reader-support-grow-by-43-in-a-year. 查询时间：2023年11月12日。

排名第七①。卫报传媒集团首席执行官安妮特·托马斯（Annette Thomas）指出，这些数据证明《卫报》的战略是正确的。"2020年有这么多新读者在经济上支持我们，这对《卫报》来说是一个难以置信的证明。展望未来，深化与更多读者的关系，增加我们的数字读者收入，将是《卫报》未来战略和长期成功的核心。"②

在本章中，我们主要讨论《卫报》如何在保持内容免费阅读的情况下实现可持续增长，除了通过会员制模式获得主要收入外，《卫报》还开辟出了哪些新的收入来源。《卫报》的商业模式创新对全球范围内的新闻组织有哪些启示。

第一节 《卫报》独特的所有制结构

斯科特信托（Scott Trust）为《卫报》的数字转型提供资金支持。要了解《卫报》的数字战略，就必须了解斯科特信托对其战略选择的影响。斯科特信托开辟了一种独特的媒体所有制形式。斯科特信托成立于1936年，旨在确保《卫报》在财务和编辑方面的永久独立，并捍卫《卫报》的新闻自由和自由价值观不受商业或政治干涉。斯科特信托是卫报传媒集团的唯一股东，《卫报》作为一个以营利为目的的企业，其利润必须再投资于新闻业，而不是让所有者或股东受益。斯科特信托于1948年重组，2008年被斯科特信托有限公司（The Scott Trust Limited）取代，但其支持《卫报》的责任被写入了新宪章。

《卫报》的总编由斯科特信托任命，他必须保持报纸的编辑政策与以往的路线和精神一致。斯科特信托的方针是不干涉编辑的决定。Alan Rus-

---

① William Turvill, "100k Club: Digital news subscriptions top 23m, Press Gazette research finds", https://www.pressgazette.co.uk/digital-news-subscriptions-ranking-100k-club/. 查询时间：2023年11月12日。

② GNM press office, "Guardian sees digital reader support grow by 43% in a year", https://www.theguardian.com/gnm-press-office/2020/dec/17/guardian-sees-digital-reader-support-grow-by-43-in-a-year. 查询时间：2023年11月12日

bridger 自 1995 年起担任编辑，同时也是斯科特信托的成员，他于 2015 年退休，并在 2016 年成为斯科特信托的主席。

斯科特信托确定了《卫报》的领导方式和企业文化基调。《卫报》有一种向下的、"开放管理"（open management）风格，以及广泛咨询的传统，由总编主持并由高层管理人员参加的每日晨会对所有员工开放，产品开发人员、工程师以及记者也都会参加晨会。

《卫报》的前身是成立于 1821 年的《曼彻斯特卫报》（Manchester Guardian），该报创建的目的是在"彼得卢大屠杀"之后，促进人们对自由主义的关注。《曼彻斯特卫报》在编辑兼所有者查尔斯·普雷斯特维奇·斯科特（Charles Prestwich Scott，也称 C. P. Scott）的领导下获得了国际声誉。1929 年 7 月，斯科特从该报的管理和编辑岗位上退休，把控制权交给两个儿子。约翰·罗素（John Russell）担任经理，爱德华·泰德（Edward Ted）担任编辑一职。1932 年，斯科特和他的儿子爱德华·泰德在三个月内相继去世，这给《卫报》未来的独立发展带来了现实的威胁。一旦约翰·罗素去世，英国国税局将要求征收全额遗产税，这意味着《曼彻斯特卫报》作为一份独立报纸的地位将马上终结。为了防止这种情况发生，约翰·罗素将公司的所有普通股——当时价值超过 100 万英镑——转让给了一群受托人，从而放弃了自己和家人在公司中获得的所有经济利益，由此斯科特信托成为《曼彻斯特卫报》的所有者。

斯科特信托的核心宗旨是，确保《卫报》永远保持财务和编辑的独立性，作为一份不隶属于任何组织的高质量全国性报纸，保持对自由传统的忠诚，作为一个追求利润的企业，要以高效、经济的方式进行管理，所有其他活动都应与核心目标一致。斯科特信托基金对所拥有的公司进行管理，以确保实现核心目标所需的利润，不投资与信托基金的价值和原则相冲突的活动。同时，在英国和其他地方，促进新闻自由和自由新闻事业的发展。

《曼彻斯特卫报》自创办以来，一直在支持自由主义改革，公共服务精神一直是卫报传媒集团的核心。1921 年 5 月 5 日，斯科特在他著名的文章中概述了该报的原则。这篇经常被引用的文章至今仍被用来解释当今《卫报》、卫报信托基金和卫报传媒集团的价值观。这篇文章也是全球公认的自由新闻价值的宣言。在文章中，斯科特指出，"评论是自由的，但事实是神圣的"，报纸"不仅是物质上的存在，也是道义上的存在""反对者的声音和朋友的声音一样，都有表达意见的权利"①。斯科特所描述的《卫报》价值观是：诚实、清洁（现在解释为正直）、勇气、公平，以及对读者和社会的责任感。

正是由于《卫报》独特的所有制结构——不以营利为目标，在2015年，当维娜作为总编接管《卫报》时，《卫报》的亏损已经飙升至8300万英镑。当时这8300万英镑仅是经营亏损，如果将斯科特信托提供的现金支付计算在内，《卫报》2015年的总亏损超过1.1亿英镑。

尽管《卫报》在21世纪初赢得了国际赞誉，但《卫报》在过去十年的财务状况却显示出它在无情地消耗现金。这也显示了《卫报》特有的一种经营文化——"亏损文化"，这是大多数私营媒体组织不愿，也不能容忍的持续的巨额亏损，但在《卫报》已成为一种文化上的接受。从2009年到2015年，《卫报》每年的亏损金额分别为：2600万英镑、2200万英镑、3700万英镑、2800万英镑、2300万英镑和3400万英镑。到2016年，《卫报》的亏损已经高达5700万英镑。7年的累计亏损为2.27亿英镑。无论是在私人部门、公共部门，还是慈善部门，这些亏损对任何经常接触企业营收损益的人来说都十分惊人。

但是，在经济上，《卫报》却属于一个有10亿英镑的信托基金的一部分，多年来，为了资助新闻业，斯科特信托基金花费了巨额资金。或许，这就是《卫报》一直烧钱的原因。早在阿拉斯泰尔·赫瑟林顿（Alastair Hetherington）担任主编期间（1956—1975年），《卫报》的不断亏损几乎成了一种"骄傲的象征"（badge of pride）②。

在从21世纪90年代末开始的数字化转型过程中，斯科特信托一直是

---

① Katharine Viner, "A mission for journalism in a time of crisis", https://www.theguardian.com/news/2017/nov/16/a-mission-for-journalism-in-a-time-of-crisis. 查询时间：2023年11月12日。

② Paul Charman, "Alan Rusbridger hits back at claims he was a 'hopeless business manager' during Guardian editorship", https://www.pressgazette.co.uk/alan-rusbridger-hits-back-at-claims-he-was-a-hopeless-business-manager-during-guardian-editorship/. 查询时间：2023年11月12日。

一个耐心的长线投资者。《卫报》前总编拉斯布里杰指出"《卫报》曾是英国第九大报纸，现在已经有全世界1.8亿用户访问，并正在建立一种可持续的经济模式来支持其新闻报道，这是一个巨大的希望灯塔。会员模式在五年前还只是一颗小小的橡子，现在已经变成了一棵巨大的橡树，并雄心勃勃地要把它的支持者扩大到200万。这要归功于我们伟大的新闻事业、良好的管理和长远的思考——但或许尤其要归功于那些认识到新闻本质的读者：《卫报》所践行的新闻业是一种值得公众支持的公共服务形式。"[1]

《卫报》有幸拥有一个约10亿英镑的信托基金，却将慈善捐款的请求扩大到所有读者。一个鼓励读者资助的通道被建立起来，并通过收集分析数据，来解释人们为什么会在一段时间内捐款。换句话说，通过追踪分析读者的访问规律，将那些不付费的用户，转化为可能付费的用户。过去几年格外引人瞩目的新闻议程，英国脱欧和特朗普当选总统都有助于读者慷慨解囊。一些特定的调查性新闻报道，尤其像"剑桥分析"（Cambridge Analytica）丑闻，在推动捐款方面起到了很大的作用。

目前，《卫报》所追求的商业战略主要关注以下几方面内容：第一，与读者建立更深层的关系，而不仅仅是匿名接触；第二，扩大读者的经济贡献，继续扩大会员模式的影响；第三，更好地理解程序性广告，尽可能去获得一定的广告收入；第四，迅速削减成本。事实上，在拉斯布里杰担任《卫报》总编辑时，他已经为《卫报》的可持续发展奠定了一定基础，尤其是他所强调的开放式新闻理念。

第二节 开放式新闻

在数字化转型过程中，《卫报》基本上践行了该报率先提出的开放式新闻（open journalism）理念和原则。何为开放式新闻？拉斯布里杰在

---

[1] WAN-IFRA External Contributor,"Alan Rusbridger：'We cannot demand to be trusted just because we are journalists'",https：//wan-ifra.org/2020/11/rusbridger-trust-in-news/. 查询时间：2023年11月12日。

2012年提出了开放式新闻的10个基本原则①，之后，在他2019年出版的《突发新闻》（*Breaking News*）一书中对此进行了详细阐述②：

1）开放式新闻鼓励参与。它邀请（invites）或允许（allows）读者有一个回应

印刷时代的信息传递本质上是一种单向的、自上而下的交流方式。但数字时代不同了，但"允许"会让人感到脆弱，我们更主张去"邀请"读者。

2）开放式新闻不是一种呆滞的（inert）"我们"或"他们"的出版形式

PDF文档就是"呆滞"事物的一个例子，报纸页面也是如此。没有读者或用户可以为一个印刷页面做出多少贡献。

3）开放式新闻鼓励他人发起辩论，发布材料或提出建议。作为媒体，我们可以跟随读者，也可以引领读者。甚至我们可以让读者参与出版前的过程

我们不能简单地陷入一种出版模式……只是邀请读者做出回应。这并不是真正的互动。如果我们真的相信我们的读者在许多方面比我们知道得更多，那么他们有时应该引导我们——无论是在我们开始写故事之前，还是在报道发布之后。

4）开放式新闻有助于围绕主题、问题或个人形成有共同兴趣的社区

一份报纸是一些精心挑选的内容，但在某些方面却是随机的。在报纸的读者中，有许多兴趣社区、知识社区、情感社区，或地理社区。我们需要连接这些社区，并成为这些社区的中心。

---

① Justin Ellis, "Alan Rusbridger on The Guardian's open journalism, paywalls, and why they're pre-planning more of the newspaper", https://www.niemanlab.org/2012/05/alan-rusbridger-on-the-guardians-open-journalism-paywalls-and-why-theyre-pre-planning-more-of-the-newspaper/. 查询时间：2023年11月12日。

② Alan Rusbridger, *Breaking News*: *The Remaking of Journalism and Why It Matters Now*, London: Picador, 2019, pp. 219-221. 查询时间：2023年11月12日。

5）开放式新闻对网络开放，并且就是网络的一部分。开放式新闻链接网络中的其他内容（包括服务），并与之协作

这就要求我们"成为网络，而不仅仅是在网络上（be of the web, not just on it）"传播内容。新闻组织不应该只是把生产的内容放在互联网上，就好像互联网只是新闻组织的另一个传播渠道。新闻组织需要使用链接手段，将新闻组织所有的内容和服务编织成有史以来最强大的传播系统。

6）开放式新闻聚集或策展其他人的工作

网络中的内容会补充、挑战、澄清、扩大或扩展新闻组织的工作。在链接这些网络内容的同时，新闻组织可以让自己使用其中的一些内容，例如，我们在科学和环境领域所做的那样。我们既可以是平台（platform），也可以是出版者（publisher）。

7）开放式新闻主张，记者不是权威、专业知识和兴趣的唯一声音

新闻报道对一些人来说是专业、权威或感兴趣的，但对另一些人来说不是。在某种程度上，这是显而易见的陈述——但仍然对某些人的"专业新闻"独有概念构成挑战。

8）开放式新闻致力于实现和反映多样性，并促进共有价值观

我们都知道新闻编辑部存在多样性问题。这些开放式新闻指导原则将逐渐浮现出来，并放大其他声音。

9）开放式新闻承认出版只是新闻报道过程的开始，而不是结束

一个新闻报道并没有随着故事出版而结束。通常，出版只是一个故事开始其生命的时候。我们应该倾听对一个故事的回应，并设法将回应融入故事中。

10）开放式新闻是透明的，并接受质疑——包括更正、澄清和补充

新闻组织应该尽可能地公开我们的信息来源和方法。我们应该欢迎对新闻业的挑战。当事情出错或需要澄清时，我们要及时纠正或澄清。

当然,《卫报》所有的新闻报道并不一定都必须这样,有些记者只是想继续进行不那么正式的报道。但这些原则中有足够多的内容,为《卫报》的数字新闻发展指明方向。

第三节　会员制模式

与《纽约时报》《华盛顿邮报》《泰晤士报》(*The Times*) 等传统报刊媒体组织不同,《卫报》走了一条不一样的商业模式创新之路。在大部分传统新闻组织在设置付费墙的同时,2014 年《卫报》尝试实施会员模式,并在 2016 年制定了一个三年扭亏为盈的会员模式战略,到 2019 年,《卫报》在读者的支持下实现营利。

一　违反直觉的路径

随着报纸发行量和广告收入的急剧下降,加上脸书和谷歌两家垄断企业攫取了大部分数字广告收入,越来越多的新闻组织被迫实施付费墙才能维持生计。在这种情况下,《卫报》在其读者支持的会员商业模式的帮助下得以持续发展,并获得了成功:3 年获得一百万付费支持者,没有设置付费墙,所有报道内容对读者开放。

但是,在几年前,《卫报》曾在一年内损失 1 亿多英镑,处境非常艰难,况且《卫报》已经亏损了很长一段时间。许多人认为这家有近 200 年历史的报纸正处于破产边缘。目前,《卫报》从 2016 年的 15,000 名会员增长到 100 万付费支持者(包括订阅者和捐助者)。一些忠诚的读者甚至在遗嘱中为《卫报》留下了一笔钱作为"遗产捐赠"。

《卫报》希望自己所有的新闻报道都能保持全球性、免费和读者可访问性——而不是只局限于那些付得起钱的人。当其他新闻组织纷纷建起付费墙时,《卫报》选择了一条违反直觉的道路。它重申了对调查性新闻的承诺,并决定直接寻求读者的支持,让那些重视它的人站出来支持它。《卫报》全球项目经理阿曼达·米歇尔(Amanda Michel)指出:"《卫报》

已经从传统的交易模式，转变为植根于我们新闻业更加情感化的会员模式。"① 这个想法开始时遭到很多人的质疑，但慢慢地开始生根发芽，读者的反应比较积极，以至于这个想法的支持者前总编拉斯布里杰在离开时也对它的成功感到惊讶。会员模式的执行，让这家几年前还处于"垂死"状态的新闻组织，经历多年亏损后在2019年首次实现营利。

二 《卫报》如何运作会员模式

对大多数数字新闻媒体来说，广告是业务的基石，而对其他一些媒体来说，付费墙（以及订阅）已经成为一个重要的收入来源。不过，对少数媒体来说，通过会员制模式的捐赠也可以为新闻编辑部提供动力，《卫报》就属于这后面一类媒体，它证明通过会员制也可以营利——会员愿意向新闻媒体捐多少就捐多少。那么，一个重要的问题是《卫报》是如何做到这一点的。

2011年，《纽约时报》设立了计量付费墙，在线用户每月可以免费阅读一定数量的文章，之后，付费墙就会阻止读者阅读更多报道，这迫使读者不得不付费订阅。两年后，《华盛顿邮报》也开始效仿。早在1996年，《华尔街日报》（*The Wall Street Journal*）就设置了付费墙。十多年后，《华盛顿邮报》和《纽约时报》都设置了付费墙。为了获得数字内容的付费收入，这三家主要报纸都采取了数字订阅模式。

与此同时，在大西洋的另一边，《卫报》也在亏损。与北美同行不同的是，《卫报》由慈善基金会斯科特信托所有，该信托基金的目标是为每位读者提供独立新闻报道，所以《卫报》不能像它的竞争对手那样轻易地设置收费墙。付费墙会限制人们对信息的访问，只有付费的人才能阅读。《卫报》希望所有人都能看到它的内容，而不是少数享有特权的人。因此，2016年，这家英国报纸重新推出会员战略（membership strategy），押注读

---

① WNIP, "3 years to a million paying supporters: Guardian's alternative model of growth without paywalls", https://mediamakersmeet.com/3-years-to-a-million-paying-supporters-guardians-alternative-model-of-growth-without-paywalls/. 查询时间：2023年11月12日。

者自愿捐赠，而非强制付费。《卫报》所有的新闻报道都是免费的，但在每篇报道的结尾都附有一条很长的推广信息，请求读者用至少1美元来支持《卫报》。

目前，西班牙的Eldiario.es和英国的Tortoise等一些新闻组织也采用了会员制模式。对于实施会员制模式的媒体来说，成功取决于报纸和读者之间所建立的联系。读者决定捐赠是因为他们喜欢网站的内容，或相信网站的使命。实施会员制的媒体需要将这一使命铭刻在心中。

三　高质量新闻

会员制商业模式为新闻业重获其在社会中的相关性、意义和值得信赖的地位，开辟了一条新途径。许多资助者之所以捐款，是因为他们想让《卫报》保持免费，不受收费墙的限制，这样所谓的"进步性新闻"（progressive journalism）才能产生最大的影响。《卫报》总编维娜指出："许多读者并不了解所有新闻机构面临的严峻商业现实，但是一旦我们告诉他们更多信息，他们就表示了对支持《卫报》的真正兴趣。这一商业战略得益于这样的事实，因为我们的所有权结构没有股东或所有者，《卫报》的任何收入都必须花在新闻业上。"[1]

《卫报》报道了许多在全球产生广泛影响的独家新闻。维娜认为，新闻机构需要加强合作，致力于深度报道，"太多的重要事件我们没有去深入调查，当重大事件发生后，它们应该得到的是耐心的关注、揭露不公的法庭报道，或者为沉默者发声。新闻机构绝不能放弃寻找真相、获取事实、清晰报道这些至关重要的技能。《卫报》将永远拥抱进步的政策和想法，但在一个党派政治极化的年代，我们也必须为不同的想法和不同的意

---

[1] Katharine Viner, "A mission for journalism in a time of crisis", https://www.theguardian.com/news/2017/nov/16/a-mission-for-journalism-in-a-time-of-crisis. 查询时间：2023年11月12日。

见留出空间。"①

在过去几年中，《卫报》通过一系列全球性的独家新闻设置了新闻议程。像"剑桥分析"丑闻、"旋风"丑闻等调查报道，证明了高质量新闻的积极影响。《卫报》在新闻、商业、体育、文化和专题报道方面的杰出报道赢得了一系列奖项，《卫报》的短纪录片《害群之马》还获得了奥斯卡提名。为了方便读者阅读、压缩生产成本，《卫报》印刷出版的纸质版新闻也进行了重新设计，在 2018 年 1 月以小报形式出版印刷。为了吸引新一代读者，在 2018 年 11 月，《卫报》还推出每日新闻播客《今日焦点》（Today in Focus）。

维娜指出："在政治和经济异常动荡的时代，对高质量、独立的报道和评论的需求从未像现在这样强烈。《卫报》的新闻业正在蓬勃发展——让有权有势的人承担责任，探索新的发展思路。感谢读者的支持，感谢《卫报》员工的辛勤工作和才华，我们已经达到了一个重要的财务里程碑。我们现在处于可持续发展的地位，通过制作照亮我们时代的优秀新闻，我们能够更好地实现我们的目标。"②

四 会员经济

2016 年左右，《卫报》面临着严峻的财务挑战。《卫报》的运营亏损在一年内就超过 8000 万英镑。《卫报》的印刷收入处于结构性下滑阶段，《卫报》的国际业务虽然在增长，但没有营利，数字广告收入开始以越来越快的速度流向科技平台。很显然，《卫报》需要采取紧急行动，以实现《卫报》未来的可持续发展。2016 年 1 月，《卫报》启动了新的关系战略（relationship strategy），旨在加深《卫报》与读者的关系，增加读者的经济

---

① Katharine Viner, "A mission for journalism in a time of crisis", https://www.theguardian.com/news/2017/nov/16/a-mission-for-journalism-in-a-time-of-crisis. 查询时间：2023 年 11 月 12 日。

② Katharine Viner, "A mission for journalism in a time of crisis", https://www.theguardian.com/news/2017/nov/16/a-mission-for-journalism-in-a-time-of-crisis. 查询时间：2023 年 11 月 12 日。

贡献，重塑其组织和财务运作。

《卫报》过去几年最大的成功之一，就是读者愿意支持其新闻业务和目标。在2019年，《卫报》制定了新的三年计划：在2022年《卫报》成立200周年之际，通过定期或一次性捐款、订阅的方式向《卫报》提供资助的支持者将达到200万。自《卫报》在2016年开始实行目前的会员模式以来，已经有超过100万人为《卫报》捐款。

罗比·巴克斯特（Robbie Baxter）在其所著的《会员经济》一书中指出，"会员是一种态度，一种情感。订阅是一种财务安排。实际上，会员经济是订阅的逻辑扩展。"① 巴克斯特认为："会员模式是所有商业模式的未来，它强调正式的、持续的关系。我相信它正在取代交易模式，不适应这种变化的组织将会失败。"② 一个能够与会员（而不是普通的顾客）建立关系的组织具有强大的竞争优势。这不仅仅是改变媒体组织所使用的词语，而是要改变媒体组织对所服务用户的看法，以及媒体组织对待他们的方式。

会员经济有以下几个优势。其一它创造了经常性收入。拥有每月的订阅收入，可以缩小年销售额高峰和低谷间的差距。其二它与读者建立了更直接的关系。它通过把用户放在组织的中心，来加强与品牌之间的联系。其三它生成一个持续的数据流，可以用来改进服务和识别提高满意度的机会。

一个企业组织如果要建立和发展一个成功的会员战略，最重要的转变是它的心态和文化。巴克斯特指出："形成会员制组织取决于组织的态度和成员的感受，而不是成员是否同意。企业如果不能将自己视为这一更大趋势的一部分，这可能会限制它们与用户建立关系的潜力。"会员经济就是把用户置于商业模式的中心，而不是将产品或交易置于商业模式的中心。每个组织都应该以用户为中心。商业模式和组织需要支持这个以客户

---

① Robbie Baxter, *The Membership Economy: Find Your Super Users, Master the Forever Transaction, and Build Recurring Revenue*, New York: McGraw-Hill Education, 2015. p. 26
② Peter Houston, "The Membership Economy author Robbie Kellman Baxter on developing compelling direct-to-consumer offers", https://voices.media/membership-economy-author-robbie-kellman-baxter-developing-compelling-direct-consumer-offers/. 查询时间：2023年11月12日。

为中心的模式。

在会员战略中，最重要的应该是留住客户，而不是不断追逐客户。巴克斯特建议实施会员制的企业应该调整他们的产品，以满足客户不断变化的需求和期望。当会员受益比高时，人们会保持参与度和满意度。因此，媒体组织应该跟踪客户满意度指标，并对产品、服务和消费者互动进行提升，以吸引新会员，并留住现有会员。

从全球来看，实施会员模式的媒体组织正在崛起。目前，全球约有100多家新闻组织开始采用这种模式。其中60多家是营利性机构，包括一些只从事数字业务的大型媒体机构。有些网站会向读者寻求支持，以会员的形式获得经济上的支持。许多遵循会员制战略的媒体组织，都是在模仿《卫报》的混合模式。《卫报》实施了一种独特的会员/订阅混合策略，所有内容都是免费提供①。《卫报》试图寻求读者在经济上支持它的使命。

事实上，订阅是一个定价决定。这一策略取决于媒体组织如何选择自己所提供的价值来获得报酬。会员资格则关乎组织思维，以及他们如何考虑服务于所服务客户的长期需求。除了直接订阅，会员还可以获得许多不同的好处。订阅是一种非常直接的价值交换。当我们谈到会员资格时，我们考虑的是个人可能做出贡献的所有方式。虽然金钱是最常见的支持方式，但会员也可以贡献自己的时间、精力和专业知识。这意味着会员计划有可能让那些甚至付不起钱的人参与进来。这并不是说钱不重要。其价值在于，个人可以尽其所能做出贡献，无论是他们的知识、经验还是专业技能。重要的是，无论一个组织决定采用何种收入模式，它都应该透明地讲清楚能提供什么。

不过，会员模式最大的风险之一是将这些好处混为一谈，巴克斯特指出："作为一家以营利为目的的公司，却向读者要钱，这似乎有点虚伪。"他还指出，会员模式另一个需要注意的挑战是，"当你有一个会员模式，你的会员与企业组织建立了比较紧密的联系，你听到他们的声音会比你听

---

① 《卫报》的主要运作模式是会员模式，但是还开发了一个免除广告的每日新闻应用，这个新闻应用需要付费订阅。此外，该报开发的填字游戏应用也需要付费订阅，因此，称其为会员/订阅混合模式。付费订阅这部分内容的分析见下文。

到未来会员的声音大得多。结果是，这些会员经常导致老龄化群体出现，企业组织可能会发现自己会员的平均年龄不代表整个预期的受众——这就会形成一种恶性循环，新成员进来，看到那些看起来不像他们的人，然后马上离开。"[1]

看待会员模式的另一种方式是"付费俱乐部"。会员需要付费才能进入社区，其中的一个关键点是，会员组织在设计上的与众不同之处。如果社区很强大，会员们就有机会以各种方式做出贡献。会员有时会被这样一种想法激励，即他们可以从会员资格中获得在其他地方找不到的东西，或一种排他性的访问。如果一个媒体组织发挥其成员的长处，提供他们想知道的东西，它就可以有一个更好的模式。当然，媒体组织还应该公开其收入来源和资金用途。那些在设计时把这些原则牢记于心的媒体组织，很有可能会要求获得受众收入。他们在某种程度上把自己安排得很好，因为他们展示了自己所能提供的独特价值。

《卫报》开创了要求读者支持其免费的新闻报道的方式。《卫报》全球捐款总监兼产品经理阿曼达·米歇尔建议新闻组织要利用自己最擅长的技能来解决资金危机——新闻组织要讲述别人的故事，但他们也需要讲述自己的故事。《卫报》成功地向读者解释了报纸需要他们资助的这个故事——广告收入正在下降，报纸需要读者的支持才能继续生存下去。虽然所有新闻从业者都清楚地知道这一点，但许多读者却可能从来没有听说过。不管是浏览《卫报》网站，还是《卫报》的应用程序。读者每读完一篇报道之后，就会看到报道下方一段方框中的长篇文字，这些文字解释《卫报》为什么需要读者资助，才能够得以实现可持续发展。

这种商业模式运作的独特之处在于通过捐款，读者感到他们在帮助《卫报》实现独立和保持新闻自由。这种想法并非偶然，《卫报》采取了积极的方式来教育读者，让他们了解新闻业所面临的经济困难，以及捐赠模式是如何帮助、支持他们的新闻事业的。

---

[1] Peter Houston, "The Membership Economy author Robbie Kellman Baxter on developing compelling direct-to-consumer offers", https://voices.media/membership-economy-author-robbie-kellman-baxter-developing-compelling-direct-consumer-offers/. 查询时间：2023 年 11 月 12 日。

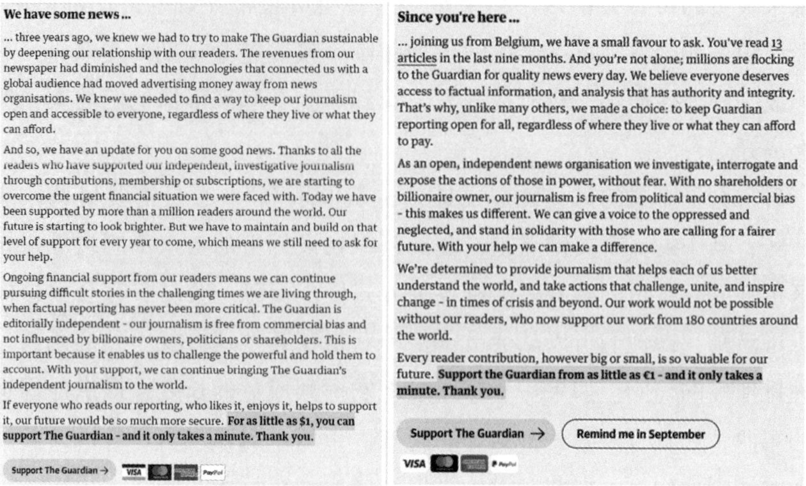
We have some news ...

... three years ago, we knew we had to try to make The Guardian sustainable by deepening our relationship with our readers. The revenues from our newspaper had diminished and the technologies that connected us with a global audience had moved advertising money away from news organisations. We knew we needed to find a way to keep our journalism open and accessible to everyone, regardless of where they live or what they can afford.

And so, we have an update for you on some good news. Thanks to all the readers who have supported our independent, investigative journalism through contributions, membership or subscriptions, we are starting to overcome the urgent financial situation we were faced with. Today we have been supported by more than a million readers around the world. Our future is starting to look brighter. But we have to maintain and build on that level of support for every year to come, which means we still need to ask for your help.

Ongoing financial support from our readers means we can continue pursuing difficult stories in the challenging times we are living through, when factual reporting has never been more critical. The Guardian is editorially independent - our journalism is free from commercial bias and not influenced by billionaire owners, politicians or shareholders. This is important because it enables us to challenge the powerful and hold them to account. With your support, we can continue bringing The Guardian's independent journalism to the world.

If everyone who reads our reporting, who likes it, enjoys it, helps to support it, our future would be so much more secure. **For as little as $1, you can support The Guardian - and it only takes a minute. Thank you.**

Support The Guardian →

Since you're here ...

... joining us from Belgium, we have a small favour to ask. You've read 13 articles in the last nine months. And you're not alone; millions are flocking to the Guardian for quality news every day. We believe everyone deserves access to factual information, and analysis that has authority and integrity. That's why, unlike many others, we made a choice: to keep Guardian reporting open for all, regardless of where they live or what they can afford to pay.

As an open, independent news organisation we investigate, interrogate and expose the actions of those in power, without fear. With no shareholders or billionaire owner, our journalism is free from political and commercial bias - this makes us different. We can give a voice to the oppressed and neglected, and stand in solidarity with those who are calling for a fairer future. With your help we can make a difference.

We're determined to provide journalism that helps each of us better understand the world, and take actions that challenge, unite, and inspire change - in times of crisis and beyond. Our work would not be possible without our readers, who now support our work from 180 countries around the world.

Every reader contribution, however big or small, is so valuable for our future. **Support the Guardian from as little as €1 - and it only takes a minute. Thank you.**

Support The Guardian → Remind me in September

图 3.1　卫报请求读者付费的长篇声明

一般来讲，读者的一个普遍认识是，报纸已经从广告中赚了很多钱，为什么还要求读者为在线新闻付费？向读者介绍当今媒体的实际情况，包括生产每个新闻故事需要的大量工作和投资，这可能是转换这些读者想法的有效途径。

《卫报》拥有一支跨不同部门的团队，其成员来自市场、编辑、用户体验和工程部门，他们负责合作、测试和调整活动的各个方面。没有付费的读者会看到在每篇报道之后，呼吁捐助的推销文字异乎寻常地长，但这正是它成功的原因，呼吁捐助的推销文字位置一般出现在故事之后，而不是像付费墙一样出现在故事前面，此外，捐款也很方便，不管支持者居住在哪里，也不管他们想付多少钱。

会员模式强调媒体与读者之间的情感联系。《卫报》的一个经验是，根据读者的热情来激发他们的行动非常重要。《卫报》研究了人们在成为会员之前读过的新闻报道，发现环境报道是一个特别能够引发互动的话题。因此，他们将更多的资源集中在环境报道上，甚至改变了报道指南，希望更准确地描述环境状况，比如，用“气候紧急危机”来代替“气候变化”。专注于激情也是区分读者感兴趣的内容和他们真正重视的内容的好方法。有很多内容人们感兴趣，但却觉得不值得花钱。因此，《卫报》强调不要用"兴趣"一词代替"价值"。这其中的原因很简单,人们可能会对车祸感兴趣,但不认为该事件有足够的价值并为其付费。

《卫报》坚持的一个原则是,媒体组织不应该以点击量作为衡量内容的唯一标准,而要看该内容带来的有价值的读者数量。要做到这一点,媒体组织需要专注与本地相关的、有用的和可靠的内容。会员模式要想获得成功,需要新闻组织激发读者的激情,因为激情是加入会员模式组织的关键驱动力。当一个媒体组织拥有激情和独家渠道的完美结合时,即使他们不给自己贴上会员驱动的标签,也可以被称为会员驱动模式。会员驱动模式并不意味着媒体组织必须有一个会员计划,它更多的是一种心态和认同。

为了获得更多的会员支持,《卫报》一直致力于与最忠实的读者建立更深厚的关系。主编凯瑟琳·维娜将《卫报》的成功归功于该报在读者中间建立起来的强烈社区意识。"我们有很多读者喜欢《卫报》,而且一直都喜欢。做符合公众利益的最有价值的新闻,会在社会各个层面激发更多的灵感……读者觉得他们想要帮助我们,而不仅仅是用金钱,比如,如何报道新闻的想法。"[①] 通过更好地了解读者,通过与读者的直接对话,《卫报》逐渐建立起这种社区意识。

在荷兰,《新鹿特丹商报》(NRC)也认识到了建立社区的重要性,该媒体组织的工作人员会亲自到读者家中拜访,看看他们是如何把报纸变成日常生活的一部分的。他们把所有的注意力都集中在长期关系上,完全停止了短期的订阅服务。荷兰《电讯报》(De Telegraaf)也采取了这一策略,在市场营销和预算下降24%的情况下,他们的订阅量同比增长66%。对于《电讯报》来说,来访的读者让他们发现了一个令人惊讶的事实——即使以对他们最忠实的订阅者来说,报纸和读者之间的唯一联系也就是一年一度的付费。当然,在读者的厨房里拜访他们,或者开始一个新的会员计划并不总是很顺利,但是所有的媒体组织都可以优先与他们的读者建立关系,而不仅仅是付费。

---

① David Bond, "Guardian relies on readers' support to stave off crisis", https://www.ft.com/content/9044ff9a-358b-11e7-99bd-13beb0903fa3. 查询时间:2023年11月12日。

与读者建立深厚关系在商业上具有重要意义，2020年牛津路透新闻研究推出的《数字新闻报告》显示，与读者建立直接关系的媒体组织，能够更好地将读者转变为付费订阅者。牛津路透新闻研究所还发现，那些在线订阅付费的人，大多数只会为一项服务付费。要获得这类读者的支持，就需要媒体组织提供独特的内容，即那些对读者有价值的内容。

五 "真相付费，谎言免费"

目前，很多人担心，随着提供高质量新闻的媒体组织越来越多地将其内容置于付费墙之后，订阅和不订阅的媒体之间的鸿沟将越来越大，这种担心不无道理。内森·罗宾逊（Nathan Robinson）指出了新闻界这样一个明显的悖论现象：真相需要付费，但谎言免费[1]。虚假的、低质量的信息在互联网中随处可见，而那些涉及公众知情，公众需要了解的高质量报道，却被设置在付费墙之后，报纸作为一个公共论坛的意义和价值，也大大被削弱。因此，一些新闻组织试图在读者收入模式和免费新闻之间取得平衡，《卫报》就是其中突出的代表。《卫报》的网站没有设置收费墙，相反，他们请求读者捐款。《卫报》不仅要说服人们为数字内容付费，还要说服人们为可以免费获得的这些内容付费。

会员制模式与付费墙不同。成为会员的人并不是为了得到额外的或独家的内容，他们捐款成为会员，是因为他们从根本上认同《卫报》的新闻保持开放是很重要的。当《卫报》在2016年首次提出这项策略时，这似乎是一场艰苦的战斗，但他们取得了成功，最终获得了一百多万读者的支持。

总的来讲，《卫报》会员模式的成功可以归结为以下几点。首先，《卫报》坚持提供读者信任的高质量内容。其次，它通过不断敦促读者支持他们的使命，成功地让他们参与进来——其方式类似于《华盛顿邮报》的口

---

[1] Nathan Robinson, "The Truth Is Paywalled But The Lies Are Free", https://www.currentaffairs.org/2020/08/the-truth-is-paywalled-but-the-lies-are-free. 查询时间：2023年11月12日。

号"民主死于黑暗中"(Democracy dies in darkness)。这个提醒通常伴随着一个请求：请捐款吧！不断重复带来一定的结果。再次，对读者来说，捐赠可能比订阅更有吸引力。订阅是长期的承诺——读者需要每月支付费用——捐赠可能是一次性的。对于那些不知道自己是否想要订阅，但又想要支持网站的读者来说，一次性选择更有吸引力。

第四节　设置注册墙

2020年，《卫报》加大了对全球读者的注册墙（registration wall）推广，现在，浏览《卫报》网站的一些用户会注意到，《卫报》要求读者注册他们的电子邮件地址，以便继续阅读。这是《卫报》正在进行的一系列登录测试的一部分，以了解更多读者如何使用该网站，并进一步分析这些数据如何帮助《卫报》获得更多收入，以支持《卫报》所奉行的高质量新闻事业。这也是《卫报》与读者建立更深层关系的持续战略。

《卫报》的注册墙并不像《纽约时报》推出的那种硬注册墙（hard registration wall）——只有注册才可以每月免费阅读3篇报道。点击《卫报》的一篇文章，读者会看到一个信息方框，要求读者免费注册，以继续阅读，《卫报》的注册并不是强制性的，读者可以点击"现在不注册"选项。当然，注册用户可以获得额外的特权，比如，可以对新闻进行评论，访问编辑提供的新闻电子邮件，还可以选择接受折扣或特别优惠。设置注册墙能让《卫报》了解读者的内容偏好，尤其是每月阅读《卫报》多少篇文章。

《卫报》的新闻依然免费，但《卫报》解释了为什么他们要求读者注册。提示注册的方框中写道："注册能让我们更好地了解你，这意味着我们可以打造更好的产品，并对读者看到的广告进行个性化处理，这样我们将来就可以从广告商那里收取更高的费用。"

这是一种不同寻常的透明度，尤其是如此明确地表示未来可以向广告商收取更多费用。在注册时，读者可以调整自己的隐私设置来关闭个性化选项元素。注册墙逐渐成为媒体组织在第三方cookie被淘汰之前收集读者重要信息的一种重要的方式。此外，广告拦截在这方面也造成了一些问题，媒体组织通常没有掌握超过40%的受众数据，这反过来又让销售广告变得困难。这种注册用户的"第一方数据"（first-party data）对媒体组织来说更有价值，因为他们可以更清楚、更可靠地了解自己的读者，同时也拥有重要的联系细节，便于后续跟进和参与。

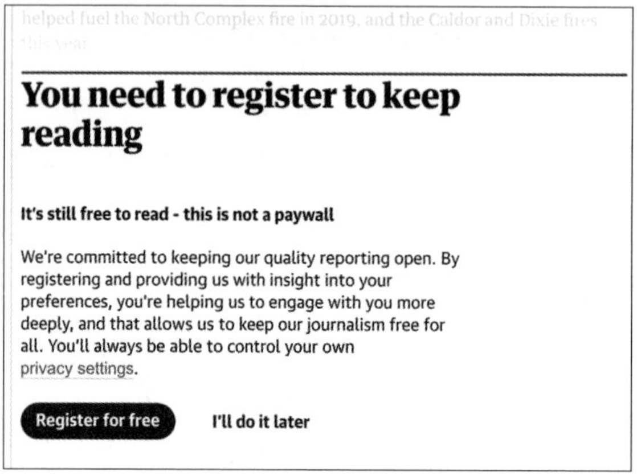

图 3.2　卫报注册墙

目前，我们看到越来越多的新闻组织在他们的付费订阅过程中加入了注册墙这个新的环节。一些新闻组织不再简单地在读完一定数量的文章后，才向读者展示付费墙，而是决定在这一过程的早期，也就是在读者第一次接近其网站内容时，就向读者索要电子邮件地址、谷歌账号，或其他社交媒体账号。那么何为注册墙？

一　注册墙的优势

注册墙是一种管理在线访问者关系的方式，它要求访问者在网站上创建一个免费账户，以便访问网站内容。它有时被称为 regwall 或 regiwall，注册墙会确认用户身份，并可以根据用户账户管理跨设备的权限，而不是绑定到单个浏览器。

注册墙会迅速识别出媒体组织最忠实和最活跃的访问者。这些用户更有可能转变为长期订户。随着新闻组织从第三方数据转向第一方数据，注册墙可以避免广告收入进一步下降带来的压力，新闻组织对注册墙的兴趣正在增长。此外，新闻组织还需要应对付费墙的泄露和广告拦截带来的收入损失。有研究表明，通过相对简单的技术，多达75%的付费墙可以被绕过。注册墙会带来可持续收入、第一手数据、更好的用户体验，从而引发媒体组织对注册墙设置的兴趣。

注册墙不同于付费订阅。付费墙提供了一个或多个提供付费内容订阅的选项，通常提供按月付费或按年付费的折扣价格。注册墙不与任何付费要求或流程绑定。注册墙提供免费访问，这意味着用户可以获得更个性化的在线体验。调查公司埃森哲报告提供的数据显示，79%的人愿意通过交换数据来获得更个性化的体验，个性化用户体验建立第一方数据是关键。注册墙一般具有以下几个优势：

1. 统一跨设备、浏览器、移动媒体和桌面电脑的访问者数据。
2. 基于第一方收集数据，创造更多吸引人的体验。
3. 更好地吸引"超级用户"，这7%的访问者可以带来50%的流量。
4. 解决付费墙漏洞问题，比如使用Chrome隐身模式或多个浏览器来绕过计量付费墙。
5. 增加其他丰富转换渠道，如电子邮件列表和社交媒体关注。
6. 将注册墙用户转换为付费用户。
7. 提供对出版商拥有的一组网络属性访问。
8. 促进对其他内容和应用程序的单点登录（SSO）身份验证。
9. 减少未来付费注册的摩擦。
10. 提供优质体验，比如精简广告或无广告。
11. 支持媒体组织来管理版权访问控制。
12. 达到每用户的最大平均收益（ARPU）。

注册墙可以成为一个更专注的用户旅程和获取稳定收入的第一步。注册用户可以推动电子新闻邮件的增长，社交关注，以及付费订阅。将用户的移动平台和桌面电脑行为结合在一起，对用户的行为观察得更清楚，同时可以促进更高的转化率。注册墙将迅速识别出媒体组织最忠实和最活跃的访问者。这些超级用户更有可能转变为长期订户。福布斯传媒集团的首席执行官马克·霍华德（Mark Heward）表示，该媒体组织正在使用通过注册墙获取的数据，来实现收入多样化。

新闻组织设置注册墙的一个关键原因是为了更好地理解媒体组织的用户。《纽约时报》前首席执行官马克·汤普森（Mark Thompson）表示，注册墙有助于创建更详细的用户画像，这也是《纽约时报》设置注册墙的主要原因之一。①

用户一旦注册成功，新闻组织不必考虑在台式机和移动设备上拥有两个不同的用户，而是可以通过用户的电子邮件地址，将读者的这些阅读活动链接在一起。对读者的行为有了更深入的了解，新闻组织便可以更好地将其转变为付费订阅者。拥有用户的注册地址之后，媒体组织不仅可以使用现场信息，还可以通过读者自己的电子邮件收件箱，甚至通过社交媒体账号来匹配、联系受众。为媒体组织提供数字订阅技术的 Piano 公司发现，注册用户的平均转化率是匿名访问者的 10 倍。

在英国，《每日电讯报》的注册墙也取得了成功。要阅读《每日电讯报》的内容，就要求用户提供他们的电子邮件地址，以便每周阅读一篇免费文章。这一策略使得《每日电讯报》的日订阅量增加了两倍多。法国《世界报》也设置了注册墙。读者可以在每个周末看到一周中最重要的新闻，前提是读者必须在《世界报》的网站上创建一个免费账户，而不仅仅是提供他们的电子邮件地址来接收新闻。

二　关注忠实读者

付费墙最常见的问题之一就是没有足够的读者能够看到新闻组织设置

---

① Digiday,"'The tip of the iceberg': News publishers are embracing registration walls (again)", https://digiday.com/media/the-tip-of-the-iceberg-news-publishers-are-embracing-registration-walls-again/. 查询时间：2023 年 11 月 12 日。

的付费墙，因为，一些读者每月只会阅读该新闻组织的一两篇报道，这意味着这些新闻组织根本没有机会向读者展示他们的付费墙。就整个新闻行业而言，最成功的付费墙策略目标是达到每月5%—10%的读者，因为这些读者是最活跃的，也是最有可能订阅的。为了接触到这些读者，媒体组织需要获得具体的用户数据：你最感兴趣的非订阅用户一个月读了多少篇文章？在整个新闻行业中，通常是5篇报道。在过去的几年里，我们可以看到，读者可以免费阅读的文章在急剧下降，从2012年的平均13篇免费报道下降到现在的平均5篇报道。这个数字可能还会下降，像《波士顿环球报》(*The Boston Globe*) 这类新闻组织正在减少读者可以看到的免费报道——从45天内可以免费阅读5篇报道，减少到现在免费阅读2篇报道。

将注册墙作为订阅战略的早期步骤，可以帮助新闻组织接触到更多用户，然后能够专注于吸引最忠实的读者。这些忠实读者也被称为"超级用户"：他们只占读者总数的一小部分，但在阅读活动中所占的比例要大得多。平均而言，7%的这类"超级用户"贡献了新闻组织网站流量的50%。

在邀请读者付费订阅之前，建立与读者的联系非常重要。这也是《卫报》看待他们与读者互动的方式，读者一旦提供了他们的电子邮件地址就进入了这个范围。对于那些担心索取读者电子邮件地址来阅读内容，会限制和影响流量的新闻组织而言，一般情况下，在提供一篇免费报道之后，即可显示注册墙。通过这样的设计，那些只阅读一篇特定报道，而不返回网站的读者就不会被阻拦。

三 注册墙对《卫报》意味着什么

《卫报》反复强调的一点是，注册墙不是收费墙，也不是迈向收费墙的一步。长期以来，《卫报》一直选择不设置付费墙，因为《卫报》相信每个人都应该获得公平和真实的报道。这一点一直没有改变。在面对全球新型冠状病毒疫情大流行时，这一点尤其重要，对公开和可靠的新闻报道的需求从未像现在这样如此强烈。

在数字转型时代，支撑新闻业的商业模式正受到严峻考验。请求读者注册登录会为《卫报》提供更多信息，《卫报》可以使用这些信息来个性化其报道路径，以寻求读者支持，并创造更好的用户体验。最重要的是，它让《卫报》的新闻报道向所有人开放。

注册登录后，读者仍然可以控制自己的数据——如果读者愿意登录以使《卫报》对新闻的阅读方式有更深入的了解，但不希望《卫报》提供个性化广告，读者也可以在《卫报》的隐私环境中管理自己的选择，并在"管理我的账户"（manage my account）空间中进行设置。

这是《卫报》获得第一方数据的策略，其目标是改进产品，为读者定制更多相关广告，确保媒体组织能够可持续发展。《卫报》在推出注册墙时明确指出，"请求读者登录为我们提供了更多信息，我们可以使用这些信息来个性化我们的请求支持、提供广告（在读者同意的情况下），以及创造更好的用户体验"。

对《卫报》而言，这是一个符合其业务发展的战略决策。注册墙是增加读者参与和捐款的渠道之一，同时可以提高广告质量和读者目标定位，因此，对读者和媒体两方面都有好处。注册墙可以增强第一方数据，从而促进用户获取、保留和提升广告产品。越来越多的媒体组织，如《纽约时报》、赫斯特报业集团和论坛公司，在过去的一年里设置注册墙。媒体组织可以看到读者内容偏好，并可以定制产品和内容，从而增加订阅量。

建立第一方数据的另一个目标是为即将消失的第三方 cookie 做准备。读者可以在注册墙输入详细信息，例如电子邮件，地址和标题，从而形成广告客户可以定位的更强大的受众群体，同时提高广告收取费用。在推出其注册墙的一年之后，《纽约时报》已经宣布放弃所有第三方广告数据。

《卫报》坚持对所有人开放的坚定立场，特别是在新型冠状病毒疫情大流行期间，获得准确信息是一项基本的公民权利。新型冠状病毒疫情期间是高流量和低广告收入时代，虽然广告收入很重要，但《卫报》希望在2022年达到200万付费支持者，实施注册墙亦是该媒体组织一个必要的策略。

《卫报》希望报道的新闻能接触到尽可能多的读者，以便对社会产生影响。但是，生产独立、高质量的新闻报道成本很高。《卫报》依赖于许多不同的收入来源——广告收入，以及越来越多地来自选择订阅或自愿捐赠来支持《卫报》的读者的收入。

注册墙这个简单的环节是用户支持《卫报》的第一步。注册墙可以帮助《卫报》为读者提供更多相关广告，让《卫报》更了解读者如何使用我们的产品，这样《卫报》就可以进一步提升报道质量。通过设置注册墙，《卫报》希望鼓励更多读者成为付费支持者，这也是《卫报》与读者建立更深层次关系的可持续发展战略的一部分。

第五节　迈向多元化收入模式

一　众包新闻

众包（Crowdsourcing）是随着互联网技术出现的一个新商业模式。具体来讲，众包就是将一项具体任务外包给外围执行者的技术。众包的目的是扩展公司创新和知识的来源，增加开发更廉价、更有效的解决方案的可能性。近年来，众包模式因互联网可以以全新的方式联系执行者，因此得到快速发展[1]。在探索新的商业模式的过程中，《卫报》一直反复利用这种商业模式。

2015年6月1日，《卫报》发起了一个名为The Counted的大型互动项目，统计美国被执法人员杀害的公民。由于美国政府没有关于被执法部门杀害人数的全面记录，《卫报》使用了多个消息来源的数据，包括众包信息和当地媒体报道，来搜集相关信息。该报道团队努力将受害者姓名、图像和个人信息，以及死亡原因和情况，包含在一个数据库中。为了让The Counted项目运作起来，《卫报》需要接触到尽可能多的社区，无论大小，并鼓励读者与《卫报》对话。因为在一些社区中，很少有人会去阅读《卫报》。

作为这个项目的一部分，《卫报》受众团队从一开始就与《卫报》的

---

[1] ［瑞士］奥利弗·加斯曼、卡洛琳·弗兰肯伯格、米凯·克奇著：《商业模式创新设计大全》，聂茸、贾红霞译，中国人民大学出版社2017年1版，第133—134页。

记者、编辑和互动团队紧密合作，将观众和社区置于新闻工作的核心。结果是，该报道项目得到了数百条消息来源，包括来自家人、朋友和一些被杀普通人的律师团队，以及一些以前从未报道过的谋杀。The Counted 被设计成一个持续进行的互动项目，而不是一个即刻完成的项目。为了及时获得最新统计数据，《卫报》向广泛社区请求帮助。对于《卫报》来讲，这个新闻项目是一种社区建设、技术和关注焦点的结合。众包新闻这一路径帮助《卫报》找到并与关注某个问题的人保持联系，同时让《卫报》展示其新闻业务的深度和广度。

（一）武汉疫情众包项目

2020 年初，武汉新型冠状病毒疫情暴发之后，随着中国政府出台措施，努力控制和防止新型冠状病毒的传播，世界各地的机场都对抵达的乘客进行体温筛查，武汉政府下令关闭交通枢纽。武汉周边的城市也陆续出台交通封锁的措施。当时《卫报》想了解武汉市民的情况，以及新型冠状病毒在武汉的情况怎么样，于是通过网络发起众包活动，寻找了解武汉当时情况的市民给《卫报》提供新闻线索，还特意制作了中文版的众包信息页面。

通过《卫报》设计的中文和英文众包页面，读者可以通过填写表格的方式与《卫报》联系，整个信息众包过程是匿名的。只有《卫报》会看到读者的回应，《卫报》会有一名专门记者和读者联系以获取更多信息。如果提供信息的读者不满 16 岁，则需要获得一位成人的许可才能填写《卫报》的表格。读者的回复比较安全，因为表单是加密的，只有《卫报》可以看到读者提供的信息。

（二）新型冠状病毒疫情众包项目：前线的损失[①]

在美国新型冠状病毒疫情全面暴发之后，《卫报》—凯撒健康新闻联合项目（Guardian-Kaiser Health News project）发起"前线的损失"（Lost

---

① "Lost on the frontline", https：//www.theguardian.com/us-news/series/lost-on-the-frontline. 查询时间：2023 年 11 月 12 日。

on the frontline）众包项目，旨在通过新闻报道记录美国每一位在疫情期间死于新型冠状病毒的医务工作者[①]。

在报道了医生弗兰克·加布林（Frank Gabrin）的死亡事件之后，《卫报》发现了一个严重问题：当时美国国内不管是政府，还是公众，都不知道有多少一线医务工作人员死于新冠病毒，也不知道他们的死亡速度。弗兰克是美国首位死于新冠病毒的急诊室医生。美国疾病控制与预防中心报告指出，在一些州，医务人员在已知新冠病毒病例中所占比例高达20%。但是没有可靠的政府数据库来追踪他们的死亡情况。在2020年7月，美国疾病控制和预防中心报告的卫生工作者死亡人数是510人——但《卫报》的报道显示，这个数字很可能被低估了。

医护人员死亡数字不断上升，并引起争议，但不能改变这样一个事实：这些逝去的医务人员不仅仅是一个统计数字，他们是在试图拯救他人生命的过程中失去了生命。这就是为什么《卫报》与《凯撒健康新闻》合作的原因，《卫报》试图跟踪这些医务专业人员，并向他们表示敬意。

这个新闻项目的一部分新闻线索征集来自众包。《卫报》希望这个项目能成为对牺牲医护人员的集体纪念。但它不能独自完成这一全国性数据库的建设工作。因此，《卫报》请求医护人员的家人、朋友和同事分享医护人员在照顾感染新型冠状病毒病人时死亡的亲人和同事的信息、照片和故事。任何读者都可以通过网络提供相关信息。

通过特定设计的网页，《卫报》让读者在谷歌（Google）表单中填写有关医护人员死亡的信息，然后记者会与读者取得联系以报道发生的情况。《卫报》试图通过众包实现两个目的：对牺牲医务人员的数字纪念（digital memorial），以及确定美国医疗健康的发展趋势。与众包运作模式相配合，《卫报》记者还会用传统的报道方法来搜集尽可能多的案例。

《卫报》编辑简·斯潘塞（Jane Spencer）指出："前线医护人员为让我们在大流行中安全生活，做出的巨大牺牲令我们感动，我们因医院和其他医疗机构缺乏防护装备而深感担忧。因此，我们想找到一种方法讲述关

[①] "Lost on the frontline", https：//khn.org/news/lost-on-the-frontline-health-care-worker-death-toll-covid19-coronavirus/. 查询时间：2023年11月12日。

于医护人员所面临的风险的故事，我们认为建立全国性数据库将使我们能够发现大流行的模式，以及大流行对医护人员的影响，并希望指明在这场危机中，美国医疗保健系统的运作和失败。"目前，该众包项目已经逐渐发展成为一个综合互动网站，最终的目标是能够确定有多少医护人员死于新型冠状病毒。

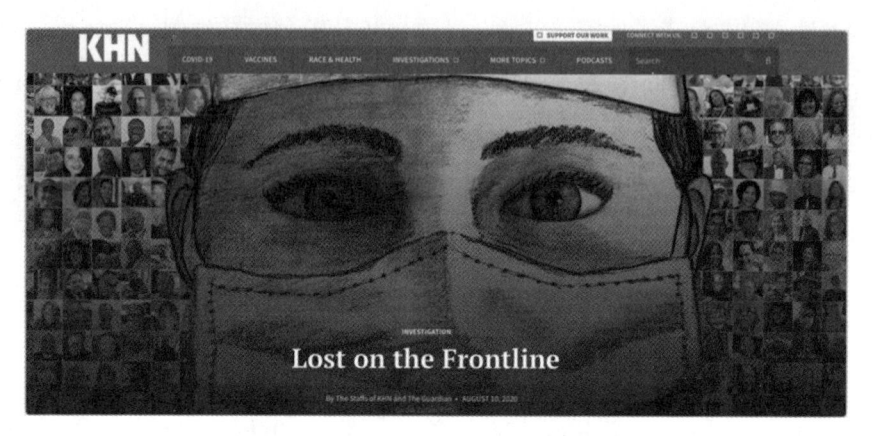

图 3.3　凯撒健康新闻网：前线的损失

"前线的损失"众包项目对数据搜集采用了一种包容性很强的方法。除了医生、护士和其他一线医护人员之外，该项目统计的医务人员还包括医院清洁工、家庭保健助理和养老院工作人员等。因此，这个数据库是此类数据库中比较全面的一个。这个众包项目的新闻报道还会提供给当地新闻媒体免费转载。

"前线的损失"众包项目的部分灵感来自《卫报》之前的众包新闻项目 The Counted。《卫报》与凯撒健康新闻进行合作，在一周多一点的时间内就将这个项目整合在一起。斯潘塞认为："这个众包项目一直在继续，人们对缺乏个人防护装备感到愤怒和担忧，这就是悲剧的本质。这是一个充满戏剧性和悲伤的故事。我不认为人们对它失去了兴趣。美国的医疗工作者已经拯救了数千条生命。面对一场危险的传染病，家庭无法探望生病的亲人，这些工作者往往是最后一个去安慰垂死的人。虽然我们无法深入报道每一个人，但《卫报》的目标是记录每一个牺牲的医务工作者。它创建的全国数据库将发现关于正在蔓延的流行病及其对医疗工作者的影响的新故事，从而揭示医疗体系的运作和失败。"因为其中一些卫生工作者的死亡是可以预防和避免的。在世界各地，由于与病人的高度接触，卫生保健工作者面临着严重感染新型冠状病毒的风险。但在美国，对新型冠状病毒疫情大流行缺乏防备增加了这种风险。普通民众接受检测的机会不足，N95 口罩等防护装备在全国短缺，以及洗手液等基本用品的缺乏，都在推高卫生工作者的死亡率。

此外，在这个众包新闻项目运作的过程中，《卫报》还邀请全国各地的新闻机构与其合作。它会链接当地新闻编辑室关于其社区中牺牲的医护工作人员的报道，并邀请本地新闻媒体共同发表《卫报》的相关报道。并且，它还与合作伙伴一起，通过多种语言制作内容，以反映美国医疗保健人员的种族多样性，并进一步深入美国许多遭受损失的社区。当然，这个数据库可能永远不会是完全全面的。它将作为一个不完善的工作持续进行——并且随着时间的推移而增长。《卫报》希望这个项目最终能够纪念那些在这场大流行病中牺牲的医务人员，并为医疗体系带来积极变革的想法①。

图 3.4 卫报互动数据库：前线的损失

---

① The Staffs of KHN and The Guardian, "Lost on the Frontline: Explore the Database", https://www.theguardian.com/us-news/ng-interactive/2020/aug/11/lost-on-the-frontline-covid-19-coronavirus-us-healthcare-workers-deaths-database. 查询时间：2023 年 11 月 12 日。

从 2012 年到现在，《卫报》不断推出一些众包新闻项目，从小的方面讲，为制作各类相关新闻节约了成本，并征集到更多丰富的新闻线索，从大的方面讲，这些众包新闻项目也是《卫报》品牌的一种营销，在为该报不断积累高质量新闻、负责任新闻的声誉，而后者可能尤为重要。

二 众筹新闻

（一）众筹公共土地系列报道

2017 年，《卫报》美国版发起一项 5 万美元的众筹活动，以支持《这片土地是你的土地》（This Land Is Your Land）报道项目，该系列报道聚焦美国政府试图出售公共土地的问题。这次众筹活动是《卫报》美国版第一次为一个特定的报道系列吸引众筹资金。《卫报》通过呼吁读者来支持深入的新闻报道，让政治家和企业对自己的环境政策负责，并以此来提高环境保护意识。

这个众筹项目灵感来自《卫报》的读者。2017 年 1 月，《卫报》美国版刊登了一篇关于共和党人试图出售国家土地的报道，这篇报道在网络中广为流传，在脸书上获得了 6.1 万条评论，在《卫报》网站上也获得了 1000 条评论，并带来了数万美元的捐款。对一个环境主题的报道反应如此强烈，这表明在当今两极分化的时代，这个话题实际上得到了广泛的支持。《卫报》编辑简·斯潘塞指出：“这是我们没有预料到的一个结果。这个国家正处于严重分歧的时刻，这一问题的报道与讨论能够起到桥梁作用，把来自不同背景的人们聚在一起。”[①]

这个系列众筹活动，从一篇关于大峡谷铀矿开采的报道开始，并计划在两个月内每周连续刊出。这次众筹活动的主要目标是美国读者，他们占《卫报》会员的四分之一，众筹资金将用于两个月后持续的新闻系列报道。

---

① Digiday, "The Guardian launches a ＄50,000 fundraising campaign to support an environmental series", https://digiday.com/media/guardian-launches-50000-fundraising-campaign-support-environmental-series/. 查询时间：2023 年 11 月 12 日。

在《卫报》和其他新闻媒体都在为在线新闻的营利模式苦苦挣扎之际，众筹也提供了一种潜在的收入来源，可以在现有会员和捐助者之外获得新的支持者。《卫报》当时的想法是，如果这一方法进展顺利，它计划在其他新闻报道系列中复制这种模式。

对于寻求增加读者收入的新闻组织来说，付费墙已经成为一种更受欢迎的发展策略。《卫报》避开了付费墙的想法，因为它长期致力于开放其新闻网站，所有新闻报道免费。目前，来自读者的资金资助已经成为其收入中越来越大的一部分，它在全球的注册会员已经超过 100 万。随着会员计划的推出，《卫报》做了大量的测试，以了解读者对哪些信息反应最强烈，并注意哪些报道会引发读者的反应。

"这片土地是你的土地"众筹活动让《卫报》对读者的吸引力更具针对性。斯潘塞指出，"我们试图让读者对美国公共土地的未来予以关注，同时与他们对这个问题的热情相联系。我们还试图强调《卫报》通过追究政客的责任可以带来什么。我们也试图澄清，《卫报》美国版的一个关键目标是报道社会正义问题，我们认为在美国公共土地的问题上没有得到足够的报道"。[①] 在这次众筹活动中，《卫报》首次在众筹网页中加入一个可视化的、不断更新的计数器，以实时显示为实现 5 万美元的目标已经筹集了多少资金，所有这些设计都是为了让读者感到新颖。

结果，读者出乎意料地积极支持这一项目。该报在众筹活动启动后的 31 小时内就超额完成目标，有 1000 多名读者捐赠了 60,166 美元，为了回应读者的热情，《卫报》美国版还延长了众筹资金的时间。捐款总额高达 7 万美元，有 1500 多人捐款，其中 90% 来自美国。

《卫报》美国版之所以选择这个话题，是因为它看到了公众对跨越意识形态界线的公共土地的广泛支持。《卫报》拒绝像其他许多新闻组织那样设置在线付费墙，这限制了它从读者那里获取收入的能力。不过，众筹这种筹集资金来支持报道的方式能应用到什么程度还有待观察，因为它依赖于读者对自己感兴趣项目的一次性捐款。依靠对某个主题充满热情的读

[①] Lucia Moses, "Guardian US raises more than ＄50,000 in 31 hours", https://digiday.com/media/guardian-us-raises-50000-31-hours/. 查询时间：2023 年 11 月 12 日。

者，这意味着媒体组织必须找到新的受众，才能进行下一次众筹，而不是要求人们经常性地捐款。

（二）众筹+建设性新闻

在公共土地系列报道众筹成功之后，《卫报》美国版随后又发起两个系列报道众筹项目，一个针对美国泛滥的枪支暴力，另一个针对在美国想要成为一个母亲需要付出的成本。这两个系列报道还融入了建设性新闻视角——不仅报道事实，还试图提供解决问题的方案。

众筹系列报道《打破循环》（Break the cycle）挑战了枪支管制太难的正统观念，并提出了创造性的解决方案。由于读者的支持，《卫报》筹集了20多万美元来推动2018年关于枪支暴力的对话，并进一步推动有意义的变革①。

众筹系列报道《母亲的负担》（The Mother Load）探究了为什么在美国做母亲比在其他任何发达国家都难。因为，美国正在让母亲们失望：从短得令人发指的产假，到沉重的育儿成本，从较高的产妇死亡率到家务分配不均。在读者的支持下，《卫报》筹集了5万多美元来支持这个系列报道②。

《母亲的负担》以全球视角，调查工作场所、政治人物、医疗保健、财富分配和性别惯例是如何让母亲们面临异常高的压力和经济困难的，同时展示美国为何与别的国家不同。但是这个众筹项目不仅仅是关于问题的报道——它还提供了相关问题的解决方案。《卫报》提供了一系列建议，告诉读者如何说服他所在的公司制定有利于家庭的政策。美国如何向其他国家学习——芬兰是如何成为世界上唯一一个男性陪伴孩子时间多于女性的国家？选举更多的女性领导人如何能直接改善家庭政策③。

---

① "Break the cycle"，https：//www.theguardian.com/us-news/series/break-the-cycle. 查询时间：2023年11月12日。
② "The Mother Load"，https：//www.theguardian.com/us-news/series/the-mother-load. 查询时间：2023年11月12日。
③ "Guardian US launches The Mother Load"，https：//www.inpublishing.co.uk/articles/guardian-us-launches-the-mother-load-2847. 查询时间：2023年11月12日。

这个系列众筹新闻报道旨在揭示在美国做母亲为何比在其他发达国家更具挑战性的原因，并就如何改善这种状况提出各种建议和解决方案：父亲在这场争斗中是重要的伙伴，解决办法在于为家庭创造支持。《卫报》也努力展示为人父母的多样性，同时分享同性伴侣、单亲父母和收养家庭的观点。《卫报》的目标是通过读者资助这个为期四个月的报道项目，来提高人们对这一问题的关注，建立社区，进而激发行动。

（三）环境新闻众筹项目

受到《卫报》美国版三次众筹活动（《这片土地是你的土地》《打破循环》和《母亲的负担》）成功的激励，2018年，《卫报》澳大利亚版发起一项众筹活动，筹集5万美元来支持《我们广阔的棕色土地》（Our wide brown land）系列报道，这是一个关于澳大利亚被忽视的环境问题的系列报道[①]。这个众筹新闻项目与会员和一次性捐赠项目是分开的，该网站通过众筹项目作为其"多样化收入来源"的一部分。

《我们广阔的棕色土地》众筹新闻项目很快达到了15万美元，远远超过最初5万美元的众筹目标，由于读者反响热烈，《卫报》澳版随后延长了众筹时间。《卫报》澳大利亚版编辑莱诺尔·泰勒（Jenore Taylor）指出："这表明我们的读者了解当前高质量新闻的商业危机，而且我们的无付费墙、无股东模式，使自愿捐款成为一个可行的选择。这也表明，我们的读者深切关注环境问题，以及该领域缺乏高质量、以科学为基础的调查性新闻报道。"[②]

三 非营利组织资金来源

与世界各地的许多新闻组织一样，《卫报》正在努力寻找新的资金来

---

① "Our wide brown land", https：//www.theguardian.com/environment/series/our-wide-brown-land. 查询时间：2023年11月12日。

② Guardian Australia press office," Guardian Australia asks readers to help fund new environment series Our wide brown land", https：//www.theguardian.com/guardian-australia-press-office/2018/jan/30/guardian-australia-asks-readers-to-help-fund-new-environment-series-our-wide-brown-land. 查询时间：2023年11月12日。

源方式来资助其新闻业务，以确保自身能够继续生产符合公众利益的高质量新闻。增加对《卫报》独立新闻的慈善资金支持，有助于资助《卫报》去生产对重要议题有影响力的报道，比如，对现代奴隶制、妇女权利、气候变化、移民和不平等问题的报道①。

（一）theguardian.org②

2017年，《卫报》宣布推出theguardian.org，这是一个由斯科特信托成立的非营利组织，旨在支持当下一些最紧迫问题的高质量独立新闻报道。该组织通过个人和基金会筹集资金，并将其用于开展各类公民项目，以促进公众对气候变化、人权、全球发展和不平等等问题的讨论和参与。《卫报》可以向theguardian.org申请资助，用于新闻报道项目，这些项目需符合董事会制定的优先事项，并与其慈善使命相一致。

《卫报》加大对慈善资金的追求力度，目的是为该报业寻找新的收入来源。这个非营利组织宣称其使命是："在《卫报》的独立新闻和新闻项目的支持下，围绕当今时代最紧迫的问题告知和推进公众讨论，并促进公民参与。"

为了实现双方的共同使命，即通过促进独立新闻报道来教育、推进公众讨论和公民参与，卫报新闻与媒体集团与theguardian.org达成资源共享协议。根据该协议，卫报新闻与媒体集团可以向theguardian.org提供人员服务、办公场所、设备和其他类似资源。

theguardian.org作为一个美国非营利组织，与其他非营利组织一样，拥有501（c）（3）条款规定的资格和地位。与其他501（c）（3）类组织一样，theguardian.org必须遵守美国国税局规定的公共慈善规则，其中包括要求提交年度报告，说明该组织如何履行其慈善使命。theguardian.org

---

① "The Guardian announces the launch of a new US nonprofit to support story-telling and independent journalism", https://www.theguardian.com/gnm-press-office/2017/aug/28/the-guardian-announces-the-launch-of-a-new-us-nonprofit-to-support-story-telling-and-independent-journalism. 查询时间：2023年11月12日。

② theguardian.org, "About us", https://theguardian.org/about-us-2/. 查询时间：2023年11月12日。

主要从私人基金会、公司和私人捐赠者那里筹集资金，最终目标是支持独立的新闻报道和促进新闻自由。

目前，《卫报》获得的慈善资金支持虽然不多，但对《卫报》来说这是一个不断增长的收入来源。《卫报》通过 theguardian.org，在2020年4月至2021年4月期间筹集到900万美元[①]。蕾切尔·怀特（Rachel White）自2016年 theguardian.org 成立以来一直担任组织的总裁。

其中人道主义联合组织两年拨款80万美元，资助有关现代奴役和劳动剥削的报道。2021年，该组织扩大了支持范围，拨款150万美元，用于报道世界各地的一系列人权问题。这使得《卫报》成为唯一一家拥有专门人权报道团队的全球性新闻机构。开放社会基金会过去曾资助《卫报》报道美国的性别不平等问题，现在该基金会将慈善基金用于报道气候正义，以及不平等和新型冠状病毒疫情等交叉问题。

《卫报》长期的慈善合作伙伴包括：比尔和梅琳达·盖茨基金会为报道全球发展问题提供资金；福特基金会支持报道妇女权利和不平等问题；洛克菲勒基金会对《卫报》城市专栏网站的支持；奈特基金会资助卫报移动创新实验室（Guardian Mobile Innovation Lab）。

强有力的新闻报道和社会事业之间的联系从未像现在这样重要。在过去几年中，慈善资金在支持《卫报》在气候变化、不平等、妇女权利等重大问题上的新闻报道发挥了越来越重要的作用。theguardian.org 网站的创建，使《卫报》有可能建立关键的战略伙伴关系，并更广泛地与个人和慈善组织合作，以支持《卫报》在全球范围内开拓性的新闻报道。《卫报》美国版编辑李·格兰丁尼（Lee Glendinning）指出："在我们的新闻编辑室里，深入报道和创新通过慈善伙伴关系支持重要的项目。由于《卫报》独特的使命和视角，来自志同道合组织的资金支持可以成为我们新闻事业的

---

① Sarah Scire, "Philanthropic support is a small but growing revenue stream for The Guardian, reaching a record-breaking ＄9M last year", https：//www.niemanlab.org/2021/04/philanthropic-support-is-a-small-but-growing-revenue-stream-for-the-guardian-reaching-a-record-breaking-9m-last-year/. 查询时间：2023年11月12日。

一个小而重要的组成部分。"①

2017年,《纽约时报》也宣布了自己寻求慈善资金资助的行动计划,但在领导该行动计划的珍妮特·埃尔德(Janet Elder)去世后,该计划处于搁置状态。《纽约时报》负责传播事务的高级副总裁艾琳·墨菲(Eileen Murphy)指出,"我们打算在适当的时候,继续寻求各种各样的慈善资金来源,为我们的新闻事业提供资助,但我们尚未选定人选来领导这项工作。"在寻求慈善资金资助方面,《纽约时报》似乎有着与《卫报》相同的目标。②

(二)卫报公民新闻信托③

2018年3月,卫报公民新闻信托基金与墨尔本大学文学院新闻促进中心合作,为新闻项目提供资金,以促进公共话语和公民在环境、土著事务、人权等领域的参与、治理。新闻发展中心的能力建设项目,包括学生实习、学员指导计划、讲座和学生讲习班,使未来一代的澳大利亚记者掌握必要的技能④。

卫报公民新闻信托基金的慈善基金来源包括:

> 巴尔内夫斯基金会(Balnave Foundation)提供一笔赠款,用于为期三年的关于土著事务的深入报道和教育活动,提供一笔资助用来支持澳大利亚重点艺术;

---

① Sarah Scire, "Philanthropic support is a small but growing revenue stream for The Guardian, reaching a record-breaking $9M last year", https://www.niemanlab.org/2021/04/philanthropic-support-is-a-small-but-growing-revenue-stream-for-the-guardian-reaching-a-record-breaking-9m-last-year/. 查询时间:2023年11月12日。

② David Westphal, "Journalism's New Patrons: Guardian shows how newspapers could attract philanthropy", https://www.cjr.org/united_states_project/guardian-nonprofit-philanthropy.php. 查询时间:2023年11月12日。

③ "The Guardian Civic Journalism Trust", https://arts.unimelb.edu.au/engage/make-a-gift/the-guardian-civic-journalism-trust. 查询时间:2023年11月12日。

④ Guardian Australia and the University of Melbourne launch the Guardian Civic Journalism Trust, https://www.theguardian.com/guardian-australia-press-office/2018/mar/05/guardian-australia-and-the-university-of-melbourne-launch-the-guardian-civic-journalism-trust. 查询时间:2023年11月12日。

义肢家庭基金会（Limb Family Foundation）为环境调查报告提供拨款；

绿色家庭基金会（Green Family Foundation）为不平等报道提供一笔赠款；

Trimtab 基金会（Trimtab Foundation）为"生活在边缘地带"提供了一笔赠款，该项目研究澳大利亚离岸加工政策的失败和受影响的生活；

巴洛基金会（Barlow Foundation）为一些项目提供资助，以揭示影响澳大利亚青年的不平等问题。巴洛基金会所资助的项目第一个名为《被打断的梦想》，探讨了越来越多的年轻人失业的问题；第二个名为《被羁押的童年》，探讨了被关在澳大利亚监狱的土著儿童的故事，以及那些在该系统中生活和工作的人。

对特定报道项目的慈善资金支持被标记"由……支持"（*supported by*），以明确内容是如何委托和制作，以及谁资助了内容生产。

不过，慈善资金模式也有其自身的挑战。新闻业这种获取资金的方式引起了一部分人的担忧——捐赠者的利益可能会影响新闻报道的生产。美国报纸编辑协会主席夏洛特·霍尔（Charrotte Hall）指出，"可能会出现一种模式，让基金会为一些地方报道提供资金……我们需要一种新的防火墙，以确保独立报道和不受干扰的新闻编辑。"为此，theguardian. org 制定了一系列利益冲突政策，以解决潜在的利益冲突①。

在《卫报》网站和应用程序上，由慈善机构资助的新闻报道都被标示出慈善机构资助的标签，这些报道的新闻编辑工作都独立于其资助来源。目前，慈善组织对支持新闻业越来越感兴趣，它们关心的问题，像民主、新闻生态、假新闻、政治极化、调查新闻，也是新闻媒体关注的问题，如果它作为一个整个行业可以复制模式的话，对整个新闻事业有一定的促进作用。

《卫报》对编辑独立性非常重视，努力避免慈善基金对新闻议程的影

---

① theguardian. org，"Conflict of interest"，https：//theguardian. org/about-us-2/. 查询时间：2023 年 11 月 12 日。

响。《卫报》在披露谁为其新闻业提供资金方面积累了丰富的经验。通过theguardian.org 资助的每一个项目都会明确标示出来，标明是哪些机构为这项报道提供了资金。比如，一个有关基因编辑的纪录片明确标示得到了英国维康基金会的资助，而关于美国和加拿大公共土地面临的威胁的系列文章，明确显示得到了环境记者协会（Society of Environmental Journalists）的支持。目前，超过40个慈善资金资助项目的完整名单，可以在theguardian.org 网站上查看①。

《卫报》希望读者很容易就发现这些信息。在某种程度上，《卫报》也为如何利用慈善资金资助新闻报道设定了一些基本准则。不过，慈善资金并不是《卫报》支持其新闻报道的主要收入。《卫报》在2020年的年收入为2.235亿英镑（约合3.08亿美元），其中数字收入为1.259亿英镑，占总收入的56%。相比之下，theguardian.org 每年的贡献不超过1000万美元。事实上，《卫报》新闻编辑部的预算确实紧张，在2019年实现营利之后，2020年疫情期间，《卫报》新闻编辑部面临着重大的财务挑战。慈善资金资助的重点是报道那些面临预算短缺，难以获得资金来源的项目。从新闻组织的视角来看，有些话题对人们确实很重要，需要给予更长时间的报道，或者组建一个专门的编辑团队进行报道。

在寻找慈善资金资助时，《卫报》更倾向于寻求对特定报道主题的资助资金。一些新闻报道主题，像环境正义、生物多样性、全球发展等特别适合这类慈善资金资助。新闻编辑能够获得更大的自由度，同时也能回应各类基金会提出的要求——解决更大的问题和挑战。《卫报》新闻编辑部正在考虑为"美国工人的未来"和"不平等与贫困长尾"等主题寻找资金。

目前，虽然有越来越多的慈善资金在资助新闻业，但这类资金的增长速度赶不上新闻业不断陷入危机的速度。慈善事业需要大规模投入，才有可能满足新闻业20%的预算需求。theguardian.org 的主管怀特指出："我希望慈善市场能够继续扩大，以满足新闻组织的需求，因为这个市场空间巨

---

① theguardian.org,"About us", https://theguardian.org/about-us-2/. 查询时间：2023年11月12日。

大。我认为慈善行业投入新闻业的资金还远远不够。"①

四 单独付费应用程序

(一) 免广告的新闻订阅应用程序

《卫报》除了主要通过会员模式来获取读者收入之外，还为读者开发了一款需要付费订阅的新闻应用程序——每日新闻应用（The Daily），以实现到2022年达到200万付费支持者的目标。《卫报》新开发的这个新闻应用程序的吸引力在于它没有广告，并且会提供更加简化的新闻产品。这款应用是《卫报》增长数字用户的措施之一。《卫报》数字读者收入主管朱丽叶·拉博里（Juliette Laborie）指出："数字订阅已经取得了巨大的成功，但我们仍然需要挖掘数字订阅的重要性。我们有空间让用户体验不同节奏的新闻，一些内容由编辑精心策划，作为直播应用的补充。"②

《卫报》的用户调查显示，读者对源源不断的新闻感到不知所措，不知道该关注什么，这导致《卫报》开始探索打包新闻内容的新方法。通常，新闻组织应用程序的用户更有价值，他们会有规律、较持久地阅读更多内容。

《卫报》的直播应用提供突发新闻和事件的最新进展。每日新闻应用程序是《卫报》数字订阅的新产品，也是直播应用的配套产品，直播应用更多地针对突发新闻。相比之下，每日新闻应用程序更有针对性，为那些有时感到被新闻淹没的读者，精选了重要故事。每日新闻应用程序和直播应用相互补充，用户可以自由和灵活地选择如何保持消息灵通③。

---

① Sarah Scire, "Philanthropic support is a small but growing revenue stream for The Guardian, reaching a record-breaking ＄9M last year", https：//www. niemanlab. org/2021/04/philanthropic-support-is-a-small-but-growing-revenue-stream-for-the-guardian-reaching-a-record-breaking-9m-last-year/. 查询时间：2023年11月12日。

② Lucinda Southern, "The Guardian launches subscriber-only, ad-free daily app", https：//digiday. com/media/guardian-launches-subscriber-ad-free-daily-app/. 查询时间：2023年11月12日。

③ Freddy Mayhew, "Guardian launches one-edition daily app exclusively for digital subscribers", https：//www. pressgazette. co. uk/guardian-launches-one-edition-daily-app-exclusively-for-digital-subscribers/. 查询时间：2023年11月12日。

（二）付费字谜应用程序

为了吸引更多读者并增加用户留存率，实行订阅的媒体组织一直在研究如何开发产品，打包内容，以及改善与订阅者的联系，以使读者养成更有规律的信息接收习惯。在过去几年中，越来越多的字谜应用程序已经成为吸引读者经常返回新闻网站的一种重要策略。

作为推进订阅策略的一部分，《卫报》推出了一款付费拼图应用Puzzle app。《纽约时报》的字谜（Crosswords）应用自2016年推出以来，与付费烹饪应用（Cooking）共吸引了近100万用户。一些研究也发现，读者玩拼图游戏可以减少订户流失[①]。

媒体组织利用游戏和字谜的一个原因是，他们可以利用已经制作的内容，而不用花钱去制作高成本的内容。《卫报》的字谜应用每月收费3.49英镑，每周有15个新的填字游戏，另外还可以使用《卫报》存档的15,000多个字谜游戏。目前，《卫报》拥有一个庞大且不断增长的全球字谜用户群。

五 原生广告

与大多数新闻组织一样，《卫报》在财务上的表现不容乐观。尽管自20世纪30年代以来，这份报纸一直由斯科特信托监管，但近几年的运营亏损每年高达7000万至1亿英镑，甚至有可能耗尽斯科特信托的财政储备。为了控制成本，而不是建立付费墙或订阅模式，该报经历了几轮裁员，2016年裁撤了300名员工。

在2013年，《卫报》创建了一个内部内容工作室——"卫报实验室"（Guardian Labs），作为与公司合作开展营销活动的手段，而不仅仅是售卖在线广告。目前，"卫报实验室"已经发展到130多名员工，包括设计师、

[①] Lucinda Southern, "To drive daily habits and customer retention, publishers turn to puzzles", https://digiday.com/media/drive-daily-habits-customer-retention-publishers-turn-puzzles/. 查询时间：2023年11月12日。

视频制作人、作家和品牌战略家。《卫报》的原生广告分为三类：由编辑部制作的包销内容，由"卫报实验室"代表客户制作的内容，以及由广告商直接提供的内容，这些原生广告内容放置在网站的特殊"托管"栏目中。在全球范围内，每月有1.31亿独立访问量。

原生广告在《卫报》被称为"付费内容"（paid content），一般会被贴上一个明确的标签"由xxx公司支付"（paid for by）①。尽管《卫报》的主要收入是来自会员的资金资助，但目前原生广告也是该新闻组织的一个重要收入来源。

本章小结

在当下的媒体生态中，传统媒体很难获得广告收入。《卫报》正在努力开辟新的收入来源，并转向以读者为中心、由读者资助的可持续商业模式。卫报传媒集团隶属于拥有10亿英镑捐赠基金的非营利组织——斯科特信托。这项投资使该公司可以每年获得2500万至3000万英镑来补贴其新闻业务，并在保证《卫报》独立性的同时，能够实现可持续发展。《卫报》独特的所有权模式也意味着，《卫报》既不受亿万富翁所有者的控制，也不受要求财务回报的股东集团的控制——《卫报》获得的任何利润，以及读者的所有资金捐助，都将直接再投资于新闻事业。

在过去几年中，《卫报》创建了一种新的商业模式——会员模式，在这种商业模式下，《卫报》的新闻报道向所有人开放，无论他们身处何处，或者他们能够支付多少费用。而在几年前，《卫报》面临着一种截然不同的局面，当时支离破碎的新闻商业模式正威胁着全世界的媒体机构：印刷广告崩溃，报纸销量下滑，数字广告增长的希望几乎完全落在了谷歌和脸书身上。这些威胁依然存在，虽然《卫报》找到了解决它们的办法，但情势依然不容乐观。

---

① "Content funding on the Guardian", https：//www.theguardian.com/info/2016/jan/25/content-funding. 查询时间：2023年11月23日。

当《纽约时报》和其他新闻媒体组织开始设置付费墙时，《卫报》选择了一条不一样的商业模式创新之路，这与它的组织结构和新闻理念有关——每一个人都应该接收到新闻信息。即便是在亏损的情况下，《卫报》仍坚持其宗旨，即保持其新闻报道的免费获取。因此，《卫报》为其他寻找可持续商业模式的新闻组织提供了一个值得考虑的选择。

2019年，《卫报》20年来首次实现营利。在一个极具挑战性的市场中，这是一项了不起的成就，尤其是《卫报》的商业模式在新闻界与众不同。它没有设置付费墙，而是要求读者为其报道提供资助。这使它有别于大多数竞争对手，后者要么要求付费才能进入，要么选择扩大受众规模以增加数字广告收入。

正如《卫报》主编凯瑟琳·维娜所说："我们独特的所有权模式意味着，我们不受亿万富翁所有者，或一群要求财务回报的股东控制——我们的任何利润以及读者的所有财务资助，都将直接再投资于我们的新闻事业。在过去三年中，我们认真聆听读者的意见，有助于为我们建立一种商业模式，在这种商业模式下，我们的编辑独立性仍然至关重要，这使《卫报》的新闻业向所有人开放，无论他们身在何处，或他们是否有能力为新闻报道支付费用。"[1] 在政治和经济异常动荡的时代，对高质量、独立报道的需求从未像现在这样强烈，《卫报》的新闻事业正在向前发展，其商业模式现在处于可持续发展的阶段，获得全球更多会员的支持，提供更多的高质量新闻是其未来发展的关键。

《卫报》会员模式的所有这些特点都可以归结为：创建一个社区，请求用户资助。订阅虽然有时会起作用，但并不适用于任何一家媒体组织。用户可能不想定期为多家媒体组织订阅付费，但他们可能愿意向各种媒体提供一次性捐赠。《卫报》为那些无法维持硬付费墙，又不能靠广告收入生存的地方报纸指明了一条道路。对他们来说，会员模式很可能是一条出路。

虽然《卫报》开创了以会员模式为主的可持续新闻商业模式，但除了与

---

[1] Katharine Viner, " A mission for journalism in a time of crisis ", https：// www.theguardian.com/news/2017/nov/16/a-mission-for-journalism-in-a-time-of-crisis. 查询时间：2023年11月12日。

读者积极建立深度联系，吸引更多读者成为该报会员之外，《卫报》还积极通过原生广告、免广告的新闻订阅应用、众筹新闻、非营利慈善基金来开辟新的收入来源。此外，《卫报》的众包新闻项目虽然不能为该报带来多少资金收入，但这对于《卫报》建立新闻社区，提升信任度和声誉有极大的帮助。

附表　　　　　　　　　卫报商业模式画布分析

重要合作	关键业务	价值主张	客户关系	客户细分
凯撒健康新闻比尔盖茨基金会、福特基金会等慈善组织墨尔本大学	面向全球的高质量新闻生产业务	高质量新闻任何人都可接近的新闻公共利益	以读者为中心的关系战略情感联系在线社区公共服务	面向全球的新闻读者
	关键资源全球知名新闻机构英国、美国和澳大利亚新闻编辑室和驻全球的新闻记者斯科特基金每年2000多万英镑的资助		渠道通路卫报英国版卫报美国版卫报澳大利亚版每日新闻应用直播应用新闻播客新闻电子邮件	
成本结构英国、美国和澳大利亚3个新闻编辑室的运作费用新闻记者和员工的工资费用开发新的新闻产品的费用印刷和发行报纸的费用				收入来源会员收入与会员捐赠数字订阅（免广告新闻应用与填字游戏）众筹与众包非营利资金原生广告程序化广告电子商务销售在线教育课程

说明：1.《卫报》的收入来源中也有一部分在线课程销售和电子商务收入，不过，在总的收入来源中所占份额不大。

2. 不管《卫报》每年营利与否，斯科特信托都会为该新闻组织提供2000多万英镑运作资金。

第四章 软件服务销售商业模式
——《华盛顿邮报》

亚马逊创始人兼首席执行官杰夫·贝佐斯（Jeffrey Bezos）在2013年10月1日成为《华盛顿邮报》的老板。贝佐斯以2.5亿美元的低价，从尤金·迈耶（Eugene Meyer）和凯瑟琳·格雷厄姆（Kathurine Graham）的继承人手中买下这份著名报纸。贝佐斯指出，他购买《华盛顿邮报》是因为它作为一个新闻机构的重要性，他希望将《华盛顿邮报》转变为一个营利的企业，让它在新闻报道方面更强大。

在贝佐斯时代，《华盛顿邮报》一个重要的里程碑是在2015年10月，《华盛顿邮报》的网络流量超过《纽约时报》。调查公司comScore提供的数据显示，《华盛顿邮报》在当月吸引6690万用户，比上一年同期增长59%。到2016年2月，《华盛顿邮报》的页面浏览量已经达到8.910亿次，不仅超过了《纽约时报》（7.213亿次），也超过了流量一直较高的网站BuzzFeed（8.84亿次）[1]。

2016年，在贝佐斯收购《华盛顿邮报》三年后，该报开始营利。贝佐斯指出，"我们是通过增长实现营利，而不是通过收缩实现营利。我们不能把自己缩小为一个无足轻重的组织。"[2]《华盛顿邮报》通过增加记者和

---

[1] Jordan Valinsky, "Washington Post tops New York Times online for first time ever", http://digiday.com/publishers/comscore-washington-post-tops-new-york-times-online-first-time-ever/. 查询时间：2023年11月12日。

[2] Dan Kennedy, "Reinventing The Washington Post – and What Lessons It Might Hold for the Beleaguered Newspaper Business", https://shorensteincenter.org/bezos-effect-washington-post/#_ftn37. 查询时间：2023年11月12日。

扩大技术团队，扭转了多年来不断裁员的局面。之后，《华盛顿邮报》逐渐收紧付费墙，以实现营利目标。结果，付费订阅非但没有吓跑读者，反而让订阅收入不断增长。目前，《华盛顿邮报》逐渐进入了良性增长循环阶段。

在贝佐斯收购《华盛顿邮报》之前，在格雷厄姆家族的管理下，《华盛顿邮报》编辑部的规模多年来一直在缩小。直到在贝佐斯收购之后，《华盛顿邮报》的编辑部规模才开始扩大。《纽约时报》和《华盛顿邮报》在打造未来公司订阅新闻方面有着截然不同的策略。在很大程度上，《华盛顿邮报》规模的扩大要归功于其所有者贝佐斯支持的后端技术投资。《华盛顿邮报》最引人注目的一个商业策略是创建一个技术堆栈（technology stack），帮助该报积累和长期留住用户，同时开发潜在的广告市场。《华盛顿邮报》技术投资的重点是开发广告和出版软件工具，分别为 Zeus 和 Arc XP。目前，出售软件业务已经成为《华盛顿邮报》一个新的收入来源。这些由《华盛顿邮报》新闻编辑室自己开发的软件也有助于使该报的数字体验更加人性化。总的来讲，《华盛顿邮报》的战略转变与发展，在很大程度上是由它与贝佐斯的关系决定的。

面对大流行期间收入的大幅下降，《华盛顿邮报》反而扩大招聘新闻记者和员工。2021 年，《华盛顿邮报》的新闻编辑部招聘了 150 多人。新增员工将使该报员工总数达到创纪录的 1000 多人。《华盛顿邮报》的招聘计划表明，《华盛顿邮报》正处于收入增长的良性循环中。目前，《华盛顿邮报》拥有 300 多万订户，自 2016 年以来，该报付费数字订阅量增长了两倍多。

贝佐斯给《华盛顿邮报》打上了很深的科技印记。他认为，对脸书、谷歌和苹果公司等硅谷巨头保持开放心态很重要，不要把它们视为敌人，"在传媒业，有很多人说这些平台是媒体组织的敌人，但我们不同意这种观点。"[1] 贝佐斯在培育亚马逊核心电子商务平台之外的新兴技术方面有着

---

[1] Dan Kennedy, "Reinventing The Washington Post - and What Lessons It Might Hold for the Beleaguered Newspaper Business", https://shorensteincenter.org/bezos-effect-washington-post/#_ftn37. 查询时间：2023 年 11 月 12 日。

丰富的经验。例如，亚马逊网络服务（Amazon Web Services，AWS）从无到有，发展成为全球最大的云计算服务供应商之一，也是亚马逊的高营利部门。贝佐斯与其他人的不同之处在于，他不擅长快速取得成果，但是他有经营企业的长线思维。

贝佐斯在技术方面的天赋吸引了格雷厄姆家族。格雷厄姆家族在推动《华盛顿邮报》数字化转型过程中，面临的最大障碍是他们缺乏对技术的深入了解，格雷厄姆曾向史蒂夫·乔布斯、比尔·盖茨、马克·扎克伯格、拉里·佩奇和谢尔盖·布林等科技行业领袖进行过咨询。最终，他为《华盛顿邮报》选择了贝佐斯。因为贝佐斯最成功的创业公司亚马逊是建立在通过网络售卖图书的基础之上，"他对阅读很感兴趣，了解读者的一些习惯"。①

格雷厄姆希望贝佐斯能够帮助《华盛顿邮报》从一家地方性报纸转变为全球知名的数字新闻组织。格雷厄姆是正确的，在贝佐斯的管理下，《华盛顿邮报》在2016年变成了一家营利的公司，而且到目前为止一直都保持营利。此外，贝佐斯还为《华盛顿邮报》带来了大量技术人才。

在2017年9月，《华盛顿邮报》付费数字订阅用户已经突破100万。在21世纪，人们如何获取信息仍是一个悬而未决的问题，但贝佐斯让《华盛顿邮报》恢复正常，这一点至关重要。贝佐斯曾公开表示，在加入《华盛顿邮报》之前他对报纸行业一无所知，但通过与格雷厄姆的交谈，他接受了这一挑战。在贝佐斯之前，《华盛顿邮报》一直在亏损，并且亏损不断扩大，因为它很难找到收入来弥补印刷广告的下滑所带来的损失。在贝佐斯的领导下，《华盛顿邮报》的业务开始发生转变。《华盛顿邮报》的首席技术官莎莱什·普拉卡什（Shailesh Prakash）指出："贝佐斯经常告诉我们，不要害怕尝试，要有长远的打算。不要老是抱怨网络夺走了我们的出版业，破坏了我们的商业模式。"②

---

① Dan Kennedy, "Reinventing The Washington Post – and What Lessons It Might Hold for the Beleaguered Newspaper Business", https：//shorensteincenter.org/bezos-effect-washington-post/#_ftn37. 查询时间：2023年11月12日。

② Kyle Pope, "Revolution at The Washington Post", https：//www.cjr.org/q_and_a/washington_post_bezos_amazon_revolution.php. 查询时间：2023年11月12日。

在贝佐斯到来之前，《华盛顿邮报》的技术运营主要是一个服务平台，用来修复电脑，修补软件漏洞等。在贝佐斯的敦促下，《华盛顿邮报》做出了一个重要决定：开发自己的软件。目前，新闻编辑部和销售团队使用的所有软件工具几乎都是内部开发的。《华盛顿邮报》的技术部门员工人数几乎翻了一番，达到 250 多人。《华盛顿邮报》的数字出版平台 Arc XP 正在为这家传统新闻组织开辟报纸业务之外的另一个收入来源，同时也推动了该报的数字化转型。Arc XP 软件即服务（software-as-a-service）平台正逐渐发展成为一个价值 1 亿美元的业务。目前，《华盛顿邮报》的软件业务已经卖给了全球数十家新闻出版机构。出售软件技术成为《华盛顿邮报》一项新的业务，同时为新闻业开辟了一个新的市场。

贝佐斯把《华盛顿邮报》当作一项生意来经营，但他尊重《华盛顿邮报》的独立性。《华盛顿邮报》在贝佐斯领导下的复兴不仅仅是一家报纸的故事。更重要的是，它告诉我们一个传统新闻组织是如何实现数字化转型的。由于互联网在信息传播和付费方式上带来的深刻变化，报纸自 20 世纪 90 年代中期以来就一直在苦苦挣扎。本章从商业模式创新这个视角，分析作为一家企业的《华盛顿邮报》是如何实现了数字化转型和软件服务创新。贝佐斯和他的团队采取哪些措施，使《华盛顿邮报》不仅恢复其作为一个强大的新闻机构的原有地位，而且还实现营利，或许这些变革可以为其他报纸媒体的数字转型提供一些有益的启示。

第一节　Arc 的创建缘起

一　超越舒适区

2013 年 8 月，亚马逊创始人兼首席执行官杰夫·贝佐斯同意以个人名义收购《华盛顿邮报》这家有着 136 年历史的报纸。在贝佐斯的领导下，《华盛顿邮报》进行了一系列创新实验。自 2014 年以来，一个名为 Arc Publishing（2021 年 1 月更名为 Arc XP，在下文中我们将 Arc XP 统一简称为 Arc）的新技术平台提供了《华盛顿邮报》网站使用的出版系统，同时其他新闻机构也可以使用《华盛顿邮报》为新闻记者和编辑提供的工具。Arc 还承担着确保读者在个人电脑或移动设备上访问网站时获得快速、可靠的体验的责任。它就像 Squarespace 或 WordPress 的高端版本，专门为解决新闻行业的内容管理问题而设计。

  《华盛顿邮报》通过开发自己的内容管理系统，让传统媒体组织可以专注于新闻本身，而不是频繁被发布信息的技术要求困扰。Arc 的核心价值主张是为媒体组织提供便捷好用的内容管理系统服务。目前，使用 Arc 内容管理平台的新闻媒体有《洛杉矶时报》（*Los Angeles Times*）《环球邮报》《新西兰先驱报》（*The New Zealand Herald*），以及一些较小的机构，如《阿拉斯加新闻快报》（*Alaska Dispatch News*）和俄勒冈州《威拉米特周刊》（*Willamette Week*）。在 Arc 上运行的网站总计拥有 15 亿读者，新闻媒体组织根据带宽和流量来付费，这意味着他们在吸引读者方面越成功，对 Arc 平台就越有利。Arc 平台的用户付费范围从每月最低 1 万美元到最高 15 万美元不等。

  对《华盛顿邮报》来说，Arc 出版平台并不会影响该报为读者服务的主要目标，而且在当下许多新闻机构都在削减预算和远离高质量新闻生产时，这也是该报开辟新的收入来源的一种方式，提供软件服务实际上为《华盛顿邮报》创造了另一种潜在的经济收入。《华盛顿邮报》预计这个平台最终将成为一个价值 1 亿美元的业务平台。当然，任何一家报业公司要增加 1 亿美元收入都不会是一件很轻松的事。

二 解决新闻行业面临的一个难题

  在贝佐斯收购《华盛顿邮报》之前，该公司就已经朝着自己解决技术问题的方向迈进。在努力跟上迅速变革的数字时代时，《华盛顿邮报》和大多数其他媒体公司一样，发现自己的内容管理系统和广告管理系统阻碍了自身的发展。《华盛顿邮报》战略计划总监杰里米·吉尔伯（Jeremy Gilbert）指出："作为一项业务，我们向编辑部提出了更多的要求。我们注意到，我们不仅没有提高生产率的工具，而且我们的内容管理系统是一个相当单一的平台。给它添加任何功能，做任何改动，或者从供应商那里获得支持都非常困难。"①

缓慢的加载速度在不断扼杀读者的阅读体验，尤其是在移动设备上。吉尔伯特认为："有时候人们只花几秒钟来读一个故事。所以，如果你在短短几秒钟内完成的只是加载标题、广告或一张照片，那么你就真的对这些读者造成了伤害。"②《华盛顿邮报》的技术团队开始对这些问题做出回应，他们从零开始建立了一个出版平台，从2013年初推出页面渲染系统PageBuilder以来，《华盛顿邮报》一直在推进 Arc 技术平台建设。

在短短几年内，《华盛顿邮报》很快开发出一系列技术产品，建立了将近20个技术集成模块。这些工具是推动媒体业务发展的重要工具，具有各种功能，比如，创建新闻电子邮件、本地应用程序，以及推荐引擎、A/B测试、受众分析、快速设置付费墙等，下面是 Arc 技术平台自己开发并出售的一些数字技术。

1. Ellipsis：一个基于网络的数字叙事工具，为需要在所有平台上快速提供高质量新闻和叙事内容的团队而创建。

2. Anglerfish：Arc 的照片管理系统。

3. Goldfish：视频内容管理系统，支持视频管理、字幕、变体测试和跨平台的不同视频流协调。

4. WebSked：编辑调度、分配、预算、搜索工具，提供对编辑团队产生的所有内容的完整洞察。

5. PageBuilder：一个易于使用的页面管理工具，为移动设备构建，包括测量和测试。

6. Bandito：一个变体测试引擎，允许用户运行多种变体的标题、导语和照片，以提高点击率。

---

① Harry Mccracken, "The Washington Post Is A Software Company Now", https：//www.fastcompany.com/40495770/the-washington-post-is-a-software-company-now. 查询时间：2023年11月12日。

② Harry Mccracken, "The Washington Post Is A Software Company Now", https：//www.fastcompany.com/40495770/the-washington-post-is-a-software-company-now. 查询时间：2023年11月12日。

7. Darwin：一个用户体验（UX）改进工具，用于管理和运行整个站点的并行 A/B 测试（或 A/B/C/D 测试）。

8. Clavis：一个由自然语言处理驱动的个性化引擎，使用第一方数据来提供个性化文章推荐和广告定位，以提高点击率和广告率。

9. Metered Paywall：一个每月给用户一定数量的免费文章（并有针对性地改变它）的工具，然后把用户带入转换通道。

10. Carta：一个新闻邮件管理系统，允许创建和灵活管理每日和每周的新闻邮件模板。

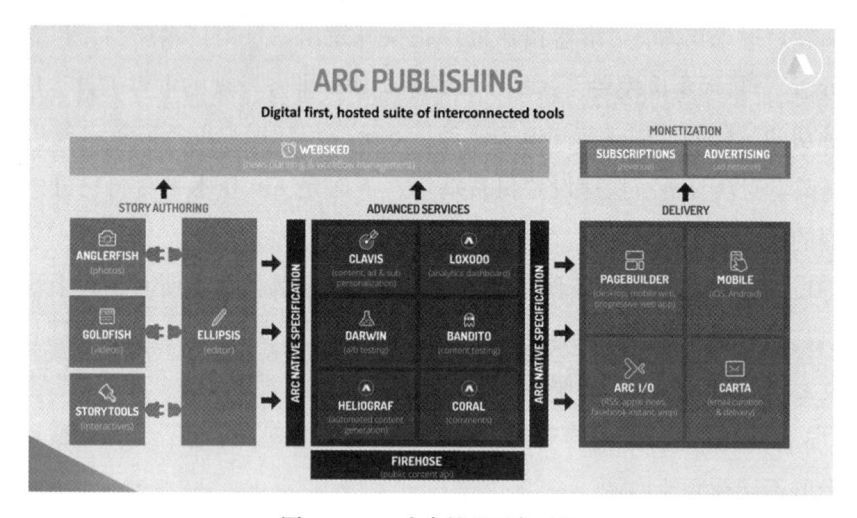

图 4.1　Arc 内容管理平台工具

三　获得第一批客户

随着开发的技术越来越多，《华盛顿邮报》开始意识到它正在开发的内容管理平台，其他报纸媒体也有可能感兴趣。2014 年 10 月，Arc 平台开始为马里兰大学和哥伦比亚大学的学生报纸网站提供支持。2015 年，《华盛顿邮报》有了第一个正式客户——曾获得普利策奖的地方新闻媒体组织《威拉米特周刊》（*Willamette Week*）。之后，Arc 逐渐被许多大型新闻组织采用，比如，《洛杉矶时报》《芝加哥论坛报》（*Chicago Tribune*）。

尽管《华盛顿邮报》并非亚马逊所有，但它与贝佐斯旗下最大公司的血缘关系毋庸置疑。亚马逊网络服务（AWS）的成功，鼓舞激励着 Arc 平台的管理人员和技术开发人员。贝佐斯本人也亲自参加讨论 Arc 的会议，并提出问题和建议，贝佐斯的一大贡献是让《华盛顿邮报》能够参与到他提倡的实验和创新中。斯科特·吉莱斯皮（Scott Gillespie）指出，"这就是'贝佐斯效应'帮助我们的地方，他给了我们继续创新的跑道，其他媒体组织可能没有这样的机会。公司能够吸引到顶尖的技术人才，部分要归功于贝佐斯与《华盛顿邮报》的关系，以及贝佐斯的经营哲学，坦率地讲，贝佐斯还给我们带来了尊重。"[①]

第二节　Arc 的全球扩张

目前，在四大洲 100 多个新闻站点上，有数十家新闻组织在使用 Arc 平台提供的内容管理技术，比如：

· Grupo La Republica（秘鲁）

· Arc Publishing（日本）

· ABC Color（巴拉圭）

·《国家报》（西班牙）

·《达拉斯晨报》（美国）

· MADSACK 媒体集团（德国）

· 波士顿环球媒体合作伙伴（美国）

· Bonnier（美国）

· 费城媒体网络（美国）

·《巴黎人》（法国）

· US Tronc（美国）

· 新西兰媒体与娱乐（新西兰）

---

① Harry Mccracken, "The Washington Post Is A Software Company Now", https：// www. fastcompany. com/40495770/the-washington-post-is-a-software-company-now. 查询时间：2023 年 11 月 12 日。

· Infobae（阿根廷）

· 环球邮报（加拿大）

《华盛顿邮报》开发的媒体技术解决方案的吸引力显而易见。它推动了媒体组织的很多业务流程，但最重要的是节省成本。普拉卡什指出，"一张地铁报纸可能会因转换到 Arc 平台，而节省 15% 到 20% 的费用，但在其他地方，我们认为节省的费用甚至接近 60% 或 70%"。①

案例一：阿根廷 Infobae

2016 年 6 月，阿根廷新闻网站 Infobae 宣布成为 Arc 的客户，这是第一个使用该平台的大型国外新闻组织，Infobae 的创始人丹尼尔·哈达（Daniel Hadad）指出："通常工程师很难理解新闻机构或记者的需求。我们认可 Arc 的一点是，它拥有《华盛顿邮报》的背景，所以他们很清楚该怎么做，在转换到该平台后的第一年，网站的用户增长了 110%，页面浏览量增长了 254%。"②

Arc 推动了 Infobae 的快速创新和增长。Infobae 是世界上阅读人数最多的西班牙语新闻网站之一。Arc 复杂的工具套件使 Infobae 能够在几个月内快速开发和推出多种新产品，支持其业务多元化的战略，同时继续推动其旗舰网站受众的增长。Arc 总经理斯科特·吉莱斯皮指出："Infobae 是拉丁美洲最早采用 Arc 的网站之一，很明显，数字创新已经融入了他们的 DNA，他们在 Arc 平台上经历了巨大的用户增长，并采用了 Arc 的全套工具来推进他们在 2020 年的商业战略。我们很高兴支持他们在该地区的迅速崛起，Arc 帮助该报奠定了成功的基础。"③

通过采用 Arc 的编辑工具套件，Infobae 还很快推出一系列新的网站，

---

① Ken Doctor, "Newsonomics: The Washington Post's ambitions for Arc have grown — to a Bezosian scale", https://www.niemanlab.org/2018/09/newsonomics-the-washington-posts-ambitions-for-arc-have-grown-to-a-bezosian-scale/. 查询时间：2023 年 11 月 12 日。

② Infobae, "Developing Exponential Audience Growth Via Innovation and Quality Journalism", https://www.arcxp.com/2020/07/30/infobae-developing-exponential-audience-growth-via-innovation-and-quality-journalism/. 查询时间：2023 年 11 月 12 日。

③ Infobae, "Developing Exponential Audience Growth Via Innovation and Quality Journalism", https://www.arcxp.com/2020/07/30/infobae-developing-exponential-audience-growth-via-innovation-and-quality-journalism/. 查询时间：2023 年 11 月 12 日。

如 Infobae Mexico，以及两个新的垂直领域：Infobae Gaming 和 Infobae Economico。后者在创建两个月内独立用户数量就超过 1400 万。

案例二：加拿大《环球邮报》

加拿大《环球邮报》在 2016 年采用 Arc 作为数字出版系统，并用来管理该新闻组织的所有内容和数字资产。《环球邮报》首席执行官菲利普·克劳利（Philip Crowley）将 Arc 视为成功的关键驱动因素。Arc 技术使我们能够专注于对我们业务中具有战略重要性的关键领域并对其进行创新，包括基于数据科学的设计和个性化，这是提升用户体验和增强故事叙述能力的关键，同时也帮助我们实现了新闻使命。

Arc 是《环球邮报》围绕创新进行重大战略调整的一部分。2015 年，该报业集团创建了一个内部创新实验室 Lab351，其任务是提供资金和资源，以鼓励公司中的任何人都能够提出想法。这个创新实验室率先采用了 Arc，使该公司可以释放后端工程资源，从而更加专注于变革。

第三节　Arc 内容管理平台的持续创新

2019 年 5 月，Arc 技术平台推出了订阅服务功能"Arc 订阅"（Arc Subscription），旨在帮助媒体组织加速数字货币化和增加收入。新西兰媒体与娱乐公司是第一个采用 Arc 订阅服务的媒体组织，依托该技术平台，新西兰媒体与娱乐公司推出新的付费订阅服务不到两周后，其付费订阅数量就超过了最初预期。

"Arc 订阅"利用亚马逊网络服务（Amazon Web Services，以下简称 AWS）的云技术，能够帮助客户最大程度地提高收入和订阅量，包括使用机器学习来确定哪些读者可能会订阅。Arc Subscriptions 订阅技术可以处理整个购买流程，包括注册、优惠创建、结账和开票。利用该项技术，媒体组织可以在 30 天内推出数字订阅服务。此外，Arc Subscriptions 还与 Spreedly 平台整合，以扩大支付能力，这是为了满足日益增长的支付灵活性需求。

"Arc 订阅"让客户更容易、更快地进入市场。虽然并不是所有的 Arc 媒体组织客户都有订阅业务，但自从 Arc 推出订阅工具以来，订阅已成为

Arc 客户越来越重要的优先事项。Arc 的媒体客户加起来总共有 5000 万注册或订阅用户，Arc 在订阅方面新增了 20 个新媒体客户。

2020 年，Arc 整合《环球邮报》自动化和预测分析人工智能平台 Sophi。Sophi 为 Arc 支持的媒体组织、广播公司提供数据分析，以制定实时的内容决策来推动业务影响。作为 Arc 的早期采用者，《环球邮报》已经成为新闻行业数字化转型的典范。Sophi 致力于利用数据的力量推动媒体组织的业务转型，与 Arc 的合作让 Sophi 将数据分析和预测功能直接带给 Arc 客户。Sophi 自动内容管理解决方案使用自然语言处理（NLP）技术，可帮助媒体组织自动识别和推广其最有价值的内容。[①]

2021 年 4 月，Arc 推出电子商务平台 Arc Commerce，该平台为品牌营销人员提供了工具和功能，可通过品牌故事与消费者建立更深层次的联系并推动全渠道收入。目前，高质量、连贯的故事叙述是与客户建立更深层次联系的一种方式。Arc 将内容创造工具与电子商务功能结合在一起，利用零售商不断增长的需求，寻找一种解决方案来满足媒体组织的营销和业务需求。

第四节　Arc 开拓非媒体企业市场

除了向全球的媒体市场扩张外，Arc 还将业务扩展至非媒体企业。目前，《华盛顿邮报》已经向英国石油公司（British Petroleum Company，简称 BP）提供内容系统管理技术。英国石油公司是一家综合性能源公司，业务遍及全球近 80 个国家。Arc 为英国石油公司的传播团队提供内容支持和视频工具来支持该公司的传播战略。

对于全球最大的能源公司之一英国石油公司来说，在内部和外部沟通中保持清晰的传播策略是一项艰巨的任务。该公司无力承担解决该问题的颠覆性技术。借助 Arc，英国石油公司可以将其多个发布平台整合为一个平台，从而提高了其内部传播的效率和一致性。

---

① 有关 Sophi 的详细分析见第 5 章。

英国石油公司拥有7万多名员工，他们使用16种语言，并运营着250多个内部网站，以及各种电子邮件。领导这一工作的是英国石油传播团队，但内部传播特别困难，有时会导致消息混乱。虽然英国石油公司有一个内容管理系统，但它并没有包含所有正在开发的站点内容，而且它没有一个单一的企业内部网，它有数百个内部网站，在世界各地编辑。

因此，英国石油传播团队需要一种解决方案，该解决方案可以将其内容整合为一个信息来源，同时对业务造成最小干扰。由亚马逊网络服务支持的Arc服务体系促进了这一合作战略。虽然内容可以通过世界各地的不同频道接近，但现在它可以从一个网络地点驱动。

Arc提高了英国石油的内部传播效率。Arc将该公司四个独立的内容传播系统，合并为一个系统，英国石油发布内容的时间减少了近75%。更重要的是，新的内容传播系统可以提高团队之间的沟通一致性，并继续促进生产力。英国石油公司的传播与对外事务全球负责人杰夫·莫瑞尔（Geoff Morell）指出："Arc使我们的传播专员能够专注于制作内容，而不是浏览多个发布系统。此外，它的灵活性非常适合我们的'一次写入，随处出版'的数字传播战略。"[①]

第五节　软件即服务市场的激烈竞争

媒体公司向媒体公司出售定制软件系统有较大的市场空间，并且对少数媒体公司来说有利可图。最近几年，Vox媒体集团（*Vox Media*），纽约客媒体集团（*The New Yorker Media*），赫斯特媒体集团（*Hearst Corporation*）都涌入软件即服务市场，并展开激烈竞争。

---

① 英国石油简称，"Building a 'Write Once, Publish Anywhere' Culture With Arc XP"，https://www.arcxp.com/2020/07/30/bp-building-a-write-once-publish-anywhere-culture/. 查询时间：2023年11月12日。

一 VOX 媒体集团——Chorus

Vox 媒体公司成立于 2005 年 7 月，原名为 SportsBlogs Inc.，并于 2011 年更名为 Vox Media[①]。根据 Comscore 的数据，Vox 在美国最受用户欢迎的媒体公司中排名第 30 位。与《华盛顿邮报》一样，Vox 开始在内部开发技术来解决自己遇到的问题。该公司开发的内容管理技术平台 Chorus，已经发展成为一个集成的软件生态系统，支持多媒体内容生产，跨平台的编程，并提供大规模的优质广告。目前，有十多家媒体组织和 350 多个独立站点使用 Chorus 软件系统。此外，该媒体集团还开发了网络广告平台 Concert，这个网络广告平台可以大规模提供优质品牌广告，是《华盛顿邮报》网络广告平台 Zeus 的主要竞争对手。Arc 和 Chorus 的定价不同，但这两种软件产品都不便宜。Chorus 的每年授权许可费用在 6 到 7 位数的范围内。

已经拥有 250 名员工的 Arc 技术平台一直在进行产品更新，几乎每个月都在为 Arc 推出新功能。Arc 和 Chorus 之间的竞争将会加剧，因为媒体组织面临着巨大的压力，要实现经营业务多元化，在有限的开发资源下找到可持续的收入来源。Vox 目前专注于增加数字媒体公司用户，而 Arc 似乎急于将各大新闻组织和品牌公司纳入到其客户名单中，Arc 的高管多年来一直在强调增加品牌公司客户的重要性。目前，《华盛顿邮报》雇用了第一批销售人员，致力于增加品牌公司客户。

二 赫斯特媒体集团——MediaOS

赫斯特媒体集团也采用了 IT 供应商商业模式（IT Provider business model），2016 年，该媒体集团推出软件即服务解决方案——MediaOS。赫斯特的不同之处在于，MediOS 既支持传统媒体公司，也支持新媒体公司。例如，他们的客户包括总部位于英国的娱乐、电视和电影网站 Digital Spy，

[①] Vox 拥有 7 个知名媒体品牌：The Verge、Vox、SB Nation、Eater、Polygon、Curbed 和 Recode。

以及包括大都会（*Cosmopolitan*）和艾丽（*Elle*）在内的传统媒体，以及一些电视台。MediaOS 系统定位于统一和整合，把跨平台的内容创建、发行、电子商务、视频、分析、广告部署和运营整合在一个单一的系统中。

三 纽约客媒体集团——Clay

纽约客媒体集团开发 IT 服务商业模式的时间并不长。纽约客媒体集团与第一个客户——数字新闻网站 Slate 签约后，于 2018 年初开始授权其名为 Clay 的内容管理系统。不久，radio.com 和 golf.com 就成为 Clay 的签约客户。

纽约客媒体集团 IT 服务商业模式的与众不同之处在于他们与 Po.et 的合作。Po.et 是一个区块链技术平台，旨在追踪数字创意资产的所有权和归属。纽约客媒体集团和 Po.et 一起在其内容管理系统中推动区块链开发。双方的合作伙伴关系能够鼓励开发人员创建区块链应用程序，以解决众多媒体问题，例如，版权管理工具，可以追溯故事和视频的来源。Po.et 已经成为 Clay 内容管理系统的插件，允许任何开发人员创建应用。

总的来讲，《华盛顿邮报》的 Arc、Vox 媒体集团的 Chorus 以及赫斯特开发的 MediaOS、纽约客媒体集团的 Clay 等一系列内容管理系统表明，软件及服务产品市场在不断扩大。媒体行业已经意识到一个问题，即现成的软件永远不能满足需求。媒体行业的软件即服务产品市场，还有更多发展空间，可能存在一些具有独特软件需求的媒体市场。那些及早解决这些需求问题的媒体组织，未来在从事软件即服务业务时能够处于一定的优势地位。

第六节 贝佐斯效应

如果有谁想要了解《华盛顿邮报》的运营战略，那么他首先需要了解亚马逊及其创始人贝佐斯的经营战略与商业模式，因为其技术和数字印记已经深深刻在当下的《华盛顿邮报》身上。目前的《华盛顿邮报》是一家创新公司、创业公司、技术公司和软件公司，同时也是一家处于数字转型中的传统报业公司，调查性新闻报道、独立、信任、监督、让掌权者负责，仍然是该新闻组织最为珍视的精神。但是，在格雷厄姆家族管理该报的最后几年中，《华盛顿邮报》的规模变得越来越小。在贝佐斯购买该报之前，新闻编辑部的规模已经从900多名全职记者缩减到700人以下。

贝佐斯是亚马逊的创始人和首席执行官。该公司是美国最重要的五家技术公司之一（其他几家大公司分别是苹果、谷歌、脸书和微软）。多年来，亚马逊一直在亏损。随着它发展的多元化，它仅仅是一家零售商的形象也在演变。Kindle改变了人们读书的方式。亚马逊网络服务为网飞、中情局等各类公司和组织提供云计算服务。亚马逊开发的Echo音箱是一种智能语音设备，可以播放音乐、编辑购物清单，并自动完成其他各种任务。Echo是智能语音市场的开拓者，并为亚马逊带来了新的收入来源[1]。

《一网打尽》（*The Werything Store*）一书的作者布拉德·斯通（Brad Stone）指出，亚马逊和《华盛顿邮报》之间的相似之处显而易见。"贝佐斯赔钱的次数比赚钱的次数多，这都是贝佐斯长期计划的一部分，《华盛顿邮报》找到了一个真正愿意承受当下新闻行业痛苦的人。"[2] 贝佐斯的经营理念之一就是强调快速壮大，在沃尔玛等老牌零售巨头做出回应之前，他已经把亚马逊打造成了一个强大的市场竞争对手。《华盛顿邮报》也把重点放在了尽快发展数字读者上。结果，贝佐斯很快把《华盛顿邮报》打造成一份真正的全国性报纸。

贝佐斯认同哈佛商学院已故教授克莱顿·克里斯坦森（Clayton Christensen）在《创新者困境》一书中提出的颠覆性理论。克里斯坦森认为，老牌公司很难甚至不可能应对低成本竞争对手，因为它们不想危及现有业务。[3] 因此，在亚马逊崛起之初，贝佐斯就利用了其他实体书店不愿在网

---

[1] Farhad Manjoo, "The Echo From Amazon Brims With Groundbreaking Promise", http：//www.nytimes.com/2016/03/10/technology/the-echo-from-amazon-brims-with-groundbreaking-promise.html. 查询时间：2023年11月12日。

[2] Brad Stone, *The Everything Store：Jeff Bezos and the Age of Amazon*, Boston：Back Bay Books, 2014, pp. 48-49.

[3] Clayton Christensen, "What Is Disruptive Innovation?", https：//hbr.org/2015/12/what-is-disruptive-innovation. 查询时间：2023年11月12日。

上销售图书的机会，一些实体书店的领导人认为网上售书，可能会损害其实体书店的利益。后来，贝佐斯发布开发 Kindle 的命令，并对开发人员指出："你们的工作就是扼杀你们自己的企业。我希望你们继续创新，你们的目标就是让所有卖纸质书的人失业。"① 考虑到报纸业务的现状，贝佐斯一直愿意支持创新，这一点可能至关重要。

贝佐斯在亚马逊推崇的长线思维，这可能也是《华盛顿邮报》最大的希望所在。贝佐斯的朋友丹尼·希利斯指出："如果你想知道为什么亚马逊与其他互联网公司如此不同，那是因为杰夫从一开始就带着长远眼光对待它。这是一个几十年的项目。他认为，如果他能坚持下去，就能在更大的时间范围内完成大量工作，这是他的基本理念。"②

在回答经营亚马逊和《华盛顿邮报》有何相似之处的问题时，贝佐斯指出："我们经营亚马逊和《华盛顿邮报》的基本方式非常相似。我们试图以客户为中心，这意味着就是以读者为中心。如果你能专注于读者，广告商就会来找你。"③ 当贝佐斯接手《华盛顿邮报》时，该报已经拥有一个杰出的技术团队和新闻编辑部，还有一位顶尖的编辑马蒂·巴伦。贝佐斯认为，《华盛顿邮报》需要的是一个跑道，鼓励他们去尝试，停止收缩，"你不能把自己缩小到无关紧要的地步"。④ 之后，《华盛顿邮报》不断增加记者，并扩大了技术团队。

贝佐斯坚决主张《华盛顿邮报》应以营利为目的，"我们是通过增长来实现营利的，而不是通过收缩来实现营利。不要寻找赞助人或期待慈善。这不是慈善事业。对我来说，我真的相信，一份拥有独立新闻编辑室

---

① Brad Stone, *The Everything Store*：*Jeff Bezos and the Age of Amazon*, Boston：Back Bay Books，2014，pp. 234.

② Brad Stone, *The Everything Store*：*Jeff Bezos and the Age of Amazon*, Boston：Back Bay Books，2014，pp. 48-49.

③ Dan Kennedy, "Reinventing The Washington Post-and What Lessons It Might Hold for the Beleaguered Newspaper Business", https：//shorensteincenter.org/bezos-effect-washington-post/#_ftn37. 查询时间：2023 年 11 月 12 日。

④ Dan Kennedy, "Reinventing The Washington Post- and What Lessons It Might Hold for the Beleaguered Newspaper Business", https：//shorensteincenter.org/bezos-effect-washington-post/#_ftn37. 查询时间：2023 年 11 月 12 日。

的健康报纸应该能够自我维持。我认为这是可以实现的，而且我们已经做到了。"①

《华盛顿邮报》因对爱德华·斯诺登的报道，获得了普利策新闻奖。特朗普当选总统后，《华盛顿邮报》推出了"民主在黑暗中消亡"的口号。调查性新闻是《华盛顿邮报》的标志，但是在新闻生产过程中，单靠广告收入并不能支持调查性新闻。贝佐斯认为，当前的在线广告与《华盛顿邮报》想要做的调查新闻并不相容。贝佐斯指出："如果你想做调查性报道或其他非常昂贵的报道，你必须有一个让人们愿意为之付费的模式。《华盛顿邮报》一开始要求读者付费，他们结果欣然接受了。而且他们还在继续这样做。这个行业花了20年时间教全世界的人新闻应该是免费的。事实是，读者更聪明。他们知道制作高质量的新闻是昂贵的，他们愿意为之付费，但你必须向他们提出要求。我们已经收紧了付费墙，每次我们收紧付费墙，订阅量就会上升。"②

《华盛顿邮报》拥有一些非常重要的无形资产。贝佐斯很明智，在他收购《华盛顿邮报》之后，他不仅留住了普拉卡什，还留住了马蒂·巴伦（Marty Baron）。巴伦是当今公认的美国最优秀的编辑③。结果，贝佐斯、巴伦、普拉卡什成为推动《华盛顿邮报》数字转型的"三驾马车"。在加入《华盛顿邮报》之前，巴伦曾在《洛杉矶时报》和《纽约时报》担任编辑，并在2001年至2012年期间担任《迈阿密先驱报》和《波士顿环球报》的主编。2003年，《波士顿环球报》因对天主教教堂恋童癖牧师危机的报道而获得了普利策奖中最负盛名的公共服务奖，这也是奥斯卡获奖影片《聚焦》的主题。

---

① Dan Kennedy, "Reinventing The Washington Post-and What Lessons It Might Hold for the Beleaguered Newspaper Business", https://shorensteincenter.org/bezos-effect-washington-post/#_ftn37. 查询时间：2023年11月12日。

② Dan Kennedy, "Reinventing The Washington Post-and What Lessons It Might Hold for the Beleaguered Newspaper Business", https://shorensteincenter.org/bezos-effect-washington-post/#_ftn37. 查询时间：2023年11月12日。

③ Baxter Holmes, "Is Martin Baron the Best Editor of All Time?", http://www.esquire.com/news-politics/news/a39968/martin-baron-spotlight-washington-post/. 查询时间：2023年11月12日。

自2011年以来，普拉卡什一直在《华盛顿邮报》工作，他此前曾在微软、网景和西尔斯公司工作过。普拉卡什认为，《华盛顿邮报》掌握自己的技术命运至关重要。这也意味着《华盛顿邮报》向其他新闻机构授权Arc只是个开始。在未来，《华盛顿邮报》会向其他新闻机构提供该报开发的一系列工具和应用程序。考虑到全球报纸行业业务的不稳定状态，向其他报纸授权或出售技术可能并不会为《华盛顿邮报》创造多么高昂的利润。但它将提供源源不断的收入，同时围绕《华盛顿邮报》创造一个新的媒体生态系统。

本章小结

技术创新已经成为《华盛顿邮报》的核心。当然，并不是每个新闻机构都能像《华盛顿邮报》那样开发自己的技术。事实上，普拉卡什一开始就有一个愿景，将Arc授权给其他报纸——现在Arc已经扩张到30多个国家。随着《华盛顿邮报》对数字增长战略的继续追求，普拉卡什和他的团队开发的技术工具为该报开辟了新的收入来源。《华盛顿邮报》一直将Arc视作一个可扩张的业务，但现在还处于发展阶段。

作为一名技术专家，普拉卡什对贝佐斯收购《华盛顿邮报》的意义有着独特的看法。"当然，这些资金帮助了我们。我不否认。但我不认为这是杰夫带来的主要东西。我这么说不是因为他是我老板。他帮我招人，他帮巴伦招人。我个人认为，杰夫所做的最大的事情就是为我们的文化树立正确的基调——这是一种试验，是一种鼓励。贝佐斯尊重过去，但同时也希望我们创新。"[1]

在数字时代，没有一家报纸媒体很容易就能找到一条通向繁荣的道路。正如《华盛顿邮报》面临的境况一样，报业媒体组织需要去不断试

---

[1] Dan Kennedy, "Reinventing The Washington Post-and What Lessons It Might Hold for the Beleaguered Newspaper Business", https://shorensteincenter.org/bezos-effect-washington-post/#_ftn37. 查询时间：2023年11月12日。

验，不断接受新的想法，不断去创新。传统媒体要想生存下来，没有什么灵丹妙药，需要的是不断尝试和面对失败的勇气。

附表　　　　　　　华盛顿邮报商业模式画布分析

重要合作	关键业务	价值主张	客户关系	客户细分
亚马逊网络服务（AWS）Akamai、Catchpoint、MuleSoft等软件公司 格雷厄姆传媒集团 麦克拉奇地方媒体联盟 加拿大《环球邮报》	生产高质量调查新闻 品牌实验室 Arc XP 提供内容管理技术服务 Zeus 提供广告技术服务	"民主在黑暗中消亡" 高质量调查性新闻报道 解决新闻业界内容管理系统的技术难题 为新闻业界提供高性能的网络平台	信任 专属私人服务 自助服务 自动化服务 社区服务	面向全国和全球的新闻读者（B2C） 面向全球的新闻媒体机构（B2B）
	关键资源 调查性新闻的代表 1000多名记者 Arc XP 技术平台 Zeus 广告技术平台		渠道通路 新闻网站 社交媒体账号 新闻 App Arc XP 技术平台 Zeus 广告技术平台	
成本结构 运作新闻办公场所的费用 1000多名记者的工资费用 开发 Arc XP、Zeus 技术平台的费用				收入来源 数字订阅收入 广告收入 原生广告 出售内容管理技术和广告技术的收入

说明：1. 《华盛顿邮报》主要的收入来源是数字订阅收入，该报目前有300多万名数字订阅用户。其次的收入来源是广告收入，包括原生广告提供的收入。在未来，出售内容管理技术和广告技术收入有望能够为该报带来1亿美元的收入。本章主要分析的是《华盛顿邮报》在出售软件技术方面的创新。

2. 《华盛顿邮报》在数字化转型过程中深受贝佐斯的影响，既具有传统新闻媒体的特征，也具有技术公司的特征。

第五章 人工智能驱动的商业模式
——《环球邮报》

《环球邮报》(*The Globe and Mail*)是加拿大重要的新闻组织,自1844年创建以来,它通过独立新闻报道引领了加拿大的全国性对话,并影响了该国的多项政策变革[1]。历经八年,《环球邮报》自己开发的人工智能软件Sophi,在2020年获得新闻行业的广泛关注[2]。该人工智能技术最初是在《环球邮报》内部推出,使用自然语言处理和机器学习来评估普通用户转换为订阅用户的可能性。

基于一系列创新,Sophi获得了2020年的"数字新闻服务技术创新奖",该奖项由全球最大的数字新闻协会——在线新闻协会(Online News Association,简称ONA)颁发。2020年5月,Sophi还获得了由世界报业协会(WAN-IFRA)颁发的2020年北美数字媒体奖最佳数字新闻创业类奖项(Best Digital News Start-up)。之后,又获得英国媒体组织Digiday颁发的数字新闻创新奖项,以及国际新闻媒体联盟(International News Media Association,简称INMA)颁发的两个奖项:北美最佳展示奖和最佳数据使用自动化或个性化奖(Best Use of Data to Automate or Personalize)[3]。

《环球邮报》通过开发Sophi人工智能系统,将一个有175年历史的新闻编辑部成功带入数字时代。Sophi为《环球邮报》提供了一个基于人工

---

[1] "About Us", https://www.theglobeandmail.com/about/. 查询时间:2023年11月12日。
[2] "Why Sophi?", https://www.sophi.io/why-sophi/. 查询时间:2023年11月12日。
[3] "Awards", https://www.sophi.io/. 查询时间:2023年11月12日。

智能技术的"动态付费墙"（dynamic paywall），实时为读者提供个性化服务，以确保读者不会错过任何获取收入的机会。Sophi 作为一个自主工作的人工智能系统，可以发现和推广最有价值的内容。这个动态付费墙每年为《环球邮报》带来 1000 多万美元的收入，比之前设置的计量付费墙所带来的收入增加了 800 多万美元，同时让《环球邮报》数字订阅增加 51%。一个可持续发展的新闻业务的未来，取决于新闻组织如何积极地获取和留住订户，目前，Sophi 成为推动《环球邮报》增长的主要动力。

开发 Sophi 人工智能系统的是一个由 50 多名数据科学家组成的团队，他们历时数年将其开发出来。作为一个传统新闻组织，《环球邮报》开发 Sophi 的历程是一个鼓舞人心的故事，其中包含着一些其他新闻组织可以借鉴的宝贵经验。

第一节 动态付费墙

一 初期设置付费墙遇到的问题

2012 年，《环球邮报》从《纽约时报》获得灵感，将其网络报道内容置于付费墙之后。当时，《环球邮报》是世界上为数不多的几家设置付费墙的报纸之一。《纽约时报》当时采用的是计量付费墙（metered paywall），这也是《环球邮报》最初采用的模式。该报的编辑对大多数报道采用简单的计量收费办法，将大约 10% 的文章置于硬付费墙之后。

与大多数新闻组织一样，《环球邮报》当时严重依赖广告收入，但并不想冒杀鸡取卵的风险。由于广告收入大幅减少，全球新闻组织与十年前大不相同。现在，大大小小的报纸都必须创新，寻找新的途径来资助有价值的新闻报道。《环球邮报》希望转向一种更加关注读者收入的模式，减少对广告收入的依赖，但不是完全切断广告收入来源。

虽然设置了计量付费墙，但《环球邮报》很快就发现新订阅用户人数和注册增长的瓶颈。《环球邮报》试图收紧收费墙，通过设置硬付费墙

(hard-paywalled)来增加订阅人数和收入,但设置硬付费墙风险太大,要么显著降低用户参与度,要么会因为《环球邮报》在错误的时间,向读者发出错误的付费订阅信息,而错过潜在的订阅用户。

为了创造可持续的增长,《环球邮报》的编辑开始思考是否需要重新设计付费墙,如何决定何时设置付费墙或注册墙,以及如何让读者不间断地阅读。换句话说,《环球邮报》想要一个完全动态的付费墙,实时提供一对一的个性化服务,以确保不会浪费任何获取收入的机会。

二 从猜测到预测

任何一家新闻机构开始走上内容付费的道路时,他们面临的一个大问题是,哪些内容需要付费?此外,新闻媒体如何告诉读者,他们现在需要为一些以前可以免费访问的内容付费?如果新闻媒体让读者浏览了他们并不真正重视的内容,然后还要求他们付费,这可能会让读者直接远离媒体。从理论上来讲,公众有权知道与公共生活有关的各类信息,而媒体组织则希望限制读者阅读能够带来收入的内容,这两者之间存在着一定的紧张关系。媒体设置付费墙遇到的另一个挑战是,广告收入和订阅收入之间的紧张关系:如果媒体组织实施内容付费,意味着就要放弃原本可以轻易获得的广告收入,因为高质量新闻报道会让读者蜂拥而至,同时带来广告收入。

《环球邮报》面对这些挑战时,并没有马上找到答案。在《环球邮报》推出付费墙后不久,在它的新闻编辑室会议上经常讨论的一个问题是:哪些内容应该放在付费墙后,哪些内容应该放在付费墙前。每一位编辑都参与这个猜谜游戏:什么会推动订阅,哪些内容会带来更多的浏览量。有时这纯粹是一种猜测,因为很少有记者特别善于弄清楚受众与订阅之间的取舍,这其中涉及很多数据计算。但是,《环球邮报》想要确定真正产生影响的内容:哪些报道能够吸引读者订阅,哪些报道可以产生广告收入。

《环球邮报》还需要解决的一个问题是,如何了解一篇付费墙后面的文章,与一篇拥有数千页面浏览量文章之间的价值差异。之前,页面浏览量是衡量数字化成功的唯一标准,因为它与广告收入紧密联系。不过,在付费墙实施后，订阅收入变得越来越重要。

三 Sophi 诞生

《环球邮报》最终通过开发人工智能系统 Sophi 解决了以上问题。《环球邮报》创建了一个基于自然语言处理的内容倾向付费墙（content-propensity paywall），这个智能付费墙会权衡和估算每一篇文章的预期广告收入和预期订阅收入。Sophi 会相应地对每篇报道设置实时付费墙，这样广告收入就不会被过度牺牲，订阅收入也会最大化。这款智能付费墙的开发，为《环球邮报》带来了数百万美元的增量收入。

之后，Sophi 的数据科学家还开发了一个用户倾向付费墙（user-propensity paywall），并将其分层设置在第一个付费墙之上。这样该报就创建了一个完全动态付费墙（fully dynamic paywall），在《环球邮报》决定向读者显示付费墙，还是注册墙（registration wall）时，它不仅会考虑读者的行为，还会考虑内容的性质。这种"用户+内容倾向付费墙"（user+content propensity paywall）模式极大地提高了订阅量。Sophi 强大的预测能力还帮助《环球邮报》确定哪些内容应该放在付费墙后面，以及何时向读者展示。对于寻求增加订阅收入的新闻组织来说，这些都是至关重要的决定。来自订阅者收入的不断增长，帮助《环球邮报》实现了业务转型。事实上，由人工智能驱动的付费墙产生了比预期多 10 倍的订阅收入。《环球邮报》人工智能项目经理索娜丽·沃玛（Sonali Verma）指出，"多年来钱一直就在那儿，只是我们没有看到而已"。[1]

四 动态付费墙知道什么时候该放弃

如何确保媒体在正确的时间要求读者付费？"正确的时间"一般是指

---

[1] Sonali Verma, "Globe and Mail uses AI to direct readers to coronavirus coverage", https://www.inma.org/blogs/ideas/post.cfm/globe-and-mail-uses-ai-to-direct-readers-to-coronavirus-coverage. 查询时间：2023 年 11 月 12 日。

当读者刚刚阅读了一篇他认为比较重要的文章，或者当读者想要阅读一篇他比较看重的文章。当然，不同读者重视的文章，肯定不一样。那么媒体组织怎么才能做出正确的选择？媒体组织一刀切的付费墙要求可能会激怒读者。以后，不管媒体组织提供什么样的新闻报道，他们可能永远不会回来了。

《环球邮报》数据科学家设计的方法是，将每个用户的付费倾向和内容倾向分层纳入付费墙模式。这种智能付费墙设计，让不同的读者会遇到不同的付费墙。一位读者可能在阅读两篇文章后就看到了付费墙，另一位读者可能在阅读第六篇文章后才能看到付费墙，而有的读者可能永远也看不到付费墙，因为 Sophi 知道这类读者永远不会付钱，但是《环球邮报》还可以从他身上赚到广告收入，比如，那些一直阅读汽车、药品新闻的读者。

《环球邮报》的数据科学家还发现，与阅读大量商业内容的读者相比，主要阅读一般新闻和食谱类信息的读者的订阅可能性会大大降低。Sophi 也会向这些普通新闻读者展示付费墙，但是，如果他们不订阅，Sophi 也不会一次又一次地给他们提供相同的消息。相反，Sophi 可能会要求这些读者使用电子邮件进行注册。索娜丽·沃玛指出，"Sophi 知道什么时候放弃。它知道何时不打扰特定的读者，因为无论如何新闻组织都不会从这类读者那里得到钱，有些读者无论如何都不可能订阅"。[①]

由于动态付费墙的设置，《环球邮报》提高了订阅转化率、注册率，同时，也提高了读者的忠诚度和参与度。《环球邮报》并没有因为要求一些读者付费，而疏远那些永远不付费的读者。例如，一些主要阅读汽车评论的读者，这是新闻媒体重要的广告收入来源。而其他类型的读者可能会在每次访问时都会遇到一个付费墙。Sophi 动态付费墙会受到诸如阅读倾向、阅读设备和地理位置等因素的影响。

试图同时从广告和订阅中获得收入的新闻组织还面临着一个共同的困

---

① Sonali Verma, "Globe and Mail uses AI to direct readers to coronavirus coverage", https://www.inma.org/blogs/ideas/post.cfm/globe-and-mail-uses-ai-to-direct-readers-to-coronavirus-coverage. 查询时间：2023 年 11 月 12 日。

境，这就是评估一篇在付费墙后面吸引了数十名订阅者的文章，与一篇获得数千次页面浏览量（以及相应的广告收入）的报道之间的价值差异。Sophi 较为成功地解决了这一问题，它根据报道内容为媒体业务带来的价值，对每个报道内容进行评分。

索娜丽·沃玛指出："Sophi 能够向我们显示，读者在我们发表的许多文章中看到了价值，而我们的编辑却没有意识到这一价值，因为没有人能够始终保持对我们发表的每一篇文章都非常了解，并在每次计算中都正确无误。"① 由于 Sophi 对内容评分并不完全基于网页浏览量，因此它也不鼓励点击诱饵（click-bait）。

五 动态付费墙促进收入提升

Sophi 帮助《环球邮报》从 70% 的广告收入和 30% 的读者收入占比分配，转变为约 30% 的广告收入和 70% 的订阅收入占比分配。虽然设置了付费墙，但是，《环球邮报》并没有完全失去广告方面的市场份额。《环球邮报》每年的收入反而从之前的 200 万美元，增长到了 1000 万美元。订阅量增加 51%，注册用户增加超过 100%，注册用户参与度增加 22%。用户黏性实际上也有所提高，这是因为动态付费墙知道什么时候该让读者独自浏览，什么时候应该向读者索要电子邮件地址，甚至付费订阅。

将耗时的新闻编辑室决策外包给人工智能软件，也让《环球邮报》的记者腾出更多时间来创作更好的内容。《环球邮报》总编辑大卫·沃尔姆斯利（David Walmsley）指出："未来的新闻编辑室是记者可以专注于寻找和讲述精彩故事的地方——这是机器无法做到的，这就是为什么我们要求我们的数据科学家自动化网页，缓慢而仔细地测试结果，然后逐渐在几乎

---

① Sonali Verma, "Globe and Mail's dynamic paywall increases digital subscriptions 51%", https://www.inma.org/blogs/ideas/post.cfm/globe-and-mail-s-dynamic-paywall-increases-digital-subscriptions-51. 查询时间：2023 年 11 月 12 日。

整个网站上实施它。我对结果非常满意。"①《环球邮报》的目标是到2023年，数字和印刷版订阅人数达到35万。随着印刷报纸逐渐衰落，未来几年内，《环球邮报》的重点是销售更多数字订阅。

六　动态付费墙与公共利益

虽然设置了人工智能驱动的动态付费墙，《环球邮报》的编辑仍然保留了为公共利益（public interest）而推翻算法的权力。新型冠状病毒疫情暴发后，《环球邮报》面对的问题是平衡竞争需求——在向公众提供一种了解不深、迅速传播的疾病的重要信息时，同时还要推动订阅，以确保完成新闻媒体所承担的使命。所以《环球邮报》在动态付费墙中设置了各种限制，把所有有关新型冠状病毒疫情的报道置于付费墙之前，这实际上降低了智能付费墙的表现，但这可以确保公众，尤其是加拿大公民在大流行年代及时获得有关安全和健康的信息。

在设计动态付费墙时，《环球邮报》确保了新闻编辑部在它认为内容必须对所有读者免费发布时，保留手动推翻任何付费墙的决定的权力，因为这是一个公共利益问题。这也意味着，技术不应该阻挡新闻编辑室的使命和前进道路。在涉及重大公共利益的报道时，编辑人员可以更改算法。例如，当加拿大西部野火肆虐时，新闻编辑室选择将疏散信息放在付费墙前面，并删除广告，以确保没有任何内容减慢新闻信息的加载时间。

此外，关于新型冠状病毒疫情大流行的报道，Sophi 还学会了区分不同的类型。比如，一篇关于读者所在地区何时获得疫苗的文章，可以让每个人免费阅读。一篇建议读者应该投资那些疫苗制造商的文章，就会被放到付费墙之后，以实现公共利益与商业利益的平衡。

由于设置动态付费墙，还为《环球邮报》带来了另外一个意想不到的结果。《环球邮报》每年通常会进行几次"闪购"（flash sales），但是通常

---

①　WAN-IFRA External Contributor,"How an AI system is boosting business at The Globe and Mail", https://wan-ifra.org/2020/04/how-an-ai-system-is-boosting-business-at-the-globe-and-mail/. 查询时间：2023年11月12日。

在每次销售后不久，就会看到订阅收入下降，但是随着完全动态付费墙的设置，"闪购"之后订阅减少的趋势也逐渐下降。

在开发 Sophi 之前，新闻编辑室主要依靠直觉，而不是数据，或者听从"新闻编辑室中收入最高的人"来做出决定，有了动态付费墙后，这种现象逐渐减少。目前，数据科学家和工程师约占《环球邮报》员工的10%，这是一个让整个新闻组织变得与众不同的投资。正如索娜丽·沃玛所说："我们聘请的每一位数据科学家都做出了应有的贡献。"[①]

第二节 自动化网页设置

一 未来新闻编辑室

除了设置动态付费墙之外，Sophi 还负责使用深度学习（deep-learning）技术来管理《环球邮报》主页的内容，同时负责在社交媒体上发布内容——尤其是在脸书平台，帮助处理该报的新闻电子邮件和印刷版面布局。《环球邮报》依托 Sophi 的人工智能系统，可以自主运行其大部分数字资产，包括主页和关键登录页面，并让 Sophi 负责放置和推广这类新闻。这就让新闻编辑室腾出了更多时间专注于制作高质量新闻。

Sophi 的人工智能引擎由《环球邮报》的编辑训练，以了解与每个页面相关的内容，以及在哪个位置和时间段如何配置最合适的文章。每隔 10 分钟，Sophi 就会发现值得大力推广的新闻故事，并相应地更新网站的每一个页面。Sophi 了解每个新闻故事对订户留存率、订户获取、注册潜力和广告收入的贡献程度——它超越了对网页浏览量的监控，从而避免了不良的点击诱饵。现在，《环球邮报》新闻网站页面 99% 以上的内容都是由 Sophi

---

① Sonali Verma, "Globe and Mail uses AI to direct readers to coronavirus coverage", https://www.inma.org/blogs/ideas/post.cfm/globe-and-mail-uses-ai-to-direct-readers-to-coronavirus-coverage. 查询时间：2023 年 11 月 12 日。

来部署和配置。

人工智能技术驱动下的自动化运作，让《环球邮报》在重要业务指标方面取得了显著改善：主页的点击率上升17%，用户获取率增长超过10%[1]。受这一成功的鼓舞，《环球邮报》在Sophi工具套件中还开发了自动打印排版（automated print laydown）系统。在几秒钟内，Sophi就可以完成过去两个人需要数小时才能完成的工作，从而释放出新闻编辑部宝贵的人力资源。

二 发现最有价值的内容

一般情况下，记者很难了解付费墙背后文章的价值，因为它没有带来多少页面浏览量。此外，只有少数内部员工可以深入研究数据，媒体组织一般使用的是对记者不太友好的复杂工具。在Sophi之前，《环球邮报》使用了各种分析工具来展示最受欢迎的内容，但这并没有真正回答Sophi所关心的问题——最有价值的内容是什么？

Sophi的数据科学家与新闻编辑部密切合作，解决了推广偏见（promotion bias）的问题。例如，通过查看数据，新闻编辑部的员工可以确定在某个版面上推广一篇文章是否有回报。此外，如果一篇文章在搜索或社交推荐上成功，编辑和记者可以看到他们可以复制哪些属性，以便下一次成功推广这类文章。

Sophi帮助新闻编辑部认识到，一篇文章的价值到底有多大。每个记者和编辑都要清楚，他们的内容是否有助于推动订阅，或有助于留住现有订阅用户，或有助于通过搜索或社交等各种渠道为《环球邮报》带来新读者。通过消除推广偏见，Sophi帮助编辑了解什么该多做，什么该少做。

用户去网站阅读文章，有可能立即被告知他们必须付费才能继续阅读，这可能会导致他们立即离开，媒体组织因此就失去了潜在的广告收入来源，因为它们无法区分读者类型。通过用户和内容倾向建模和定位，媒体组织最终可以了解用户会付费访问哪些故事，以及哪些故事通过广告收

---

[1] "Why Sophi?", https://www.sophi.io/why-sophi/. 查询时间：2023年11月12日。

入提供更多价值。

《环球邮报》使用 Sophi 管理网站页面的一年多时间里，读者并没有意识到该网站主要由人工智能来编辑，也没有读者抱怨或询问计算机是否在管理新闻网站。Sophi 人工智能系统并不鼓励点击诱饵，因为故事推广决策不仅基于页面浏览量，还基于内容是否有助于用户保留、用户获取、注册潜力和广告收入。所有这些因素都促使《环球邮报》开始将 Sophi 授权给其他新闻机构，从而为《环球邮报》开辟了新的收入来源。

第三节　授权技术收入来源

作为新闻组织自己开发的一项新技术，《环球邮报》已经将 Sophi 作为一项服务出售给其他媒体组织，从而开辟了新的收入来源。Sophi 副总裁戈登·艾达尔（Gordon Edall）指出，Sophi 目前被 11 个不同媒体组织的 50 多个网站采用，这些媒体组织用 Sophi 来策划主页、选择在脸书上发布的文章等[1]。

《环球邮报》希望 Sophi 被新闻行业更多的同行采用，与此同时，Sophi 还加入 WordPress VIP 技术合作伙伴计划，并直接集成到 Arc XP——《华盛顿邮报》拥有的内容管理系统，开始专注于扩展技术合作伙伴，力图扩展到更广泛的数字出版领域。

随着 Sophi 功能越来越健全，它与其他媒体组织内容管理系统的合作伙伴关系，让 Sophi 在数字新闻行业产生了一定的影响。不过，Sophi 能在多大程度上取得成功，将取决于新闻行业接受自动化的程度，而新闻编辑室的自动化可以释放更多的资源来制作新闻报道。

目前，Sophi 已经与排版国际（Layout International）合作，来改变印刷生产流程。Sophi 提供人工智能和机器学习技术，来完全自动化端的印刷

---

[1] Sarah Scire, "The Globe and Mail has built a paywall that knows when to give up", https://www.niemanlab.org/2021/06/the-globe-and-mail-has-built-a-paywall-that-knows-when-to-give-up/. 查询时间：2023 年 11 月 12 日。

生产工作流程，以节省出版商的时间和金钱，并使他们能够专注于创建高质量的内容。

打印排版通常是一个漫长而艰巨的过程，涉及多个编辑和页面设计师，需要数小时才能完成。没有了模版的严格限制，排版国际的客户现在有机会创造一种打印纸张，这种纸张与人工页面设计师准备的纸张不同，整个过程只需要几分钟。对于排版国际的 200 多家客户来说，这种合作意味着将 Sophi 无缝集成到这些出版组织当前的新闻编辑出版流程中。

《环球邮报》首席技术官格雷格·都法斯（Greg Doufas）指出，"印刷是一项艰巨的任务。与排版国际的合作，可以让出版商专注于内容创作和特定设计元素。最主要的是由 Sophi 提供的新闻出版技术正变得越来越好，越来越智能，所以排版国际的客户将站在这个解决方案的技术前沿"。[1]

Sophi 推广到商业应用大约只有一年半的时间，就像《华盛顿邮报》的 Arc XP 一样，Sophi 的长期目标是超越媒体业务，逐渐扩展到非媒体客户。目前，Sophi 已经为加拿大帝国商业银行（CIBC）提供服务，该公司使用 Sophi 提供的软件自动化处理它的营销信息。

与 Arc XP 合作推动了《环球邮报》的创新与发展。2015 年，《环球邮报》创建了一个内部创新实验室 Lab351，其任务是提供资金和资源，鼓励公司中的任何人都能够提出想法。该实验室率先采用《华盛顿邮报》开发的内容管理系统 Arc XP，使公司能够释放后端工程资源，从而更加专注于变革。

采用 Arc XP 是该报一项关键的战略举措，《环球邮报》的领导将其视为一个"全新的机会"，让他们重新思考向读者呈现内容的方式。为了确保读者获得真正个性化的体验，而不是向每位读者提供相同的静态体验，《环球邮报》将内部工程资源转移到通过数据驱动的人工智能来进行有效预测。

《环球邮报》抓住了投资数据科学的机会。2016 年 6 月与 Arc XP 宣布

---

[1] The Globe and Mail, "Layout International Partners with Sophi.io to Fully Automate Print Production", https://www.globenewswire.com/news-release/2021/06/10/2245531/0/en/Layout-International-Partners-with-Sophi-io-to-Fully-Automate-Print-Production.html. 查询时间：2023 年 11 月 12 日。

合作后，首席执行官菲利普·克劳利（Phillip Crawley）宣布了未来的三个关键战略目标：为数字订阅者提供更好的用户体验；将数据科学应用于讲故事和销售；新闻业有所作为。他还指出："由于与《华盛顿邮报》合作，我们有了一个更好的内容管理系统，这将使我们能够每天根据实时数据选择内容，同时选择正确的平台分发内容。"①

数据科学是《环球邮报》商业成功的核心。Sophi 让《环球邮报》能够更好地发布内容，在正确的时间，以正确的形式让读者获得正确的材料。这一技术创新将继续提高读者的参与度，并为广告商增加价值。

第四节　人工智能与媒体组织的可持续发展

由三位经济学家撰写的《预测机器：人工智能的简单经济学》一书，对新闻媒体的创新发展具有一定的启发性②。在这部著作中，三位作者指出，谷歌和脸书开发的预测机器（算法）破坏了新闻组织的商业模式，但也可能拯救它们。这些技术平台的战略优势在于，它们比媒体组织自己更了解媒体用户——包括用户的偏好、在线行为、个人和职业关系，而媒体组织通常只收集订阅者的姓名、地址和电话号码。

科技平台利用机器学习来改进算法，并针对消费者的兴趣和习惯进行相关的广告定位，从而以低于媒体组织的成本为广告商带来更多销售。结果，广告商都跑到了这些平台上。对于媒体组织来说，要想竞争，他们必须找到一个方法，以可承受的成本获取足够的数据，进而开发自己的预测机器（算法），而不仅仅是为了获取广告收入。当媒体组织转向用户创收时，他们需要能够预测哪些在线用户最有可能订阅，并向他们提供有吸引力的优惠。

---

① "The Globe and Mail: Building a culture of innovation with Arc XP", https://www.arcxp.com/2020/07/30/the-globe-and-mail-building-a-culture-of-innovation-with-arc/. 查询时间：2023 年 11 月 12 日。

② Ajay Agrawal & Joshua Gans & Avi Goldfarb, *Prediction Machines: The Simple Economics of Artificial Intelligence*, Boston: Harvard Business Review Press, 2018.

第五章 人工智能驱动的商业模式

奈特基金会（Knight Foundation）进行的一项针对新闻机构130个人工智能项目的研究发现，近一半的人工智能项目专注于"增强报道能力"，约四分之一的人工智能项目专注于降低成本，而只有12%的人工智能项目专注于优化收入。在人工智能的潜在应用中，这份报告建议使用共享数据开发动态付费墙和订户预测算法。

在机器学习技术的应用过程中，算法收集的数据越多，预测就越精确。大多数媒体组织没有这种庞大的数据库，也没有技术人员来开发复杂的算法。但是谷歌做到了，并且一直在用他们学到的东西来指导媒体组织。因此有点自相矛盾的是，新闻商业模式的破坏者谷歌一直在帮助媒体组织，可能没有哪个媒体组织比谷歌更了解互联网用户的品位和购买习惯。目前，非营利新闻研究所（The Institute for Nonprofit News）已经开始与谷歌新闻计划（Google News Initiative）合作，开发从活动和赞助中筹集资金的工具。

在积极利用人工智能方面，《环球邮报》是一个很好的案例，Sophi人工智能系统的开发，说明如果一家新闻机构有足够的远见和财力，可以利用人工智能来为新闻组织服务，在提升媒体财务收入的同时，促进媒体组织的数字化转型。Sophi作为一个应用程序，可以根据文章内容和读者信息来决定文章是应该免费访问，还是要付费。Sophi推动了该报数字订阅的快速增长。Sophi从用户行为中学习如何决定将哪些文章放在页面的哪些位置，以最大限度地提高读者参与度、忠诚度和订阅倾向。每时每刻，Sophi都会添加更多关于用户行为的数据，以完善其机器学习预测技术。

数字巨头推特也认识到了用户行为数据对于订阅的价值。推特收购了拥有300多家新闻媒体网站的订阅网络Scroll，Scroll旨在为消费者提供无广告的阅读体验。推特显然看到了这个机会，将其庞大的数据库与Scroll网络结合起来，在自己的平台上推出订阅功能。Scroll汇总所有会员网站的消费者参与数据，并按比例分配收入。消费者每月支付5美元，每个媒体组织根据用户对其内容的使用情况获得相应份额。与谷歌一样，推特拥有一个关于新闻消费者的内容偏好、行为和关系的数据库，而一般新闻组织无法获得这些数据，通过对数据的深度分析，推特可以识别潜在的收入机会。

拥有人工智能技术的数字巨头拥有庞大的结构化数据库，在一些悲观者看来，人工智能让机器算法自动生成金融、体育、天气报道和其他领域的常规新闻，从而摧毁该行业的工作岗位。但实际上，人工智能也有可能帮助拯救高质量新闻业。正如《预测机器》一书的作者所指出的，算法可以利用数据，利用成千上万个变量上的数百万个数据点，做出有根据的猜测，这比任何人力营销总监都要快得多、好得多。媒体组织拥有的数据越多，准确率就越高。这意味着，如果新闻组织想要实现数字化转型，需要打造自己的"预测机器"，来帮助新闻机构预测谁会订阅或捐赠。最终，人类如何对待技术，技术如何回应人类，取决于人类的态度。

第五节 数字时代的产品思维与创新文化

一 产品思维

国际新闻媒体联盟（International News Media Association，简称INMA）推出的一份研究报告显示，产品部门是新闻媒体组织中最年轻的部门，也是增长最快的部门之一。产品创新在新闻媒体行业的成功中一直发挥着至关重要的作用。国际新闻媒体联盟研究员朱迪·霍珀顿（Jodie Hopperton）指出，这就要求"媒体组织必须了解他们今天需要做出什么样的计划，才能适应这一不断发展的领域，并为未来做好准备"。[1]

朱迪·霍珀顿撰写的《产品如何引领媒体的新增长路径》的报告，研究了产品如何改变新闻媒体组织，以及新闻组织需要做些什么来为他们的受众创造、提供和创新最好的产品。[2] 由于媒体整体格局的变化，新闻组织必须

---

[1] Jodie Hopperton, "How Product Is Leading Media's New Growth Path", https：//www.inma.org/report/how-product-is-leading-medias-new-growth-path. 查询时间：2023 年 11 月 12 日。

[2] Jodie Hopperton, "How Product Is Leading Media's New Growth Path", https：//www.inma.org/report/how-product-is-leading-medias-new-growth-path. 查询时间：2023 年 11 月 12 日。

要具备产品思维。因为,在读者每天的阅读时间固定不变的前提下,有更多的地方让他们花费阅读时间,同时也会涌现出更多的订阅产品。

新产品就意味着更多新机会。2021年牛津大学路透新闻研究所的预测报告指出,93%的媒体组织领导表示他们认为产品很重要。新产品带来许多机会,让新闻编辑室专注于以各种形式创造新闻,并改善读者体验,使读者更容易接近这些新闻。

朱迪·霍珀顿认为,媒体产品一般分为四类:

面向消费者/平台:如网络、应用程序、新闻电子邮件、电子报纸、播客;

跨平台的驱动产品:结账方式、付费墙体验、个性化、OVP(开放虚拟平台)、通知提醒、广告;

内部工具:客户关系管理系统(CRM)、内容管理系统(CMS)、广告工具;

B2B工具:这些通常是媒体组织内部使用的工具,比如,《华盛顿邮报》的Arc XP,或《环球邮报》的Sophi[1]。

新产品会涉及新闻组织的许多部门,但主要关联编辑、技术、设计和用户体验、数据、营销和收入等部门。2020年12月,国际新闻媒体联盟对来自25个国家/地区的60多家媒体组织成员进行的一项调查发现,近50%的产品开发人员来自新闻编辑室,30%来自营销部门,26%来自技术或收入/广告部门[2]。

《环球邮报》的人工智能创新产品Sophi,不仅促进了该新闻组织的数字化转型,而且作为一项新技术还被出售给其他新闻组织(甚至是非新闻行业组织),某种程度上促进了整个新闻行业的数字化转型。

---

[1] Jodie Hopperton, "How Product Is Leading Media's New Growth Path", https://www.inma.org/report/how-product-is-leading-medias-new-growth-path. 查询时间:2023年11月12日。

[2] Jodie Hopperton, "How Product Is Leading Media's New Growth Path", https://www.inma.org/report/how-product-is-leading-medias-new-growth-path. 查询时间:2023年11月12日。

二 创新文化

如果在十年前,《环球邮报》新闻编辑室在很大程度上会抵制机器告诉新闻编辑或记者应该做什么。但随着 Sophi 的不断成熟,《环球邮报》的数据科学家和该报的编辑之间形成了良好的互动关系,双方都看到了 Sophi 带来的机会,并逐渐改变了新闻编辑室的运作方式。实际上,新闻编辑室的编辑和记者开始信任 Sophi 每天提供给他们的数据,以及 Sophi 给他们提供的结果。新闻编辑可以看到,当他们推广某一特定内容,并推动订阅或流量时,会发生什么。

《环球邮报》主编大卫·沃尔姆斯利指出,"这是我在这 20 多年中看到的新闻编辑室发生的最大的文化变革——编辑对数据的信任。"[1] Sophi 同时也改变了记者的工作方式,让 Sophi 负责自动化部署网站的绝大部分内容。

《环球邮报》在创新实践过程中,使其成为一个更灵活、更有前瞻性、更以受众为中心的编辑部。数字转型与文化变革齐头并进。在新闻室的变革过程中,《环球邮报》采取的措施包括:减少印刷和数字团队之间的工作重复,更加注重订阅增长,帮助员工更好地理解订阅增长,以及改善沟通和协作。

首先,是以受众为中心。在《环球邮报》以前的组织结构中,纸质报纸处于中心位置,无论该报多少次宣布自己将实现数字化,一切都还围绕着纸质版报纸。对《环球邮报》来说,这是一场真正的斗争,因此,《环球邮报》决定把整个流程重新布置。领导文化变革项目的安吉拉·帕西恩扎(Angela Pacienza)指出:"我们决定真正需要做的是停止谈论数字第一,而要谈论受众第一,一天中的不同时间有不同的受众接近我们的网站和应用程序,我们必须相应地对这些群体做出回应。"[2]

---

[1] William Turvill, "How a robot called Sophi helped Canada's Globe and Mail hit 170,000 digital subscribers -CEO interview", https://pressgazette.co.uk/news/phillip-crawley-interview-globe-and-mail-canada/. 查询时间:2023 年 11 月 12 日。

[2] Simone Flueckiger, "Towards an audience-first newsroom: Culture change at The Globe and Mail", https://wan-ifra.org/2020/11/towards-an-audience-first-newsroom-culture-change-at-the-globe-and-mail/. 查询时间:2023 年 11 月 12 日。

其次，通过完全透明的运作来驱动新闻室文化变革。透明性在推动《环球邮报》文化变革方面也发挥了重要作用。员工可以参与正式的指导和培训，通过电子邮件接收每天的计划，并可以完全访问新闻编辑室的指标和数据。每篇报道都有一个评分，该评分由一系列关注读者和收入的指标组成，如参与度、用户获取、留存率等。员工使用新闻室自主研发的分析工具Sophi，让他们能够及时找到推动订阅的因素、读者在哪里查找内容、他们下一步要去哪里等等。

最后，把繁杂和重复的工作留给机器。Sophi可以运行尽可能多的《环球邮报》的数字资产，对大部分主页进行编程，做出设置付费墙的决定，以及自动化发布脸书帖子。帕西恩扎指出："我们真的希望员工专注于重要的工作，所以我们试图做的是去掉那些我们认为不重要，但算法可以为我们做得更好的工作。通过这些改革，我们没有裁员，我们只是将员工重新分配到我们认为更重要的领域。"[①] 《环球邮报》编辑部目前约有220名全职员工。自2017年以来，这一数字一直保持稳定。《环球邮报》新闻室的整体变革也帮助该报做好了应对新型冠状病毒疫情大流行的准备，使该新闻组织能够比三四年前更快地分配和部署记者。

目前，《环球邮报》的技术部门与新闻编辑室之间建立起了一定程度的信任。新闻室文化最大的变化是，技术部门和新闻编辑室之间形成了良好互动关系，新闻编辑室的记者认为sophi会给他们带来智慧，能够帮助他们选择正确的内容。当然，《环球邮报》花了不少时间把Sophi介绍给新闻编辑部。例如，允许Sophi在自动决定是否将一段内容放到《环球邮报》的付费墙后面之前，该人工智能系统首先会通过Slack向编辑和员工提出建议。

本章小结

在过去几年中，《环球邮报》的数据科学团队与新闻编辑部密切合作，

[①] Simone Flueckiger, "Towards an audience-first newsroom: Culture change at The Globe and Mail", https://wan-ifra.org/2020/11/towards-an-audience-first-newsroom-culture-change-at-the-globe-and-mail/. 查询时间：2023年11月12日。

一直在开发 Sophi 和推广 Sophi 在新闻编辑室的使用。数据科学家会询问记者他们需要数据来回答哪些问题。然后，新闻编辑室会提供反馈，这会塑造 Sophi 的下一次迭代，依次类推。通过这种方式，记者们推动了 Sophi 的开发和设计，从而产生了一个他们易于理解和使用的工具。新闻编辑部的每个成员都可以访问 Sophi 数据。随着时间的推移，《环球邮报》的编辑们对其建立了足够的信任，在很大程度上把工作交给了 Sophi。

目前，《环球邮报》Sophi 的人工智能系统几乎可以自主运行其所有数字资产，包括主页和关键登录页面。每 10 分钟，Sophi 就会查看《环球邮报》的所有内容，以及观众查看该内容的所有方式。它会找到值得推广的有价值的故事，并相应地更新网站的每一页。结果带来的是《环球邮报》的业务显著改善。

在 Sophi 之前，《环球邮报》使用了各种分析工具，可以显示出最受欢迎的内容是什么。但它们都没有真正回答 Sophi 回答的问题：什么是最有价值的内容？Sophi 解决了这个问题。它了解每个故事对订户留存、订户获取、注册潜力以及广告收入的贡献。每一篇发表的文章都根据读者对它的评价，以及它给媒体组织带来的价值来打分。

世界报业协会的一位评委指出："Sophi 有效、有用，且可以扩展！我特别欣赏它让记者回到新闻业，而不是搜索引擎优化、布局和分析。"[①] 另一位评委则指出，"这一策略的成功在于流量指标。如果记者们真的能把更多的精力放在新闻报道上，而不是网页的管理上，那么这也能鼓舞新闻编辑室的士气，更好地利用人工智能来管理新闻编辑室。"[②]

对于《环球邮报》主编大卫·沃尔姆斯利来说，未来的新闻编辑室应该是记者可以集中精力寻找和讲述精彩故事的地方，凭借其自主研发的人工智能系统 Sophi，《环球邮报》正在朝着这一目标迈进。

[①] Vincent Peyrègne, "WAN-IFRA announces the winners of the 2020 World Digital Media Awards", https://wan-ifra.org/2020/10/wan-ifra-announces-the-winners-of-the-2020-world-digital-media-awards/. 查询时间：2023 年 11 月 12 日。

[②] Vincent Peyrègne, "WAN-IFRA announces the winners of the 2020 World Digital Media Awards", https://wan-ifra.org/2020/10/wan-ifra-announces-the-winners-of-the-2020-world-digital-media-awards/. 查询时间：2023 年 11 月 12 日。

第五章 人工智能驱动的商业模式

附表　　　　　　环球邮报商业模式画布分析

重要合作	关键业务	价值主张	客户关系	客户细分
Arc XP 排版国际	生产高质量新闻 提供商业数据报告 提供 Sophi 软件技术 举办和组织全球活动 为企业组织提供团体订阅咨询服务 数据商店 "环球大学"	为加拿大公民提供勇敢的、有同理心的、诚实的新闻报道	以受众为中心的媒体组织	加拿大新闻读者 全球新闻读者
	关键资源 加拿大最有影响的新闻机构 200多名加拿大新闻记者 自主开发人工智能软件 Sophi 商业数据库		**渠道通路** 新闻网站 App 应用程序 新闻电子邮件	

成本结构	收入来源
新闻编辑室运作费用 新闻记者和员工工资费用 开发软件技术费用 开发其他新闻产品费用	数字订阅收入 广告收入 商业数据报告售卖收入 数据商店收入 内容授权收入 面向企事业组织的团体订阅收入 组织和举办全球活动收入 销售软件 Sophi 带来的收入

说明：1. 目前，《环球邮报》的主要收入来源是数字订阅收入，约占该新闻组织总收入的70%左右，其次是广告收入。除此之外，《环球邮报》还通过售卖数据、内容授权，或举办全球性的线上和线下活动来获取收入。

2. 为培养和吸引下一代读者，《环球邮报》还开辟"环球大学"（Globe Campus）渠道，为在校学生提供折扣订阅，每周订阅费为1美元，正常订阅费用为每周7美元。

第六章　付费订阅驱动的商业模式
——财新传媒

2017 年，财新传媒成为中国第一家将所有内容置于"硬付费墙"之后的新闻组织。据国际期刊联盟（Federation Internationale de la Pree Penodique，简称 FIPP）《2021 第二季度全球数字订阅报告》显示，截至 2021 年上半年，《财新》付费订阅用户突破 51 万，名列全球第 10 位[①]。据牛津大学路透新闻研究所发布的《2021 年数字新闻报告》(*2021 Digital News Report*) 显示，在过去两年间，越来越多的新闻媒体开始启用付费墙模式。《财新》《南方周末》《三联生活周刊》是中国国内为数不多的对线上内容设置付费墙的新闻媒体组织。

2018 年 11 月，财新创始人胡舒立指出，"财新通"上线一年累计付费个人用户超过 20 万，付费内容覆盖机构用户数近百万，并保持持续而稳定的增长。财新付费墙"财新通"的年售价是人民币 498 元，有专家估计，财新每年仅通过付费订阅获得的收入约为 2.54 亿元人民币[②]。这意味着，财新付费墙商业模式转型取得了一定的成功。

[①] FIPP, "Global Digital Subscription Snapshot 2021 Q2", https：//www.fipp.com/resource/global-digital-subscription-snapshot-2021-q2/. 查询时间：2023 年 11 月 12 日。

[②] 王德山、薛陈子：《财新付费用户量跻身全球前十，内容直接变现破亿》，https：//www.sohu.com/a/431680959_410899. 查询时间：2023 年 11 月 12 日。

第一节 财新传媒概况

财新传媒是一家提供财经新闻及资讯服务的民营媒体集团，由前《财经》杂志总编辑胡舒立发起创建。2009 年 11 月，胡舒立从《财经》杂志辞职。2009 年 12 月，由胡舒立创办的财新传媒有限公司在北京成立。浙报传媒控股集团有限公司（浙报控股）出资 4000 万元人民币，持股 40%。2012 年 7 月 19 日，财新传媒公布了新一轮融资情况，腾讯成为股东之一，但不参与日常运营，浙报控股保持原有持股比例不变。根据 2012 年年报，浙报控股持有浙报传媒 64.62% 的股权[①]。胡舒立是财新传媒创办人、社长。胡舒立在新闻事业上的成就得到了国际新闻界的认可，她曾被美国《商业周刊》誉为"中国最危险的女人"。2012 年，财新传媒荣获由密苏里大学新闻学院颁发的"密苏里新闻事业杰出贡献荣誉奖章"[②]。

财新传媒是生产高质量新闻的媒体，也是中国具有影响力的财经类媒体。财新传媒通过一个独立于管理层的董事会确保了其编辑的独立性。该委员会对编辑负责人的设置拥有最终决定权，并有权聘用或解雇总编辑。

2013 年 12 月 19 日，在北京举行的第四届财新峰会闭幕演讲中，华人文化产业投资基金董事长黎瑞刚宣布，华人文化产业投资基金已经入股财新传媒，黎瑞刚出任财新传媒董事长。股权转让后，财新传媒既有的采编方针不变。浙报控股由此全部退出财新传媒的运营，财新传媒旗下《新世纪》周刊刊号转至上海[③]。

2017 年 10 月，财新传媒宣布从 2017 年 11 月 6 日起正式启动财经新闻全面收费。财新传媒的核心新闻渠道是财新网和《财新》周刊。《财新》

---

① 财新传媒，https://zh.wikipedia.org/zh-hans/财新传媒。查询时间：2023 年 11 月 12 日。

② 《胡舒立荣获密苏里新闻事业杰出贡献荣誉奖章》，https://news.qq.com/a/20120717/000780.htm?lwx。查询时间：2023 年 11 月 12 日。

③ 财新传媒，https://zh.wikipedia.org/zh-hans/财新传媒。查询时间：2023 年 11 月 12 日。

是国内领先的财经新闻周刊,以自由思想、批判精神和专业素养,向中国政界、金融界、产业界和学界精英传递市场经济理念与财经新闻资讯,坚持新闻专业主义精神,提供客观及时的报道和深度专业的评论,并有一定的公信力和影响力。财新传媒设置付费墙对中国国内新闻媒体的数字化转型和商业模式创新具有一定的示范意义。

第二节　国内媒体的付费订阅探索

与大多数西方媒体相比,中国国内媒体的付费墙实践依然处于初创时期。从 2010 年起,《人民日报》《重庆日报》《安徽日报》《环球时报》等报纸曾陆续尝试过付费墙,但收效甚微。

学者朱鸿军指出,国内纸媒的新闻付费可分为两个阶段。第一阶段,一般新闻付费阶段。2006 年左右报纸遭遇寒流,借鉴国外经验弥补广告、发行收入的损失,一些报社尝试推行新闻付费。2007 年温州日报报业集团最早建立付费墙,其目标用户主要为世界各地的温州人,由于这部分人消费能力强、对价格不敏感且是刚需,所以其新闻付费业务获取了一定的收入[①]。

温州日报报业集团旗下的《温州日报》《温州都市报》《温州商报》《温州晚报》电子版早在 2007 年就试水付费墙,并创立了依据用户群体的地域差异进行收费的付费墙模式,即对温州用户免费,对外地用户收费(主要针对在外工作生活的温州人)。温州日报报业集团之所以能开启这样的模式,主要有两个原因,其一是温州有百余万商人活跃在国内各大城市,有 50 多万华侨侨居在世界各地,而在外的温州人素来有订阅温州当地报纸的习惯;其二,温州人有朴素的商业精神,只要是商品就愿意付费购买使用。根据地域的不同,温州日报报业集团采用点卡的方式销售,分为国际卡、国内卡、本地卡。温州日报报业集团副社长郭乐天表示:"这种

[①] 朱鸿军、张化冰、赵康:《我国推行原创新闻付费的障碍与路径创新研究》,《新闻大学》2019 年第 7 期。

点卡销售方式价格不一样,能使市场分析更精确一些。"[1] 但是,付费墙的设置并不是很顺利,目前,温州报业已停止了收费订阅。

《人民日报》数字版从 2010 年 1 月 1 日起尝试设置付费墙,收费标准为每月 24 元、半年 128 元、全年 198 元。《人民日报》主要针对过去报道过的新闻信息收费,阅读《人民日报》当天数字版全部内容均免费,但如果要浏览《人民日报》历史档案信息,需要注册付费。但由于运营不理想,《人民日报》于 2017 年 1 月 1 日起正式全面停止收费。

第二阶段,专业新闻付费阶段。其中最重要的就是财新传媒设置付费墙。财新传媒从 2017 年 11 月 6 日开始进行收费升级,有媒体称之为"胡舒立的激进改革",也有媒体形容"财新传媒逆流而上"。之后,在 2017 年 5 月,《三联生活周刊》正式推出"中读",设置付费墙,实施数字订阅战略[2]。

此外,尝试付费墙模式的还有南方报业集团、《新京报》等少数报纸媒体和《第一财经周刊》等杂志。从目前国内媒体付费墙的趋势来看,专业媒体正在从内容提供者转型成为服务提供者,从而拓展更多商业化道路和模式[3]。

第三节　迈向付费订阅:财新传媒商业模式的艰难转型

新闻付费阅读是媒体组织商业模式变革的主流趋势。新闻付费阅读在中国才刚刚起步,目前还远远没有达到成熟的阶段。财新传媒副总裁康伟平认为,相对于中国蓬勃崛起、日益壮大的中产群体,《财新》目前的付费用户群体,依然存在着很大的增长空间。目前,国际大报《纽约时报》

---

[1] 朱鸿军、张化冰、赵康:《我国推行原创新闻付费的障碍与路径创新研究》,《新闻大学》2019 年第 7 期。
[2] 朱鸿军、张化冰、赵康:《我国推行原创新闻付费的障碍与路径创新研究》,《新闻大学》2019 年第 7 期。
[3] 胡泳、崔晨枫、吴佳健:《中外报业付费墙实践对比及省思》,《当代传播》2018 年第 5 期。

拥有 900 多万付费用户，《华盛顿邮报》拥有 300 多万付费用户，国际大报付费新闻的成功实践，让财新传媒看到了新闻付费阅读模式的希望。

在信息爆炸时代，用户要想提高信息获取效率，获得更优质的内容，为新闻付费是一条路径。用户通过付费，让专业新闻机构为自己过滤无效信息，提供有价值的信息，避免迷失在信息海洋中无所适从。《世界经济论坛》2020 年 4 月份发布的《了解媒体的价值：消费者和行业视角》报告显示：中国目前有 25% 的消费者愿意为新闻阅读付费，将来愿意付费的比例将达到 79%。

中国青年报资深评论员曹林也指出："人们不能一边抱怨有价值的新闻越来越少、深度调查越来越萎缩、新闻越来越垃圾化，一边却不愿为那些追踪事实、挖掘真相、深挖独家新闻的生产者支付哪怕一毛钱。"[①]

一　艰难起步

财新传媒于 2013 年 1 月初次推出"软付费墙"，对《新世纪》周刊、财新《中国改革》月刊的内容施行预览式付费墙，向用户免费提供每期 10 页财新网《新世纪》杂志电子版的内容预览，而深度报道内容需要付费阅读。随着内容产品的更新，财新网相继推出"财新数据+"和"财新英文"等收费产品，需开通会员付费阅读，而提供新闻报道最多的财新网则可免费阅读。在此基础上，2016 年，财新传媒开始尝试新闻付费阅读，结果读者的反应比较积极，这一系列的尝试表明新闻付费市场客观存在，这也推动了财新传媒实施新闻付费战略的决心。

2017 年 11 月 6 日，财新正式启动财经新闻全面收费，并通过由"财新通"、"周刊通"、"数据通"、"英文通"构成的"四通"产品，满足不同用户的阅读需求。收费升级后，财新网主要新闻采取限时付费制度，即 48 小时内免费，然后转入收费，而常规性新闻、视频、图片、博客，以及部分观点评论仍为免费。不同于以往付费墙按照内容的时效或深度来划分，或像温州日报报业集团那样按读者地域进行划分，财新传媒按照读者

---

① 曹林：《阅读需要付出两种成本》，宣讲家网，http://www.71.cn/2017/0104/928817.shtml. 查询时间：2023 年 11 月 12 日。

的不同需求，提供不同的内容，并以此来制定不同的收费产品，这是财新传媒在商业化探索上值得国内同行借鉴的方面①。

二　首次商业模式转型

财新传媒在公告中指出："自2009年底创办以来，财新人一直秉持着'专业专注、真相真知'的理念，坚信并践行新闻专业主义，以现场报道、调查新闻、专业分析为主的原创作品奉献读者。我们认为，在当前移动互联网高速发展、信息爆炸的时代，中国最需要的是专业和深度的原创财经新闻，致力于还原事实真相的调查报道依然是国内最稀缺的内容。财新为此倾力投入。"②

在互联网迅猛发展的大环境中，媒体行业既要应对冲击寻求转型，也要精准定位用户，全面提供服务。2016年，财新传媒通过"千鹤计划"实现了移动平台全面转型和海量用户进阶目标，为市场聚焦精准用户奠定了基础。2017年7月，财新推出自己开发的数据库——财新"数据+"，使未来发展具备了高质量财经新闻与财经数据库相互支撑发展的条件。

财新传媒在公告中还指出，"这是财新成立近八年来的一次商业模式转型"。财新传媒拓展收费，目的在于聚焦精准用户，努力提供高质量原创财经新闻内容。这也是财新"借鉴国际同行经验，为寻求基业长青做出的重要探索"。财新传媒在推出"财新通"之前，已经有周刊、英文和数据库产品的收费试验。目前，财新传媒已经形成一个付费产品矩阵。

三　胡舒立："我想来想去，付费阅读这事儿我们还是得做。"

2017年，财新传媒创始人胡舒立参观了《经济学人》《金融时报》等国际经济类媒体，并访谈了这些媒体的领导人。不论是《经济学人》还是

---

① 胡泳、崔晨枫、吴佳健：《中外报业付费墙实践对比及省思》，《当代传播》2018年第5期。
② 财新网：《财新通要来了！不容错过的优惠，必须关注的财新"四通"！》，财新网，https://www.caixin.com/2017-10-16/101156950.html. 查询时间：2023年11月12日。

《金融时报》，它们都是较早开始做付费新闻阅读的机构媒体，且成效显著。当时财新传媒也在思考如何进行商业转型。财新传媒的财务压力虽然不大，但还是希望在商业上能够获得更大成功，为业内树立信心。国际同行的试水成功给予了财新做新闻付费阅读的信心。回国后，胡舒立在一次会议上说："我想来想去，付费阅读这事儿我们还是得做。"① 从国内的媒体环境来讲，付费阅读在推广过程中难度较大，免费阅读新闻已经成为大多数网民的习惯。改变用户的消费观念，需要媒体行业长时间的努力。

2016年年底，胡舒立在接受刺猬公社访谈时，就谈到要启动收费。当时，财新传媒尝试让读者付费阅读《王烁学习报告》。胡舒立指出，在中国，培育一个收费市场是非常难的事。首先，全世界的互联网读者都是免费的，中国亦然。其次，中国读者享受免费的幸福程度比很多国家更高。读者的阅读习惯是培训的产物。媒体过去让读者免费阅读新闻，现在再开始收费，很多读者就难以接受。尽管这样，胡舒立指出，财新传媒还是要探索解决困难的途径。

在胡舒立看来，过去媒体有一个利润非常高的广告模式，可以支持一个庞大的、高质量的编辑和记者团队聚在一起，并且这个行业又是充分竞争的，所以媒体有机会很好的发展，一方面把公共利益放在首位，一方面又能够自负盈亏，并且还能够成长发展、技术更新。"但是如今，这个模式已经被颠覆，这个是我们看到的事实，在过去二十年中比较明显。在过去的十多年中，国外的机构媒体就在探索转型，利用付费这个方法，去找一种新的模式来支持自己发展，现在已经取得很大成功。"②

四 康伟平："新闻付费阅读在某种程度上可以说是被逼出来的。"

随着2016年知识付费元年的到来，一批知识付费产品不断涌现出来，

---

① 李磊：《付费阅读用户数名列全球第10！〈财新〉有何"秘方"?》，传媒茶话会，https://mp.weixin.qq.com/s/Mt_dCQ3TSW771CHB9AOFNQ。查询时间：2023年11月12日。
② 新浪财经：《财新社长胡舒立谈内容付费：对自己内容有信心的媒体应该尝试》，新浪网，http://finance.sina.com.cn/china/2020-11-14/doc-iiznezxs1880867.shtml。查询时间：2023年11月12日。

这让内容生产变现看到了新希望。新闻付费阅读尽管不同于普通的知识付费，但是越来越多的用户愿意为有价值的内容付费，这对财新开启全面付费阅读是一种极大的鼓舞。财新网首席运营官康伟平指出："新闻付费阅读在某种程度上可以说是被逼出来的。这既是一种商业模式的转型，也是坚持新闻专业主义的需要。这是一道必须要做取舍的选择题——财新不像公益组织一样被养着，也不是几个人。作为一支业内载誉的新闻专业团队我们必须通过转型来获得更大的发展。"①

五 张继伟："第一个吃螃蟹的人"

当前在中国国内，内容付费尤其是新闻付费战略不太容易获得成功。传统新闻门户如新浪、网易、腾讯、搜狐等都在无偿提供新闻服务。不过，财新传媒逆流而上，率先在2017年宣布全面实行新闻付费，成为第一个"吃螃蟹的人"，这也是国内第一个全面实行内容收费的媒体。

财新网总编辑张继伟指出，"我们也是有许多经验教训，教训可能多一点，但我们很愿意做这样一个尝试"。② 财新传媒近年来广告收入幅较前几年相比有所下滑，成本的增加却十分显著。在《纽约时报》《华盛顿邮报》《经济学人》等国外同行纷纷开始推行内容收费之后，财新就开始考虑内容付费的可行性。

财新传媒设置付费墙是为了找到一个可持续的商业模式，张继伟认为，"新闻之所以能够付费，一方面是线上付费的技术逐渐成熟，知识付费的氛围已经形成；二是新闻的调查需要成本，尤其是深度的新闻成本昂贵。人们越来越认同，天下没有免费的午餐，免费的代价是质量的下滑，一线的记者和内容在逐渐消失。因此越来越多的人和机构愿意付费订阅高质量的新闻内容。互联网出现之前，大家并不认为新闻收费是一个问题，

---

① 李磊：《付费阅读用户数名列全球第10！〈财新〉有何"秘方"？》，传媒茶话会，https://mp.weixin.qq.com/s/Mt_dCQ3TSW771CHB9AOFNQ。查询时间：2023年11月12日。

② 人大新闻学院：《"校友讲坛"首讲｜张继伟：传媒变革中财新的付费战略与不变的专业主义》，中国人民大学新闻学院，https：//mp.weixin.qq.com/s/gyMtdB9CyYx4hWmXRQVwlg。查询时间：2023年11月12日。

买报纸、买杂志，付出是很正常的。互联网出现之后，大家觉得新闻媒体竟然也来收费？这种批评，在逻辑上是讲不通的"。①

六　王烁：财新启动全面收费策略是一个长远布局

现任财新传媒总编王烁指出，自财新传媒于 2009 年底创办以来，一直秉持着"专业专注、真相真知"的理念，坚信并践行新闻专业主义，以现场报道、调查新闻、专业分析为主的原创作品奉献读者。在当前移动互联网高速发展、信息爆炸的时代，中国最需要的是专业和深度的原创财经新闻，致力于还原事实真相的调查报道依然是国内最稀缺的内容。全面收费也是财新"借鉴国际同行经验，为寻求基业长青做出的重要探索"。② 从这一点来讲，这不仅是一个长远的布局，也将是财新始终坚持探索的方向之一。

对中国用户天然习惯于新闻免费的原因的分析有很多，比如认为多数新闻内容缺乏稀缺性，认为门户、社交平台、资讯分发平台这些流量巨头在各个时期强化了资讯免费的用户认知。这些说法有其合理性，但财新传媒有自己的判断，它们来源于财新团队多年的经验教训，来源于财新已有的付费用户提供的宝贵反馈：第一，可靠媒体的独家新闻具有独特的价值，用户愿意为之付费，提供支持；第二，当新闻产品具有足够高的水平，用户会认可其作为创作作品的价值，从而有为之付费的意愿，这同音乐作品相似；第三，一则新闻可能对某些特定用户有特定的价值，而对公众利益和其他用户并无影响，这些特定用户就会有为之付费的意愿。

七　张翔：我们对新闻付费有信心

财新总裁张翔指出："我们有信心。高质量新闻不可能永远免费。我

---

① 人大新闻学院：《"校友讲坛"首讲｜张继伟：传媒变革中财新的付费战略与不变的专业主义》，中国人民大学新闻学院，https：//mp.weixin.qq.com/s/gyMtdB9CyYx4hWmXRQVwlg. 查询时间：2023 年 11 月 12 日。

② 田佳惠、范以锦：《新旧年交接之际看传媒业现状与走势》，人民网，http：//media.people.com.cn/n1/2018/0121/c416887-29776828.html. 查询时间：2023 年 11 月 12 日。

们相信收费需求存在，也相信能得到用户的支持和理解。中国转型不可能离开新闻业发展，也相信目前中国社会发展、公民意识成熟，正是财新发展新闻收费业务的基础。"①

2017年财新传媒成立近八年，在早期它每年的广告收入都以两位数在增长，但近几年增幅不大，而且成本增加也非常显著。张翔指出："从国际经验看，原创、专业新闻机构发展线上收费，是必然趋势，也是基本商业模式。"② 只有收费之后，才能真正聚集核心用户，提供全方位的服务。

八 核心竞争力：新闻专业主义与社会责任

2018年，胡舒立在中国人民大学新闻学院演讲时指出，新闻业发展确实面临一些困境，但新闻阅读仍是刚需，市场需求大于供给，机会仍然存在。财新传媒的核心价值仍然坚守传统，即新闻专业主义。在媒体转型和融合的过程中，坚守核心价值尤为重要。无论如何转型，媒体和新闻的核心价值都不能改变。

传统意义上的核心价值在于新闻生产方式。财新传媒的编辑部主要由新闻记者和编辑组成，一线采访的专业记者远远多于编辑。另外，编辑部与经营部之间设有"防火墙"，确保新闻报道的独立、客观、公正。

在这之前，胡舒立于2016年在浙江大学的一个论坛上也谈到，财新仍属于传统媒体，新闻生产方式没有太大变化，因为"财新传媒的编辑部主要由新闻记者和编辑组成，一线采访的专业记者远远多于编辑。而且，我们的编辑也具备记者能力。编辑和记者在某种意义上都是记者，即英文所说的 journalists"。③ 胡舒立主张传统媒体在转型的同时要坚守核心价值，

---

① 道哥论道：《〈财新〉启动全面收费，告别新闻免费时代的那一天真到了吗?》，网易新闻，https://www.163.com/dy/article/D0VTREUJ0519CTQ4.html. 查询时间：2023年11月12日。
② 道哥论道：《〈财新〉启动全面收费，告别新闻免费时代的那一天真到了吗?》，网易新闻，https://www.163.com/dy/article/D0VTREUJ0519CTQ4.html. 查询时间：2023年11月12日。
③ 浙大传媒星空：《胡舒立：我对媒体转型的再思考》，https://mp.weixin.qq.com/s/S371GYZCNt55g9lkLwm44g. 查询时间：2023年11月12日。

她不主张媒体以创新为名,颠覆新闻防火墙制度。媒体是社会公器,代表和维护公共利益。有些媒体为了广告销售而冲破防火墙制度,虽然换来短期的收益,却极大破坏了品牌价值。

正如张继伟所说,"财新传媒是免费新闻大趋势中的逆行者,同时也是新闻专业信念和理想的坚守者"。虽然业务流程、产品与商业模式在发生变化,但"财新传媒本身的专业主义、采编与经营之间的防火墙以及社会责任是不变的"。[①] 财新传媒坚持的是独立、独家、独到的理念,其中独立就是指要独立于商业,这也是为何财新传媒要在采编和经营之间建立防火墙。

九 付费墙与公共利益之间的平衡

在涉及付费墙与公共利益的问题上,胡舒立认为,财新传媒依旧坚持公共利益的原则,把原创的、体现一线的、可靠的动态新闻和有价值的深度特稿免费提供给公众。"我们也考虑对一些特稿采取事后收费机制——读者可以免费阅读我们的稿件,但当读者需要进行检索或者引用的时候,财新会进行一定的收费。所以财新不会改变成一个收费产品,但财新会在收费方向做一些努力。这也体现了财新把传统和现代、新媒体和旧媒体进行了很好的结合。"[②] 体现这一原则最明显的是,在新冠疫情期间,财新传媒将有关疫情的报道放到付费墙之前。

财新传媒借鉴国际同行的成功经验,实施新闻付费阅读,不仅是收入模式和经营模式的转改,对新闻媒体的可持续成长具有重要意义,而且对保护版权也有重要意义。打击假新闻、保护版权也是财新决定进行新闻付费的原因之一。真正的原创、有价值的新闻是有成本、有门槛的,要建立

[①] 人大新闻学院:《"校友讲坛"首讲 | 张继伟:传媒变革中财新的付费战略与不变的专业主义》,中国人民大学新闻学院,https://mp.weixin.qq.com/s/gyMtdB9CyYx4hWmXRQVwlg. 查询时间:2023 年 11 月 12 日。

[②] 刺猬公社:《财新传媒启动全面收费,胡舒立:中国读者享受免费的幸福程度太高了》,https://baijiahao.baidu.com/s?id=1581525390393151234&wfr=spider&for=pc. 查询时间:2023 年 11 月 12 日。

行业共识，版权保护便非常迫切，新闻付费可以提升违法成本从而保护新闻版权。

启动付费阅读，最核心的一条就是新闻要有核心价值。康伟平指出，核心价值可以从两个角度来看。一是，有价值的内容才能有价格。用持续、专业的内容生产力为用户提供有价值的新闻，用户才能为之付费。财新信奉专业主义，"一定要专业，只有足够专业，内容才能有价值。"① 二是，要有核心价值追求。在新型冠状病毒疫情期间，财新采编团队全力投入，生产出千余篇深度、立体化的全纪录式报道，还原疫情关键节点。《财新》还连续九期推出封面重磅报道，全景式调查疫情发展。这也正是胡舒立所强调的，财新坚持新闻媒体的使命，深入社会，尊重公众，独立成长为有意义的事业，"在中国社会完成转型之际，提供真正有价值的新闻。"②

第四节　财新传媒推动付费订阅的创新模式

自 2017 年财新传媒实施设置付费墙的战略以来，该新闻组织采取不同的创新方式来推动数字订阅，扩大受众规模。

一　捆绑销售（联合会员）

捆绑销售优惠套餐实际上就是与互补品牌合作并提供低于原价的订阅，让订阅者获得更多优惠，同时扩大媒体组织的订阅规模。例如，《纽约时报》与 Spotify 合作，为音乐爱好者提供联合订阅服务，其价格低于两家公司订阅费用的总成本。捆绑销售在推动数字订阅方面有一定的优势，对

---

① 李磊：《付费阅读用户数名列全球第 10！〈财新〉有何"秘方"？》，传媒茶话会，https://mp.weixin.qq.com/s/Mt_dCQ3TSW771CHB9AOFNQ. 查询时间：2023 年 11 月 12 日。
② 人大新闻学院：《校友讲坛第十五期丨财新传媒创始人胡舒立：新闻付费阅读》，中国人民大学新闻学院，https://mp.weixin.qq.com/s/zW-ESEJ2ahXqoGfiYIkWng. 查询时间：2023 年 11 月 12 日。

读者和媒体组织来讲都有一定的益处：对读者而言，他们只需花费比较少的资金，就可以获取以往需要花费两笔订阅费用才能获取的内容；对于媒体组织而言，通过捆绑销售可以接近那些从来不接触他们媒体的受众，尤其是年轻受众，从而可以培养这些年轻受众的阅读习惯，扩大媒体组织的受众规模。

财新传媒在实施捆绑销售策略时，首先是与传统新闻组织捆绑销售，比如，财新通与《南方周末》合作推出的"财新南周通"，与《生活三联周刊》合作推出的"财新通 X 三联数字刊联名卡"，让读者用订阅一份媒体的钱，可以同时订阅两家媒体组织的内容。此外，财新通还与优酷网、知乎、读库合作，推出捆绑销售项目，这对于财新传媒接近这些网站的年轻受众具有重要意义。最近，财新传媒还与思维导图付费网站 XMind 合作，推出捆绑销售项目。

二 校园行（学生专享）

为培养下一代读者，财新传媒还推出专门针对在校学生的优惠订阅——"财新校园行一年"中英文版，这个优惠订阅项目之前售价为 198 元，目前涨价到 398 元。财新校园行优惠订阅包括：财新通一年，非自动续费产品。财新传媒为学生先行开通 90 天财新通，学生通过"学信网"认证（需在 90 天内完成）后补全为一年权限。

按照"财新校园行一年"目前的优惠价格来算，只比正式售价少 100 元，而且不是捆绑销售，对吸引学生订阅其实并没有多大意义。尤其是与《纽约时报》《金融时报》《华尔街日报》面向学生读者（包括中学生和大学生）的优惠订阅相比，这个优惠定价其实是相当高的。估计调高优惠定价之后，订阅的学生会更少。此外，像《纽约时报》《金融时报》为中学生提供的是免费赠送订阅。

此前，在刚推出付费阅读之后，财新传媒还针对一些大学或大学的商学院、管理学院开通免费阅读项目，比如，针对中国政法大学、南开大学、厦门大学经管院、复旦大学经管院等大学或学院，开通免费阅读项目。

三 B2B 付费订阅（企业用户）

在财新传媒的付费订阅计划中，针对企事业单位的"集团订阅"是该新闻组织开辟的比较重要的一个收入渠道。财新传媒针对企事业单位客户推出了"财新企业用户咨询"频道，为企业订阅用户提供专属内容、专属客服、企业定制方案等服务[1]。

随着广告收入的下降，订阅收入对媒体组织来说变得越来越重要。传统上媒体组织一直追求个人消费者。不过，近几年许多新闻组织开始探索 B2B 订阅模式，以吸引来自企业和组织的大量订户。财新官网显示，财新传媒现已有的企业订阅用户有：招商银行、中国民生银行、百度、西门子、上海信托、中国银联、阿里巴巴、中国平安、北京银行、中国建设银行、滴滴、海航集团等。

目前，大多数媒体组织并没有建立 B2B 销售结构。过去 10 年，媒体组织一直专注于开发面向消费者的业务，现在他们意识到存在很多机会向企业销售。一旦他们尝试这么做，他们就会意识到，媒体组织向企业销售的方式，非常不同于向单个消费者销售的方式。2021 年，国际新闻媒体联盟（INMA）发布了一份新报告——《媒体读者收入模式中 B2B 的增长前景》，指出媒体组织应该重点关注如何利用这一利润丰厚的垂直业务[2]。

理解个人消费者和企业消费者的动机和行为差异，对于 B2B 订阅活动的成功至关重要。B2B 订阅活动必须考虑到企业的购买方式，这与消费者的购买方式截然不同。媒体组织需要让他们了解产品及其价值。两类消费者之间存在着五个主要区别：

- **市场**：面向消费者的产品有广泛的焦点来吸引大众。面向公司

---

[1] 财新企业用户咨询，https：//corp.caixin.com/group/. 查询时间：2023 年 11 月 12 日。

[2] Paula Felps, "The Growing Promise of B2B In Media's Reader Revenue Model", https：//www.inma.org/report/the-growing-promise-of-b-b-in-medias-reader-revenue-model. 查询时间：2023 年 11 月 12 日。

的产品需要一个范围较小的、利基的焦点。

● 时间：个人用户可及时订阅。B2B 订阅销售通常需要更长的时间，因为需要公司管理层多次批准。

● 动机：个人购买可能会受到情绪的驱动。企业寻求投资回报、客户服务和整体价值。

● 销售：向个人消费者销售是关于说服。企业寻求价值，所以他们需要了解产品。

● 报价：针对个人的是一个简单易懂的报价。企业报价更复杂，因为它们通常有不同的价格结构，以适应用户的不同需求。

在推进 B2B 订阅时，媒体组织的营销策略、产品定位、构建价值主张的方式可能都需要做出相应调整。英国《金融时报》在这方面目前做得比较成功，这是因为它改变了基于用户黏性的定价，这意味着企业客户只会为每月消费 9 篇或以上文章的读者（用户更有可能续订）付费。《金融时报》B2B 业务董事总经理卡斯帕·德波诺（Caspar De Bono）指出："该媒体组织还为每个企业客户提供了一位专门的客户经理，以便帮助企业实现目标。此外，《金融时报》还增加了向企业客户展示实时数据量的服务，因为该报发现，如果企业客户觉得他们正在实现自己想要的结果，他们就会更投入，从而更有可能续订《金融时报》，并在《金融时报》上花更多钱。"[1]

《华尔街日报》的 B2B 战略也采用了类似的策略。该新闻组织提供针对特定主题的订户服务，比如破产和私募股权。《华尔街日报》也有专门的 B2B 销售团队。《华尔街日报》副总裁克里斯蒂娜·科波利斯（Christina Komporlis）指出："企业需要更多地了解自己得到了什么。这是一款更复杂的产品，也是一项更大的投资，他们需要找人谈谈。所以我们增加了电话销售和客户经理。"[2]

---

[1] "Financial Times launches global B2B campaign," https://aboutus.ft.com/press_release/financial-times-launches-global-b2b-campaign. 查询时间：2023 年 11 月 12 日。

[2] WNIP, "B2B Subscriptions: Strategies publishers are using to conquer the market", https://thefix.media/2021/6/9/b2b-subscriptions-strategies-publishers-are-using-to-conquer-the-market. 查询时间：2023 年 11 月 12 日。

B2B 订阅对新闻媒体组织而言具有"巨大的未被发掘的潜力"。财新传媒、《华尔街日报》《金融时报》等财经类新闻组织都注意到了 B2B 订阅对企业的价值。新闻行业正处于使用 B2B 订阅作为重要收入来源的早期阶段,越来越多的新闻组织意识到有机会向企业而非个人消费者进行销售。这是一个多元化和利用媒体组织现有资源的机会,也是新闻组织一个扩大规模的方式。

四 单独付费产品:"我闻丨金融人·事"

目前,财新传媒还在探索开发单独的新闻付费产品。财新传媒推出单独的付费深度报道——"我闻丨金融人·事",售价 499 元。这是财新传媒新媒体事业部的实验性出品,提供新鲜深度公允的原创内容。对金融界重要人物的升降浮沉,作准确及时的记录;对主宰人物命运并驱动金融事件的长期性结构和制度变迁,作有洞察力的分析[①]。这款付费产品主要是针对那些对金融界深度关注的利基读者,它能够为这些读者提供更多的背景信息。

第五节 迈向多元化收入

一 数据商店(数据通)

财新传媒实行付费模式,靠的不仅是高质量新闻,同时还有数据库支持。财新通过收购兼并,整合了企业、人物、股票、债券、宏观等丰富全面的数据库,并在财新网移动端推出"财新数据+"。通过新闻和数据交互,以支持财经新闻的纵深阅读。数据库对新闻的结构化和产品化,也有助于新闻前因后果关联图谱的直观呈现,甚至在数据中挖掘新闻线索和研

---

① 我闻丨金融人·事,https://mall.caixin.com/mall/web/product/product.html?id=845&channel=1015&channelSource=pcmallN. 查询时间:2023 年 11 月 12 日。

究线索。不仅于此，新闻还可能为金融数据分析提供应用场景，比如行业研究、财务报表分析、估值和投资标的匹配。这样打通上下游的、贯穿阅读和工作场景的体验，正是有价值的创新。基于此，"财新通"获得了数据支持，许多数据查询阅读对订户是免费的。此外，"财新通"还有一款升级产品"数据通"，用户可以享受查询使用整个数据库的全部便利，包括财新传媒最新收购的国际宏观经济数据库 CEIC 的移动版内容。这个数据库在业内比较受到认可。

财新传媒的"数据通"主要包括两类产品，一类是数据产品，一类是研究报告。数据产品主要包括 4 个主要数据库：五大基础数据库（查人物、查公司、查 A 股、查港股、查上市债券）、财新特色数据库（财新指数、投资机会、Smart Beta）、专业特色数据库（信用债、利率债、可转债、ABS）、专业金融数据库（保险公司、货币市场、A 股舆情）。其中只有查高校和 Smart Beta 两个数据库可免费使用[1]。

财新传媒的研究报告主要包括：财新智库、宏观经济和行业分析等三个方面，主要涉及中国大宗商品指数、生物医药、商品零售等方面的数据。

财新传媒副总裁高尔基指出："在全世界，新闻行业都面对挑战。我们在转变商业模式的探索中，打算两条腿走路：一方面，用《纽约时报》和《金融时报》的办法，通过收费建立更扎实的用户基础，提升服务，转变商业模式；一方面，走彭博的路子，发展数据库，为专业用户提供实用性高端平台。"[2] "数据通"在财新最新收费战略中是高端专业产品，售价达到 1998 元一年。数据通在资讯端有其专享内容，也可读财新全部内容。

目前，售卖数据已经成为许多新闻组织的收入来源。比如，美国非营利调查新闻组织 Propublica，开设了一个数据商店（DATA STORE）出售数据，除了提供一部分免费的数据之外，有一部分数据库的使用需要收费[3]。

---

[1] 财新数据通, https：//mall.caixin.com/mall/web/list/list.html? type = 123&channel = 1015&channelSource=pcmallN. 查询时间：2023 年 11 月 12 日。

[2] 贺强,《收费敢为天下先"财新通"自信何来》, https：//www.sohu.com/a/198620490_103207. 查询时间：2023 年 11 月 12 日。

[3] "ProPublica Data Store", https：//www.propublica.org/datastore/. 查询时间：2023 年 11 月 12 日。

二 举办会议收入（会员费、赞助费）

通过组织和举办线上和线下会议，成为媒体组织获取收入的一个主要渠道。财新传媒是国内媒体组织活动和会议的先行者。目前，财新传媒举办会议所获得的收入，已经成为该新闻组织的主要收入来源之一。财新会议是财新传媒以峰会、论坛、圆桌、对话等多种形式组成的高端系列会议活动品牌。会议借助财新传媒整体资源优势和多媒体平台优势，汇聚海内外政产学界精英，提供高端思想互动平台，为关注变革时代全球发展的商业人士传递各领域意见领袖的前沿观点。财新传媒每年举办各类高端系列活动30余场，拥有千余位顶尖发言嘉宾资源，以及数以万计的高端参会数据，成为中国高端商业领域知名的会议活动品牌之一[1]。

财新传媒举办的会议类别有以下几种：财新峰会、财新论坛、财新圆桌、大师对话、中国经济季谈、中国金融发展论坛、海外专场、定制会议。

财新峰会是财新传媒规格最高、规模最大的论坛活动，每年在北京举办，聚焦国际、国内热点经济和民生话题。财新传媒举办的第十二届财新峰会门票，即使打折半价都已经卖到6588元人民币[2]。

财新论坛是以产业为主题的中型系列活动，聚焦金融、银行、能源、科技等热点领域，探讨产业发展的制胜之道。

财新圆桌是财新定期举办的小型高端活动，每期邀请1-2位专家，以深度性、互动性和私密性为主要特色。

国际会议财新边会是每年国际重大会议当中的系列分论坛，话题具有深度和延续性。迄今为止已在华盛顿、圣彼得堡、达沃斯、悉尼、香港等地举办，成为国内国外高层人士深度对话的平台。

海外专场是为延续财新峰会话题深度与广度而举办的海外分论坛，每年约4场，已成功落地多个国家与区域。

---

[1] 财新商城，https://mall.caixin.com/mall/web/list/list.html? type = 99&channel = 1015&channelSource=pcmallN. 查询时间：2023年11月12日。

[2] 第十二届财新峰会门票，https://mall.caixin.com/mall/web/product/product.html? id=692075713. 查询时间：2023年11月12日。

财新中国 PMI 会客厅是每月指数公布后第一时间举办的发布会闭门圆桌，邀请约 30 位领先的金融机构、研究机构的首席经济学家和资深从业人士，针对本次数据进行详细解读及讨论。

定制会议是根据客户的特定需求，提供从内容、形式、会外活动，到嘉宾、宣传及执行等服务的一体化活动方案。

财新针对以中小企业主为代表的高端读者组织的海外商务考察培训项目，主要目的地为美国、澳大利亚、欧洲、中国台湾等发达国家及地区，及俄罗斯、巴西、南非等新兴经济体，行程涵盖商务拜访、论坛交流、旅游观光多项内容。

（一）"财新峰会会员"计划

伴随中国日益增长的国际影响力，以及不断变化的国际格局，全球政界、商界、金融界等亟待掌握更全面而深入的中国政策分析解读。财新传媒邀请世界 500 强、中国 500 强以及行业领军企业加入"财新峰会会员"计划。"财新峰会会员"计划建立在财新传媒品牌在海内外的权威性和影响力的基础上，邀请会员机构参加财新峰会年会、国际峰会、国际圆桌、主题餐会以及其他国内区域论坛等众多思想交流活动。在闭门讨论中，为企业高层提供核心政策解析、独家行业洞察，也为商界领袖提供一个与政策制定者、行业领军者、全球机构投资者紧密互动的私人平台，帮助企业领袖进一步拓展人脉，共享资源，寻求合作，达到交叉共振的效果。此外，会员机构还将享受财新传媒提供的信息服务，有机会参加课题研究。

目前，加入"财新峰会会员"计划的中国企业有百度、碧桂园、长安信托、东方证券、海底捞、蚂蚁金服等 29 家企业。

（二）会员制与付费订阅战略

财新峰会从 2018 年开始试行会员制。胡舒立指出：这既是学习国际上一些重量级论坛经验的尝试，也可以和财新线上业务转向付费阅读的战略布局相配套。无论是线上还是线下会议会员制，都是国际重要论坛的通行做法。财新峰会就是学习国际经验，并结合中国国情和财新现实境况进行摸索。目前，财新峰会已经有了一批机构会员。发展会议会员可以延伸财新峰会的传播触角，让财新峰会成为更有效率的交流平台。

财新峰会会员有一系列权益。从参会角度说，主要是可以优先完整地参加财新推出的"峰会系列"，包括其中独家的"闭门会"。财新峰会会员不仅可以参会，而且可以对议题设计提出建议，享有其他交流便利。

通过会员制获得的费用是财新传媒比较重要的一部分收入，这个收入渠道的开辟，对财新传媒来讲，有以下几点好处：首先，让财新传媒的收入来源多元化，不完全依赖于付费订阅收入和原生广告；其次，财新峰会可以提升财新传媒的品牌吸引力和在业界的认可度，进而提升财新传媒的公信力；第三，财新峰会还可以吸引原来不太关注财新传媒的企业组织和读者，通过打造高质量的会议平台能够把一部分企业组织和读者转变为付费订阅用户。这样财新峰会的会员制与财新付费阅读就能做到有机的关联。

（三）打造国际交流平台

财新峰会一般都会以当年人们最关心的议题为核心，在内容设置与组织形式上，更好地体现这一主题，方便与会嘉宾有更好的切入点[①]。

2018年以来，"财新峰会"从一场年终盛会延展上升成一组"峰会系列"，包括在海外非常有影响的"财新国际圆桌"，覆盖了从IMF春秋年会、南非金砖峰会到G20峰会的所有话题，现场讨论，每次都引人注目。这实际上是让"财新峰会"走出去，能够与中国不断上升的国际影响力相匹配，搭建一个国际认可的交流平台，有助于传递中国声音。胡舒立指出，财新峰会邀请了重量级国际顾问，包括美国"儒商"约翰·桑顿——曾担任过布鲁金斯学会的主席、亚洲协会联合主席，清华大学教授，还出任过高盛总裁、汇丰银行北美主席，现在是加拿大巴理克黄金公司的董事长。另一位是麦肯锡全球董事长兼总裁鲍达民。

（四）财新峰会的整体化发展

会议是独立产品。闭门讨论会是相对的小会，发言更自由一些，听众

[①] 腾讯传媒，《财新传媒付费阅读：为什么，想什么，做什么》，https://new.qq.com/cmsn/20181117/20181117004516.html? pc. 查询时间：2023年11月12日。

交流机会更多一些。胡舒立指出，"坚定办闭门讨论会"，因为媒体办会，容易像报道，但会议是独立产品，必须尊重会议本身的规律，学习国际上重视思想交流的那些顶级会议的经验。比如，2018年"闭门会"发布了两个课题，其中有一个由谢平教授牵头，探讨国际关注的重大话题——平衡互联网的竞争与垄断。另一个课题是财新智库高级经济学家、财新数据的研究主管王喆博士所研究的中产阶级健康消费焦虑的问题。

会中会。财新峰会不断在进行内容创新和探索，除了大会主议题和专题讨论之外，还推出"会中会"。胡舒立指出，"会中会"就是与大会主题一致同时又能够互补的、形式多样、内容垂直的论坛与活动。排名颁奖，就是"会中会"之一。此外，还有一些论坛，例如投资论坛、女性经济论坛、新经济圆桌、科技论坛等。这些论坛与大会有同有异：相同，在于都是同一主基调，内容设计、质量把控甚至在议程上的体现格式，都是一体的，是财新峰会的一部分；不同，是有单独的合作伙伴，追求在某一重大领域的垂直探讨，与大会内容有某种互补性。这类子论坛还具备某种孵化性质。比如，女性经济论坛，新经济圆桌。并且有非常明确的扩展计划，逐步纵向展开。

进入排名颁奖领域。目前，排名颁奖也逐渐成为财新传媒的重要业务之一。财新传媒一直想进入这个领域，最后选择国际合作的办法，与方法论成熟、品牌持久、获得公认的国际媒体合作。现在，已经推出两个奖项：与《机构投资者》（Institutional Investor）杂志合作的"资本市场最佳分析师排名"，以及与英国Dealogic公司合作推出的"资本市场最佳机构排名"，逐渐得到业界的认可。

公信力委员会。财新传媒从一开始就建立了公信力委员会，著名经济学家吴敬琏教授担任主席，哈佛大学萨默斯教授担任顾问。钱颖一教授、谢平教授、肖梦（《比较》杂志主编）、徐泓（北大教授）都是委员，这些知名学者也是财新峰会的顾问。

财新峰会从2009年创办开始已经有十多年的历史。一家优秀的新闻媒体组织，同时能够拥有成功的、有影响力的大型会议平台是非常重要的。在网络社交媒体时代，这也是专业性新闻媒体收入多元化的选择之一。因为新闻报道毕竟是单向传播，而会议是实实在在的交互传播。线上社交，用虚拟方式激发了社交渴望，正如财新峰会的一句推广语，"面对面才是真认识"。媒体办高质量的会议，就在以最佳方式满足社交强需求。这对媒体的整体发展非常有意义。

胡舒立希望把财新峰会做成每年年底最重要的一场民间思想盛会，"令人神往、一票难求"。正如胡舒立所说，如果仅仅办一次两次会，恐怕还算不得真正的会议平台，必须坚持做下去，形成规模和稳定预期，做大做强做稳。这类媒体主导的大型会议平台，整体市场本质上是赢家通吃，"我最近和美国一家超大型媒体集团的 CEO 聊天，他就谈到这个，说成功的会议当然非常有价值，但美国已经有了财富杂志和福布斯举办的论坛，再想有非常成功的大型媒体论坛就很难了。财新已经走了九年，加上此前的积累，走得早也走得很成功，正应该抓住机会，利用会议市场的'早鸟效应'，再上台阶，取得这个领域中舍我其谁的地位。"[1]

三 原生广告（赞助收入）

在实施付费订阅一年之后，2018 年，胡舒立在接受腾讯传媒记者采访时指出："整体看，财新传媒现在还是双引擎，就是赞助广告业务和订阅业务并重。付费订阅成长会有一个过程。而且，在付费的基础上，还有可能发展建立在精准投放基础上的广告业务，特别是财新的用户都集中在金融白领、公司高管、学界政界这样的人群，而且读者对付费认可，对服务和互动有进一步需求。"[2]

胡舒立在接受采访时提到的"赞助广告业务"就是新闻传媒业通常所说的原生广告、品牌内容或品牌赞助。财新传媒的这部分广告收入来源主要由财新传媒整合营销（财新 IMC）部门负责，该部门主要"专注为客户提供整合性的品牌营销方案，以全面的媒体传播渠道输送优质的内容与产

---

[1] 腾讯传媒：《财新传媒付费阅读：为什么，想什么，做什么》，https://new.qq.com/cmsn/20181117/20181117004516.html? pc. 查询时间：2023 年 11 月 12 日。
[2] 腾讯传媒，《财新传媒付费阅读：为什么，想什么，做什么》，https://new.qq.com/cmsn/20181117/20181117004516.html? pc. 查询时间：2023 年 11 月 12 日。

品，从而覆盖更广泛的目标受众，实现品牌的传播诉求"。① 这类赞助广告业务内容主要出现在财新传媒的"商务频道"（Promotion）中。

财新传媒整合营销部门主要为客户提供 B2B 营销服务，包括：线上专题、原生文章、影像视频、交互产品、研究报告、事件营销、会议活动、定制出版等内容，该部门类似于《纽约时报》《卫报》《华盛顿邮报》等国外新闻媒体组织成立的"品牌实验室"。

财新传媒的赞助广告业务主要有以下三类：赞助会议、赞助报道，以及赞助视频。虽然财新传媒设置了付费墙，但在财新网的"商务频道"中，所有的赞助报道都可以免费阅读。为财新传媒提供赞助费用的主要是一些品牌企业，金融、保险等企业居多，一些跨国巨头也是财新传媒赞助费用的主要提供者。

赞助广告或原生广告最受人诟病的一点是广告与新闻之间的边界不清楚、模糊，读者甚至有时分不清楚，新闻媒体网站中呈现的内容，是新闻报道，还是赞助广告。这是新闻媒体组织的新闻生产和广告业务中需要特别注意的一点。像国外媒体对原生广告都尽量清晰标示出来，一般都会表明"由 xxx 公司赞助"。财新传媒的赞助报道都是通过"特别呈现>资讯"栏目呈现出来，以这种方式试图把新闻报道和赞助广告区别开来。事实上，二者之间的边界不是很清晰。

财新传媒一直奉行新闻专业主义，也一直是新闻业界的标杆，该新闻组织的资深记者李菁指出："在财新公司内部，内容生产和制作部门与广告、会议等经营部门是完全分开的。采编部门如果从采访对象那里接到广告或赞助方面的信息，会直接转给经营部门处理，无权与采访对象和客户进行业务接触和交易，当然更谈不上任何这方面的业绩提成。这种采编与经营完全分开的信息隔离制度（"防火墙"），有效保障了报道的独立与客观。防火墙的关键是广告销售部门在任何时候、任何情况下，都不能指挥、左右、影响新闻编辑部门，新闻采编业务必须独立于公司的广告业务。"② 不过，现在问

---

① 腾讯传媒，《财新传媒付费阅读：为什么，想什么，做什么》，https://new.qq.com/cmsn/20181117/20181117004516.html? pc. 查询时间：2023 年 11 月 12 日。

② 李菁：《财经媒体写作指南》，中国友谊出版公司 2020 年版，第 28 页。

题是如果广告部门推出的广告越来越像新闻报道，与新闻报道的界限模糊时，防火墙在财新传媒获得赞助收入方面还是否有效？防火墙在财新传媒的存在意味着什么？

四　课程销售（私房课、单品课程）

越来越多的媒体组织开始提供在线教育服务，以开发新的收入来源。财新传媒很早就尝试课程销售。目前，财新传媒销售的课程主要有两类：单品课程和私房课。单品课程主要有《王烁的 30 天认知训练》（售价 99 元人民币）、《王烁学习报告》（售价 199 元人民币）。

财新私房课种类较多，有"宏观·经济"、"金融·投资"、"理财·消费"、"健康·心理"、"经营·创业"、"技能·职场"、"教育·文化"等几个类别，这些课程既有视频课，也有音频课。主要是由一些知名经济学家和文化名人提供的录制课程，比如：吴晓波《数字化转型 35 讲》，赵楚《给孩子的国际新闻》，杨潇《新闻背后的故事：非虚构写作》，陈志武《金融通识课 57 讲》，向松祚《宏观经济 70 讲》等。

随着人们逐渐习惯了网络学习，一些新闻组织发现了一个开发新产品的机会，就是针对时间紧张、处在职业生涯中期的读者提供付费学习的机会。目前，在传统新闻媒体难以获得在线广告收入的情况下，销售课程逐渐成为一些新闻组织新开辟的销售收入来源。像《卫报》《经济学人》《华尔街日报》《金融时报》等都推出了在线课程，进军在线教育市场，以提高收入、编辑和读者的介入战略。

比如，2021 年 5 月，《经济学人》推出一个名为"经济学人教育"（Economist Education）的新项目。首先是为期六周的在线课程，名为"全球新秩序：政治、商业和技术如何变化"。约有 20 名资深《经济学人》记者与课程供应商 GetSmarter 合作，从零开始设计课程。该课程重点关注美中关系、贸易和科技，嘉宾包括澳大利亚前总理陆克文和谷歌前首席执行官埃里克·施密特。该项目面向商业、非营利或政府部门的处于职业生涯中期专业人士，这些人可能希望提升自己的职业前景、获得晋升、跳槽、再培训，或者获得新的知识技能。该课程售价约 1500 英镑。

《经济学人》在线课程与财新课程最大的区别是，《经济学人》让自己的资深记者与专家、专业课程网站一起设计课程，这种设计课程的一个优势是，可以把《经济学人》对于前沿的报道和关注嵌入到课程中，让在线课程与新闻报道尽可能有一个有机的融合。正如《经济学人》总裁鲍勃·科恩（Bob Cohn）所指："我们早就知道我们的新闻报道在课堂上很有价值。我们的报道出现在教学大纲中，我们的作家和编辑经常在大学演讲。但随着行业、媒体和教育都走向数字化，（销售课程）这条新路径对我们来说变得显而易见。"[1]

在疫情期间，在线教育已经成为一种必需品，而不是奢侈品。科恩还指出："突然之间，重新构想我们为数字时代学生提供的核心服务，似乎是一个我们不能错过的机会。随着世界越来越紧密地联系在一起，人们在网上工作和学习，我们认为，对在线高管课程的需求将会增加，尤其是那些时间有限的高管和领导者，他们可能无法抽出时间来面对面学习。"[2]

《经济学人》拥有150万订阅者和5000万社交粉丝，其中有大量潜在的学生用户。《经济学人》的订阅用户可以享受15%的课程折扣。为读者提供教育产品是《经济学人》服务的自然延伸。《经济学人》教育的目标是为现有的订阅者和读者带来更大的价值，并扩大受众规模。任何完成课程的人都会收到《经济学人》发放的结业证书，这个"经济学人微课证书"（Economist microcredential）可以放在简历或 LinkedIn 个人资料中，表现优异的课程学习者还可获得优异证书。《经济学人》计划在2021年全年为新学生举办这一活动，并计划在2021年秋季开设第二门关于商务写作的《经济学人教育》课程。

全球教育市场正在快速增长，包括高管教育。很明显这是一个较大的商业机会，像财新传媒、《经济学人》《华尔街日报》这些传统财经类新闻媒体，在这个领域处于有利地位，它们有相当多的资源可以利用，因此开

---

[1] Jacob Granger, "The Economist creates a new revenue stream with online courses", https://www.journalism.co.uk/news/the-economist-dips-into-online-courses-as-a-new-revenue-generator/s2/a825354/. 查询时间：2023年11月12日。

[2] Jacob Granger, "The Economist creates a new revenue stream with online courses", https://www.journalism.co.uk/news/the-economist-dips-into-online-courses-as-a-new-revenue-generator/s2/a825354/. 查询时间：2023年11月12日。

发销售课程类新产品，能够起到补充性收入来源的作用。

五　图书杂志销售

当我们在谈论"下一个大生意"时，我们可能会想到 VR、AR 或人工智能，甚至是区块链，因为一些与技术相关的创新正在颠覆整个传媒行业。但一些传统的传媒行业，在数字时代可能被我们忽视了。对于一些新闻媒体组织来说，图书出版与销售可能是未来的一个重要生意，或者是多元化收入的一个重要来源。

调查公司 IBISWorld 提供的数据显示，2020 年全球报纸出版业的价值约为 800 亿美元（不包括纯数字在线出版物）。世界各地的趋势都是一样的——报纸业务多年来一直在下滑，这一趋势几乎没有什么改变，而且可能会越来越糟。另一方面，据科技公司 ReportLinker 估计，2020 年全球图书出版市场规模约为 1100 亿美元。预计到 2027 年，它将以每年 0.3%的温和增长速度达到 1122 亿美元。这意味着图书出版仍然是一个有利可图的产业，这也是与传统媒体组织比较接近的一个领域。

财新传媒除了销售自己创办的《财新周刊》《中国改革》《比较》[①]三份杂志外，还通过"财新图书"频道销售书籍。目前，"财新图书"在线商店销售的图书有 26 种，有财新记者李菁撰写的《财经媒体写作指南》，也有《哈佛非虚构写作课：怎样讲好一个故事》这类非虚构写作教材。这些图书的选题和质量均为上乘，在图书市场中也有一定的影响，但目前存在的问题是，"财新图书"的种类更新慢，远没有形成规模优势，也没有开发和利用好财新传媒本身的资源优势。据估计，财新传媒的图书销售收入占不到公司总收入的 1%，这意味着在开辟多元化收入渠道的过程中，"财新图书"的图书销售收入还有相当大的上升空间，把"财新图书"打造为一个经典的财经类图书品牌也不是不可能。

据笔者观察，"财新图书"频道在售卖图书的过程中，一直在主推中国传媒大学教授苗棣的明史小说《赤龙》与《黑煞》（《天顺三部曲》第

[①]　《比较》由著名经济学家吴敬琏主编。

一、二部），有时在财新网主页都能够看到这两部书的广告。在财新网站还能够看到这样的推广广告："著名传媒人、明史学者苗棣教授潜心十年，继《崇祯皇帝传》后又一厚积薄发之作，财新传媒胡舒立女士强烈推荐！"

事实上，财新传媒的"财新图书"有极大的拓展空间，尤其是财新传媒在经济、金融类书籍的出版方面有极大优势，而不是历史小说。在未来，财新传媒可以从以下几个方面来推动"财新图书"的发展：第一，出版参加财新峰会专家学者的著作；第二，集中出版经济、金融类著作，把"财新图书"打造为一个经典的财经类图书品牌；第三，集中财新传媒的优势资源翻译出版最前沿的经济、金融类著作，比如，可以与哈佛商业评论出版社、麻省理工斯隆管理评论合作出版系列金融管理类书籍；第四，利用财新传媒的资源优势，与国内著名高校经济管理学院形成合作出版联盟。

六 电子商务（周边）

当一扇门关上的时候，就意味着另一扇门打开了。在新冠疫情封锁期间，对媒体组织而言，这扇打开的门就是电子商务。毫不奇怪，在新冠疫情期间，当人们被关在家里几个月后，他们的购物之旅就会从商场转移到移动设备上。因此，虽然广告收入暴跌，电子商务收入却呈爆炸式增长。

Hearst UK 分部首席内容开发官贝琪·法斯特（Betsy Fast）在一次圆桌会议上指出："从 2020 年 3 月开始，电子商务就成为我们的营销理念：帮助读者找到他们需要而以前无法获得的东西，帮助他们打发时间，帮助他们度过在家中的生活。"① 像《纽约时报》在很早之前就开设了自己的网上商店，网飞公司和《福布斯》也分别在 2021 年 6 月和 7 月推出了自己的网上商店，试图开辟新的收入来源。

财新传媒有进入电子商务领域的意愿，但目前还没有全面推行电子商务计划。"财新商城"的"周边"频道，应该就是财新传媒未来计划的电子商务版

---

① Faisal Kalim, "Elevated levels of growth…likely to persist beyond the duration of the pandemic: Why betting on eCommerce is a good idea for publishers", https: //mediamakersmeet.com/elevated-levels-of-growth-likely-to-persist-beyond-the-duration-of-the-pandemic-why-betting-on-ecommerce-is-a-good-idea-for-publishers/. 查询时间：2023 年 11 月 12 日。

块。目前来看，它只售卖一个印有"财新"字样、价格为198元人民币的极光杯，此外，还有一个售价为1元人民币的"邮费补差价"。这意味着，尽管财新传媒在其商务拓展活动中，有推出电子商务的规划，但还远远没有展开。

对媒体组织而言，涉足电子商务领域就是在从事跨行业商务活动。媒体组织一般会利用自己的核心资产和资源来拓展周边商务活动，比如前文提到的网飞公司，与年轻一代的设计师合作，生产受网飞出品电视剧启发的限量版装饰物品和动作玩偶[1]，《福布斯》与设计师合作推出带有自己注册商标"Forbes"的棒球帽、套头衫、铅笔、笔记本等物品[2]。随着电子商务市场的不断扩张，财新传媒在这一领域的收入也应该有很大的增长空间。

七 财新传媒投资项目：财旅运动家

"财旅运动家"全称北京财旅创邑体育文化产业有限公司，成立于2019年5月，是财新传媒投资的体育板块子公司，以"成为体育产业赋能者"为愿景，是一家致力于提供数字营销和内容领域的体育服务公司，其主要业务是品牌合作和赞助广告业务。

成为一个投资者，就像做IT供应商一样，不适合囊中羞涩的媒体组织。大多数媒体公司的资源要么不足以进行大规模投资，要么被束缚在对本公司的再投资上。但一些传统媒体公司仍有足够的资金，可以对不同行业进行大量投资。不过，通常情况下，投资的目的要么是在媒体的新领域站稳脚跟，要么是与媒体公司专业知识相关的有前途的行业中获得一个立足点。

但对于那些确实有计划投资的媒体组织来说，投资既可以带来经济上的利润，又可能极大地有益于公司的媒体使命和商业使命。媒体组织的投资提供了一个潜在的新收入来源，它们对新技术、新市场和新业务有自己独特见解。当然，这些媒体组织也可能会陷入困境，导致所有或大部分投资资金损失。当下媒体组织本身就缺资金，因此进行投资需要谨慎行事。

---

[1] "Netflix Shop: The Official Netflix Merch Shop", https://www.netflix.shop/. 查询时间：2023年11月12日。

[2] "Forbes Store", https://www.store.forbes.com/. 查询时间：2023年11月12日。

本章小结

财新传媒是国内第一个对内容全面设置付费墙的传统新闻组织。在国内，长期以来很多人都认为新闻不可能收费，财新传媒设置付费墙这一举措具有相当大的勇气和自信。这是财新传媒的一次商业模式转型。在2017年，财新传媒的新闻收费收入还仅占财新整个收入的不到10%，广告仍是主要收入来源。长期以来，在以新浪为代表的门户模式下成长起来的用户，几乎完全没有为新闻付费的消费意识，这也使得了国内媒体从来不敢轻易尝试新闻收费。

不过，财新的用户迅速认可了财新的新闻付费阅读商业模式。最新的数据显示，截至2021年上半年，财新付费订阅用户突破51万，名列全球第10位，而订阅收入逐渐成为财新传媒继广告收入和会议赞助收入之后拉动财新收入增长的第三个主要收入来源。正如胡舒立所说："我们是三年前开始尝试付费模式，实际上是加入国际竞争行列，这是国际主流机构媒体在做的一个事情，是一个大趋势，我们不可能避开这个趋势，如果想成为一个高水平、高质量的媒体，不断实现内容价值，重要方法之一就是转向付费。于是财新就从前年开始做付费的实验，我认为还是非常成功的，我们也非常有信心。"[1]

网络时代，付费阅读的新闻从本质上讲是一个为用户提供服务的互联网产品。不断提升用户体验，最小化用户负担，是付费阅读得以成功的关键。康伟平指出，"做新闻付费阅读心态也很重要，不能患得患失"。[2] 选择新闻付费阅读这条路，意味着商业模式要做出很大调整，从以流量为王过渡到以质取胜，从海量覆盖到精准抵达，这其中会有调整和深刻的转

---

[1] 新浪财经：《财新社长胡舒立谈内容付费：对自己内容有信心的媒体应该尝试》，新浪网，http://finance.sina.com.cn/china/2020-11-14/doc-iiznezxs1880867.shtml. 查询时间：2023年11月12日。

[2] 李磊：《付费阅读用户数名列全球第10!〈财新〉有何"秘方"?》，传媒茶话会，https://mp.weixin.qq.com/s/Mt_dCQ3TSW771CHB9AOFNQ. 查询时间：2023年11月12日。

变。媒体组织是否要进行新闻付费要结合自己的定位、竞争力，综合考量，在未来，国内可能会有更多优质新闻媒体加入付费新闻行列。

附表　　　　　　　　　财新传媒商业模式画布分析

重要合作	关键业务	价值主张	客户关系	客户细分
南方周末 三联生活周刊 优酷 知乎 读库 学术志 XMind	高质量调查新闻 举办组织会议活动 为企业组织提供原生广告 为企业组织提供 B2B 订阅咨询服务 为企业组织和个人提供数据服务	"流言无处不在，真相就读财新" "只给你有价值的新闻" 原创高质量财经新闻，优质专业的金融资讯 独家深度的时政报道	信任 在线社区	企业员工、大学教师等精英读者（B2C） 商业企业（B2B）
	关键资源 财新品牌资源 100 多位专业新闻记者		渠道通路 财新 App 财新微博 财新微信 财新周刊	

成本结构	收入来源
办公场所费用 新闻记者、员工工资 运营应用程序、微博、微信等渠道的费用 印刷财新周刊中国改革比较等杂志等费用	订阅收入（包括企业组织的 B2B 订阅收入） 组织会议活动收入（包括企业组织的会员计划收入） 原生广告收入（商务频道 promotion） 销售数据收入 销售课程收入 销售图书杂志收入 电子商务收入（周边） 项目投资收入（财旅运动家）

说明：1. 财新传媒目前的主要收入来源是订阅收入、会议活动收入和原生广告，这是该新闻组织最主要的 3 个收入来源。
2. 财新传媒不仅与传统媒体像《南方周末》《三联生活周刊》合作，还与优酷、知乎等新媒体网站合作，甚至还与一些专门性的学习付费网站合作，像学术志、XMind 等。
3. 财新 mini 是财新传媒最新推出的一款泛文化生活付费阅读产品，年售价为 98 元。这款产品也支持捆绑销售："财新 mini + 优酷 VIP 会员 1 年"，售价为 188 元；"财新 mini+XMind+学术志联合会员"，售价为 498 元。

第七章　超越原生广告
——BuzzFeed

乔纳·佩雷蒂（Jonah Peretti）曾经是一名技术专家，毕业于麻省理工学院媒体实验室。2005年，他与著名政治评论员阿里安娜·赫芬顿（Arianna Huffington）和公共关系专家肯尼斯·莱勒（Kenneth Lerer）共同创办《赫芬顿邮报》（*The Huffington Post*），这是第一批成功的数字新闻平台之一。

2006年，佩雷蒂离开 *The Huffington Post*，与约翰·S·约翰逊三世（John S. Johnson Ⅲ）一起创立了新闻聚合网站 BuzzFeed。受《赫芬顿邮报》病毒式传播的启发，BuzzFeed 凭借病毒式娱乐内容的传播吸引了大批受众。该平台最初推出的是"清单体"文章（listicles），后来因推出"喵咪列表"而名声大噪。

2008年，BuzzFeed 发现原生广告收入是一种收入解决方案，即通过基于品牌赞助的病毒式传播内容来获取收入。之后，内容分享迅速成为该公司营利的核心业务。BuzzFeed 逐渐成为一个通过标题吸引用户点击的平台。

2011年，BuzzFeed 聘请知名记者本·史密斯（Ben Smith）报道2012年美国总统大选，开始进入严肃新闻报道领域。一年后，该媒体组织推出 BuzzFeed Brews，专门报道对政客和企业家的采访，并聘请普利策奖得主马克·斯库夫斯（Mark Schoofs）主持调查性新闻报道，同时在英国、法国、澳大利亚、巴西和日本开展新闻业务。

BuzzFeed 作为病毒式社交媒体内容和娱乐内容制作平台获得了广泛受众。起初，该公司在运营门户网站时没有横幅广告和视频广告，这让

BuzzFeed 的商业模式与其他媒体组织相比有很大的不同。为了获得真正有利可图的业务，BuzzFeed 创造了基于原生广告的商业模式，这种商业模式很少采取公然推广产品的形式，但在创造的内容和实际推广的内容之间存在直接联系，广告信息被嵌入到内容故事中。由于 BuzzFeed 对"点击诱饵"过度关注，很多人并不认为它是一个高质量内容生产者。但事实上在 2011 年，BuzzFeed 就已经开始制作调查新闻和数据新闻。BuzzFeed 于 2016 年正式推出独立新闻部门——BuzzFeed News，该部门目前并不营利①，但新闻部门已经与娱乐部门正式分离开，其目的是发展新的商业模式——会员制模式。

从突发新闻到互动测验，BuzzFeed 已经成为全球数字内容传播的重要媒体平台。2016 年是该公司发展的巅峰时期，BuzzFeed 估值为 17 亿美元。然而，与预期不一样的是，在 2017 年和 2018 年，BuzzFeed 的利润收入明显低于目标。在投资者的压力之下，2019 年，BuzzFeed 裁撤 15% 的全球员工，并开始进行战略转型。

在最初运营的几年里，BuzzFeed 的流量快速增长。然而，自 2016 年 6 月以来，BuzzFeed 的月访问量一直没有超过 1.5 亿，其中来自美国的独立访问者一直在 7000 万至 8000 万之间波动。数字媒体垄断也是 BuzzFeed 收入停滞的原因之一。随着谷歌和脸书在数字广告收入上的主导地位越来越强，像 BuzzFeed 这样的媒体组织很难分得一杯羹。这两家被称为"双头垄断"的科技巨头在 2018 年占据了数字广告市场的 56%，其增长速度远远超过了规模较小的科技公司和媒体组织。由于广告客户不断把钱花在社交媒体巨头身上，BuzzFeed 和其他媒体组织获取的资金就少了很多②。

2017 年佩雷蒂发布了转向多元化收入的战略计划，并声称 BuzzFeed "比一年前更加多样化和平衡，我们年收入的四分之一将来自销售广告以外的来源"。③ 在数字化转型过程中，BuzzFeed 改变了制作内容和与观众互动的方式，并不断开辟新的收入来源。本章旨在分析 BuzzFeed 商业模式的转型，重点分析该媒体组织的商业模式是如何演变，以及如何寻找可持续

---

① 由于一直未能营利，该新闻部门在 2023 年 4 月关闭。
② "About BuzzFeed", https://www.buzzfeed.com/about. 查询时间：2023 年 11 月 12 日。
③ Jonah Peretti, "9 Boxes：Building out our multi-revenue model", https://www.buzzfeed.com/jonah/9-boxes. 查询时间：2023 年 11 月 12 日。

的商业模式的。总的来讲，要想成为一个全方位的数字平台，BuzzFeed 不再仅仅依赖在一个近乎饱和的市场上创造病毒式传播内容来增加流量。如果要在未来的媒体市场占有一席之地，BuzzFeed 需要找到超越传统数字广告的创新方式，进而转向通过受众获取收入。面对市场变化，BuzzFeed 需要持续创新的商业模式才能够在激烈的数字竞争环境中生存。

第一节 从原生广告到程序化广告

一 早期对横幅广告的抵制

《赫芬顿邮报》刚创建时，开发了一套创新工具来运营网站，但该网站将大部分广告基础设施交给了提供横幅广告（banner ads）服务的第三方公司。当时作为创始人之一的乔纳·佩雷蒂已经意识到横幅广告阻碍了用户对网站的体验。他指出："当一个网站加载缓慢时，你会责怪这个网站，但实际上，这往往是来自其他网站的横幅广告造成的。"佩雷蒂曾公开表达对在线广告的态度，"它们很慢，也很糟糕。"[1]

离开《赫芬顿邮报》后，佩雷蒂创建了 BuzzFeed。BuzzFeed 一直在回避横幅广告，并让原生广告成为公司获取收入的主要来源。目前，《纽约时报》《卫报》等传统媒体组织也在利用这种广告形式获取收入，原生广告读起来就像社交网络上的普通报道，有时可能会模糊网络上的赞助信息和非赞助信息之间的区别。BuzzFeed 声称其赞助内容广告点击率是展示广告的 10 倍。但原生广告需要花费更多人力成本，而且比程序化广告更难规模化。

二 转向横幅广告

2017 年，在抵制了多年横幅广告之后，BuzzFeed 终于接受了横幅广

---

[1] Jonah Peretti, "9 Boxes: Building out our multi-revenue model", https://www.buzzfeed.com/jonah/9-boxes. 查询时间：2023 年 11 月 12 日。

告。BuzzFeed 开始允许广告商在其主页、报道页面和移动应用程序上投放展示广告（display ads），并在全球范围内使用第三方广告技术进行买卖。这一转变是为了利用其受众规模，更有效地将运营平台货币化。

具体来讲，BuzzFeed 允许广告商通过脸书受众网络和谷歌广告交换平台运行展示广告，展示广告会出现在 BuzzFeed 主页、新闻页面和移动应用程序上。佩雷蒂指出："我们的目标既是战术上的，也是战略上的。从战术上讲，程序化在加载时间、手机体验和广告质量方面都得到了改善，为我们提供了另一种从庞大用户身上赚钱的方式。这一举措也有利于我们的全球战略，因为我们可以在组建业务团队实现本地营利之前，先在市场上创收，将程序化广告纳入 BuzzFeed 的总体战略是有意义的。"①

这种营利方式的变化，对 BuzzFeed 来说是一个较大的转变，正如前文所述，BuzzFeed 自成立以来一直拒绝传统横幅广告。相反，BuzzFeed 开创了原生广告模式，吸引了数以百万计的读者阅读其单体报道、测验和视频，这些内容都是一些企业组织付费赞助制作的。BuzzFeed 的这一转变发生在该媒体组织寻求多元化收入来源和增长收入的时刻。佩雷蒂认为："程序性广告只是我们众多收入来源的一个补充，许多收入来源加在一起，将使 BuzzFeed 成为一个更强大的业务。"② 通过向程序化广告敞开大门，BuzzFeed 得以进入利润丰厚的广告世界，尤其是由数据驱动的定位数字广告。定向广告（targeted ads）是数字广告行业的支柱，并推动了两大巨头脸书和谷歌的财富增长。之前，BuzzFeed 几乎没有涉足这个领域。不过，BuzzFeed 的这一举措并非没有风险。BuzzFeed 网页的特点是设计相对简洁，没有加载缓慢、突出的横幅广告。但是，这些横幅广告困扰着互联网上的许多内容网站，往往会给消费者带来不好的体验，以至于许多用户通过下载广告拦截软件来抵制横幅广告。

BuzzFeed 广告策略的改变旨在创造更多收入来源。BuzzFeed 的高管阮道（Dao Nguyen）在一份声明中表示，该公司长期以来之所以拒绝提供横

---

① Jonah Peretti, "BuzzFeed In 2020: How we will continue to transform our business", https://www.buzzfeed.com/jonah/buzzfeed-in-2020. 查询时间：2023 年 11 月 12 日。

② Jonah Peretti, "2019 Update On Diversity At BuzzFeed", https://www.buzzfeed.com/jonah/2019-update-on-diversity-at-buzzfeed. 查询时间：2023 年 11 月 12 日。

幅广告，主要原因是这类广告具有"高度侵犯性"的特征，而且往往与受众无关。不过，随着编程技术的发展，广告加载速度更快，也更贴近用户。[1] 事实上，BuzzFeed 也没有太多的选择。目前，谷歌和脸书控制着三分之二的数字广告市场，BuzzFeed 也发现自己的收入增长更加困难。横幅广告只是 BuzzFeed 众多收入来源的一个补充，这些收入来源加在一起，将会使 BuzzFeed 的财务收入有所保障。

BuzzFeed 的横幅广告客户很多是中小企业。这些企业只是想获得大量曝光，而且这类企业的预算也很紧张，因此只能选择成本更低的横幅广告。此外，移动网站上的横幅广告和整体质量都有所改善。

转向横幅广告，是 BuzzFeed 更大商业战略的一部分，目的是通过其各种平台，大规模创造更多收入。不过，BuzzFeed 采用横幅广告的一个风险是，它无法控制广告的放置位置和附近出现的内容。阮道指出，"你可能把自己的品牌放在一些不受欢迎的内容旁边。如果这些内容事先没有经过审查和监督，我认为这是一些广告商心存疑虑的地方。不过，现在横幅广告也变得更智能了。它是一个非常可行的、不断增长的收入来源，大多数广告商都想要利用这种广告模式。"[2]

三 BuzzFeed 的整体化广告策略

目前，BuzzFeed 广告业务的核心业务仍然是原生广告业务，同时该公司将原生广告业务和程序化广告业务结合起来。当 BuzzFeed 建立程序化业务时，是在补充其原生广告业务，而不是与之竞争。BuzzFeed 希望确保采用多元化广告策略时，它们都能无缝协作，真正改善和增强广告客户的体验，而不是强迫营销人员对他们所接触的受众做出某种选择。BuzzFeed 的发展策略

---

[1] Dao Nguyen, "Making Content For The Way People Consume Media Today", https：//www.buzzfeed.com/daozers/making-content-for-the-way-people-consume-media-today. 查询时间：2023 年 11 月 12 日。

[2] Dao Nguyen, "Making Content For The Way People Consume Media Today", https：//www.buzzfeed.com/daozers/making-content-for-the-way-people-consume-media-today. 查询时间：2023 年 11 月 12 日。

是制作高质量内容，不管是新闻还是娱乐内容，同时不断推出自己的品牌，如 Tasty、As/Is 和 Bring me。BuzzFeed 希望内容生产者可以免费，而不是让它们隐藏在付费墙后，或被某种形式的订阅阻碍。

对 BuzzFeed 而言，从坚持原生广告第一到实行广告混合路径，保持平衡是关键的一步。BuzzFeed 一直是原生广告行业的先驱，擅长与品牌合作，擅长讲故事，同时也擅长利用数据，为品牌方带来好的解决方案，而不必完全依赖横幅广告业务。随着 BuzzFeed 的广告组合多样化，其收入来源也逐渐多样化。

在首次推出程序化广告一年后，BuzzFeed 推出 BuzzFeed Exchange 横幅广告交易平台，正式扩张其程序化产品供应①。BuzzFeed Exchange 的目标是让广告商更容易获得这种规模化广告，方法是通过购买 BuzzFeed 的所有资产（包括 Tasty、Nifty 和 BuzzFeed News），并利用其第一方数据或内容锁定购买目标。BuzzFeed 全球业务运营副总裁丹·沃尔什（Dan Walsh）指出：BuzzFeed 原生广告一直是我们的核心。BuzzFeed Exchange 是我们业务的补充，也是我们的客户与 BuzzFeed 合作的新方式。从历史上看，BuzzFeed 之所以成功，是因为它能够识别特定的用户群体，并将其与社交媒体上的品牌内容匹配起来。现在，它正在做同样的事情，将广告商与更可能对这些内容感兴趣的读者配对。广告商可以通过 BuzzFeed Exchange 以程序化方式访问预先设定或定制的受众②。

程序化广告是 BuzzFeed 实现收入多样化战略的一部分。BuzzFeed 在努力扩大广告业务的同时，对程序化广告的实施比较谨慎。沃尔什指出："我们想用正确的方式做展示广告，并确保我们在不影响用户体验的情况

---

① BuzzFeed Press, "BuzzFeed Introduces The BuzzFeed Exchange, New Unified Programmatic Offering Across Its Entire O&O Portfolio", https：//www.buzzfeed.com/buzzfeedpress/buzzfeed-introduces-the-buzzfeed-exchange-new-unified. 查询时间：2023 年 11 月 12 日。

② Sarah Sluis, "One Year In, The BuzzFeed Exchange Deepens The Publisher's Programmatic Offering", https：//www.adexchanger.com/publishers/one-year-in-the-buzzfeed-exchange-deepens-the-publishers-programmatic-offering/. 查询时间：2023 年 11 月 12 日。

下实现客户的期望。"[1] 因此，BuzzFeed 一开始就限制了对其广告库存的访问，只连接谷歌 AdX。

第二节　数据驱动的竞争优势

在 2010 年，佩雷蒂为 BuzzFeed 聘请了首位数据科学家，来预测内容如何在互联网上广泛传播。之后，BuzzFeed 的数据科学家团队不断发展壮大。目前，BuzzFeed 的数据科学家团队由 100 多名工程师、产品开发人员和设计师组成。BuzzFeed 的数据规模也在急剧增长，数据科学家团队在分析、建模、数据收集和为公司发展提供洞见方面发挥着关键作用。数据分析驱动着 BuzzFeed 的商业模式不断演化。

一　数据驱动产品开发

与同行相比，BuzzFeed 拥有丰富的用户参与数据，这让它在媒体市场中具有一定的竞争优势。BuzzFeed 每天通过阅读人数、评论、分享和花在内容上的时间会得到数十亿数据点，因此掌握了一系列关于消费者行为有价值的洞见。例如，通过大数据分析，BuzzFeed 发现，在 2017 年，含有奶酪视频的参与度特别高。这让开发人员意识到，黏稠的、融化的奶酪将会是下一季的一种食物趋势。随后，BuzzFeed 利用这一数据分析制作了一系列热门视频，每个视频都获得了超过 500 万的点击量。另一个例子是，BuzzFeed 发现那些关注指尖陀螺的用户也经常关注有关唇膏的内容。基于这一发现，BuzzFeed 开发出了 GlamSpin，结果马上成为一款风靡全球的唇

---

[1] Tim Peterson,"Inside BuzzFeed's pivot to programmatic advertising", https://digiday.com/media/buzzfeed-selling-programmatic-ads-without-alienating-existing-advertisers/. 查询时间：2023 年 11 月 12 日。

膏旋转玩具①。

目前，许多媒体组织注重数据的分析。不过，在 BuzzFeed，任何员工都可以查询他们用来发布内容的数十个平台和合作伙伴收集的海量数据。现在，该公司近一半的员工每月都会收集数据。BuzzFeed 为内容编辑开发了一个名为 Looker 的数据管理工具，这款数据工具让员工能够了解和利用关于 BuzzFeed 内容在各类平台网站上显示的海量数据，工作人员还可以使用 Looker 来寻找各种内容创建的灵感和想法，看看哪些有效，哪些可以做得更好。

通过 Looker 的数据管理平台，新闻组织中的任何人都可以收集关于内容性能的数据，而无需熟悉 SQL 等编程语言②。Looker 也是一个允许用户同时查看多个平台数据的界面。自从使用 Looker 之后，BuzzFeed 的员工能够投入更多的时间和精力来编辑操作其他工具，比如优化缩略图的机器学习工具，或者是一个 Slack 机器人，该数据分析工具还可以告知国外分支机构的编辑，BuzzFeed 生产的内容在这些地区的流行趋势。这也是 BuzzFeed 发现那些奶酪被撕开的视频值得关注的原因。

BuzzFeed 较早采用分布式媒体战略（distributed media strategy），并以此为基础建立了一个庞大的数据信息网络。BuzzFeed 对数据的使用已渗透到其运营的各个领域，从视频战略到标题，再到它的内容形式，并将其作为原生广告提供给广告商。BuzzFeed 已经在内部开发了 20 多个工具，来自不同业务领域的员工可以使用这些工具查询公司收集的数据。这些工具不仅用于分析内容的表现，还用于商业等领域，BuzzFeed 一直在这一领域积极开拓市场空间。

BuzzFeed 积极推动数据民主化的策略是一个明智之举，这也说明为什么媒体组织需要更加了解如何使用数据。在未来的新闻编辑室里，理解和

---

① Roxanne Adamiyatt, "BuzzFeed Is Launching a Fidget Spinner With a Beauty Twist", https://www.usmagazine.com/stylish/news/buzzfeed-is-launching-glamspin-beauty-fidget-spinner-w490222/. 查询时间：2023 年 11 月 12 日。

② 结构化查询语言（Structured Query Language）简称 SQL，是一种特殊目的的编程语言，是一种数据库查询和程序设计语言，用于存取数据以及查询、更新和管理关系数据库系统。

使用数据将是每个员工的一项基本技能。整个媒体组织数据访问的民主化,为 BuzzFeed 带来了额外的利益。现在,它的数据科学团队不再花时间为其他员工寻找资料。相反,他们可以专注于开发更好的工具,以进一步实现对数据的智能使用。

2015 年,BuzzFeed 还推出一个专有的数据分析系统——Pound,该工具能够优化和洞察网络内容扩散的过程①。Pound 主要用于捕捉该媒体组织的内容在社交网络上的传播方式。Pound 是优化和理解网络传播过程的简称(Process for Optimizing and Understanding Network Diffusion),它在共享 URL 中使用匿名散列来跟踪一段内容是如何在网络间传播的。BuzzFeed 的数据科学家阮道指出,BuzzFeed 现在每天存储的 Pound 数据比该公司自成立以来收集的所有其他数据都多,Pound 每秒能够处理超过 10,000 个网络请求。"在这个前所未有的数据集中掌握的知识,可以帮助 BuzzFeed 更好地理解内容,更好地了解读者,以及更好地了解社交网络。有了这种理解,BuzzFeed 就可以获得更大的影响力。"② 佩雷蒂在接受《卫报》采访时也指出,"对于新闻,我们最看重的是影响力,而不是流量。如果我们只关心纯粹的流量,我们就会做娱乐"。③

二 数据驱动的商业模式

内部利用数据可以为 BuzzFeed 提供内容制作方面的独特优势,在未来,BuzzFeed 还试图利用其预测食物趋势和食材病毒式传播的能力,为全球连锁餐厅提供预测性的见解。考虑到这些品牌需要不断开发季节性菜

---

① Dao Nguyen & Adam Kelleher,"Introducing Pound: Process for Optimizing and Understanding Network Diffusion", https://www.buzzfeed.com/daozers/introducing-pound-process-for-optimizing-and-understanding-n. 查询时间:2023 年 11 月 12 日。

② Noah Robischon,"BuzzFeed Unveils Pound To Show How You Really Share Content", https://www.fastcompany.com/3045484/buzzfeed-unveils-pound-to-show-how-you-really-share-content. 查询时间:2023 年 11 月 12 日。

③ Jane Martinson,"BuzzFeed's Jonah Peretti: how the great entertainer got serious", https://www.theguardian.com/media/2015/nov/15/buzzfeed-jonah-peretti-facebook-ads. 查询时间:2023 年 11 月 12 日。

单，BuzzFeed 对食品趋势的预测洞察力非常有价值。BuzzFeed 不仅可以通过用户数据赚钱，还可以通过旗下食品品牌 Tasty 提供咨询服务，帮助全球连锁企业细化产品，确定要捕捉的趋势。

当星巴克等品牌开发秋季菜单，或者麦当劳正在决定是否在菜单上添加更健康的零食选项时，这种合作关系就会显现出来。对于星巴克来讲，BuzzFeed 可以在主要客户群中发现不断上升的受欢迎的食物趋势。此外，BuzzFeed 还可以帮助麦当劳完善产品。比如，如果麦当劳怀疑开心果是否是下一个大热门，它可以让 BuzzFeed 通过一系列相关数据来验证这一假设。这些数据包括开心果主题内容的表现，与开心果相关评论的情感分析，以及与其他坚果相比，开心果食谱被评为美味的评分数据，以及与开心果的配料组合产生最佳参与的数据。通过利用其数据挖掘能力，BuzzFeed 不仅可以帮助麦当劳确定开心果是否会获得成功，还可以提供其他选择，并帮助设计未来的重要菜单。通过分析观众数据和消费者口味趋势的评论，BuzzFeed 可以将其每天数十亿的数据点转化为餐饮品牌的决策方案。最后，凭借对食物趋势的预测能力，以及鉴别即将流行的食材的能力，BuzzFeed 在菜单开发过程中与餐饮品牌合作，从而开辟新的收入来源。

在 BuzzFeed 旗下的众多垂直产品中，Tasty 是利用数据和应用预测分析的理想选择。首先，数据洞察的质量在很大程度上取决于高参与度的受众基础。伊隆大学（Elon University）的一项研究显示，90.2% 的 Tasty 受众每周至少会参与一次节目内容，五名观众中有一人每天会多次观看视频内容。这种特殊的黏性意味着，Tasty 拥有反复观看的用户，从而产生最新的数据洞察。此外，作为美食爱好者的首选平台，Tasty 凭借每段视频的访问量比竞争对手高出 2.4 倍的优势，成为市场领导者。

从创造新的收入来源而言，这是 BuzzFeed 未来可以选择的一个战略。但更为重要的是，BuzzFeed 利用数据分析可以实现"蝴蝶效应"：通过了解受众，BuzzFeed 可以创建吸引这些受众的文章和视频，而不必向不同的用户展示不同的内容。数据可以削弱创造力，也可以激发创造力。一切都取决于媒体组织如何使用它，如何解释它。利用数据作为一种工具来创造额外的收获，而额外收获反过来又会奖励创造力，这是对数据的积极利用。

此外，BuzzFeed 的商务团队一直在为品牌公司提供数据咨询服务，包括利用该公司对千禧一代受众的理解，帮助合作伙伴开发面向目标为年轻一代受众的产品。该团队合作过的品牌包括草坪护理巨头斯科特美乐棵（Scotts Miracle-Gro）和化妆品品牌美宝莲。美宝莲高级副总裁艾米·王（Amy Whang）表示："BuzzFeed 可以告诉我们年轻人在寻找什么，潮流是什么，人们会买什么。我们总是希望能够迅速对市场做出反应，所以我们希望能够在几个月的时间里做出一些东西。"[1] 不过，在激烈的市场竞争中，并非只有 BuzzFeed 会这么做，Tastemade、Spotify 和 Pinterest 等平台也在利用它们的预测分析和趋势洞察，扩展它们的商业模式和核心竞争力，为战略合作伙伴带来创新产品的灵感。

数据在加速新闻媒体数字化转型中起着至关重要的作用。借助数据洞察力和严格的实验，媒体组织能够更好地吸引受众，增加收入来源。新技术和数据基础设施正在成为数字媒体的支柱。得益于机器学习和人工智能，媒体组织可以更多地了解客户，预测行为，并对其进行细分，以更好地适应其产品、服务和营销组合。在 20 世纪，石油带动了经济发展，让许多人创造了财富。作为企业了解用户并与其进行互动的工具，数据已经成为 21 世纪的"新石油"。作为一种资源，数据对于企业组织乃至全球数字经济的发展都至关重要。而媒体组织生产的数据资源，正是人工智能公司训练大语言模型的高质量数据。

第三节 电子商务战略

尽管广告和数字订阅是许多媒体组织收入来源的核心，但媒体组织越来越认识到收入多元化的必要性。目前，许多媒体组织和内容创造者都十

---

[1] Yasmin Gagne, "BuzzFeed's latest viral product doesn't have its name on it", https://www.fastcompany.com/40589910/buzzfeed-is-secretly-helping-companies-create-their-own-viral-products. 查询时间：2023 年 11 月 12 日。

分重视不断增长的替代收入来源。实现收入多元化的方式有很多种，但对一些媒体组织来说，电子商务可能是这些新兴收入战略的关键组成部分。2018 年，美国电子商务市场规模为 5173.6 亿美元，增长 15%。2019 年，全球网络销售额接近 3.46 万亿美元，同比增长 18%，这显然是一个不容媒体组织忽视的巨大增长空间。

一 Tasty 与电子商务

与其他许多媒体组织一样，收入多元化是 BuzzFeed 的一个关键战略目标。2018 年，佩雷蒂表示，BuzzFeed 从 2017 年以前不存在的业务领域获得了超过 1 亿美元的收入，包括电子商务在内的收入，在 2017 年约占该公司 3 亿美元利润的三分之一左右。

为推进电子商务这一长期发展战略目标，2016 年 10 月，BuzzFeed 成立"BuzzFeed 商务部"（BuzzFeed Commerce），专门负责推动电子商务的发展。为此，BuzzFeed 还成立了一个实体部门——BuzzFeed 产品实验室（BuzzFeed Product Lab）[1]，该部门的任务是"创造实物产品和社交商务体验"，它创造个性化的"美味食谱"（Tasty Cookbooks）和"乡愁蜡烛"（Homesick Candles），甚至开发新的品牌智能感应炉灶——Tasty One Top。

就流量和收入而言，BuzzFeed 最成功的视频制作和电子商务收入来源是其食品品牌 Tasty。目前，超过 1 亿人在脸书上关注 Tasty，该美食视频渠道对各大品牌极具吸引力。除了活跃在脸书、Instagram、YouTube 和 Snapchat 等社交平台上，Tasty 还运营着一个独立网站 Tasty.co[2] 和一个移动应用程序[3]，Tasty 推出的烹饪书籍还成为亚马逊的畅销书。

2018 年 3 月，BuzzFeed 与沃尔玛建立合作关系，通过沃尔玛销售 90 多种 Tasty 联名款品牌炊具产品。这并不是媒体组织和零售商的第一次合

---

[1] BuzzFeedPress, "BuzzFeed PRODUCT LABS-Sideways NYC", https://www.buzzfeed.com/buzzfeedpress/buzzfeed-product-labs-sideways-nyc. 查询时间：2023 年 11 月 12 日。
[2] "Tasty", https://tasty.co/. 查询时间：2023 年 11 月 12 日。
[3] "Tasty: Recipes, Cooking Videos", https://apps.apple.com/us/app/tasty-recipes-cooking-videos/id1217456898. 查询时间：2023 年 11 月 12 日。

作。Tasty 通过这种商业伙伴关系模式，从小处着手，然后不断扩大。之后，其他媒体组织也纷纷效仿。Tasty 的成功部分源于 BuzzFeed 认识到，BuzzFeed 应该打造自己的广告产品，通过不依赖平台的方式创造收入。因此，在 BuzzFeed 探索多种收入来源的过程中，电子商务处于核心位置。

BuzzFeed 围绕 Tasty 不断探索新的创收机会——植入式广告，开发 Tasty 品牌冰激凌，授权生产沃尔玛厨具系列，与麦考密克香料公司合作生产不同口味的调味料，BuzzFeed 对出售的每种调味料收取许可费。

Tasty 的购物视频是该公司电子商务良性循环发展的关键，佩雷蒂认为："Tasty 能激发超过三分之二的受众真正模仿食谱视频去实践烹饪。我们是用视频内容推动现实世界的交易。在一个拥有无限选择的世界中，BuzzFeed 是文化、新闻和商务的转换中心（switchboard）。"[①] 很明显，在推动 BuzzFeed 进军电子商务领域的过程中，Tasty 处于核心位置。

目前，BuzzFeed 与沃尔玛的合作伙伴关系继续扩大，不仅仅是销售 Tasty 品牌的厨具。在 Tasty 开发的应用程序中，当用户浏览几千个食谱视频中的任何一个时，这些视频食谱会直接链接到厨房工具、烤具和制作每一道菜所需的用具，例如慢炖锅、不粘锅、量杯或勺子等。2019 年 8 月，随着双方合作关系的继续扩大，Tasty 推出"可购物食谱"（shoppable recipes）。该功能允许顾客将 Tasty 视频中完整的制作食物材料添加到沃尔玛在线购物车中，直接下单购买。之后，用户可以在沃尔玛商店取货或送货上门。这与植入广告不同，Tasty 将线上购物与视频内容整合在一起。通过可购物视频（Shoppable Video），BuzzFeed 开辟了一个全新的收入来源。

随着电子商务的发展，媒体组织的重点是尽可能创造无缝体验，即一个无缝体验的用户旅程。比如，媒体发表了一篇关于健身时穿合适鞋码好处的文章。在这篇文章中，链接了在媒体网站上销售的五款不同的健身运动鞋。可购物内容技术（shoppable content technology）让读者在轻松阅读

[①] Todd Spangler, "BuzzFeed CEO Says Company Is Generating Over $100 Million Annually From Businesses That Didn't Exist Two Years Ago", https://variety.com/2019/digital/news/buzzfeed-ceo-jonah-peretti-100-million-revenue-new-businesses-1203158348/. 查询时间：2023 年 11 月 12 日。

第七章 超越原生广告

内容的时候，可以随时将健身运动鞋添加到购物车中。

在制定电子商务战略时，媒体组织根据自己与受众的现有关系确定价值主张，这在战略上具有重要意义。在竞争激烈的市场中，媒体信任和知名度是非常有价值的商品。在某种程度上，最好的电子商务产品都应该是品牌的延伸。从历史上看，媒体组织在这方面做得并不好。佩雷蒂认为，"这是传媒业长期存在的一个问题，内容创造者提供了购买新产品、度假或观看新节目的灵感，但并没有捕捉到大部分内容所创造的经济价值。有时被称为'归属问题'（attribution problem），谷歌和脸书等中间商最终会获取他们没有创造的价值。现在，我们看到了一个真正的机会，可以收回一部分利润。"①

图 7.1　BuzzFeed 以 Tasty 电子商务为核心的战略

二　BuzzFeed shopping②

除了 Tasty 之外，BuzzFeed 在电子商务活动中典型的营销战略，还有带有商务链接的清单体文章。比如，"你在亚马逊上可以买到的 30 件 10 美

---

① Indrajeet Deshpande，"How BuzzFeed's Tasty Took Over the Internet"，https：//www.spiceworks.com/marketing/advertising/articles/how-buzzfeeds-tasty-took-over-the-internet-8/. 查询时间：2023 年 11 月 12 日。

② "BuzzFeed Shopping"，https：//www.buzzfeed.com/shopping. 查询时间：2023 年 11 月 12 日。

· 153 ·

元以下人们非常喜欢的东西"①，以及"19种带有前后对比照片的护肤品"②。BuzzFeed是亚马逊流量排名前五的网站。这种类型的商务内容在BuzzFeed网站中随处可见。

在探索电子商务发展的过程中，BuzzFeed还在亚马逊上开了一家售卖商品的商店，出售与BuzzFeed相关的物品，以及在自己的网站上开设独立的购物商店：Shop BuzzFeed③。此外，BuzzFeed还成立了许多公司，包括与梅西百货合作的一家家居用品公司。

佩雷蒂认为电子商务将会是未来该公司的核心商业战略，"我们正在创造能够从多种渠道获得收入的内容和品牌：商业、广告、平台收入和节目开发。"通过这种方式使收入多样化，相应地降低对原生广告的依赖，BuzzFeed采取的策略是确保BuzzFeed旗下的其他媒体品牌，比如Tasty、Nifty、Goodful等提供生活内容的品牌，实现可持续的收入增长，同时这也为BuzzFeed带来更多新的收入机会。BuzzFeed甚至与成人用品公司合作，创建了自己的成人用品电子商务频道④。

三 品牌授权收入

媒体组织通过授权，可以将品牌延伸转变成稳定的收入来源。对于媒体组织而言，授权（licensing）收入有时是一个可观的收入来源。一些媒体组织通过与制造商和零售商建立授权关系，并将他们的品牌扩展到各种产品上，创造了持续的收入来源。比如，迪士尼、花花公子、赫斯特集团等老牌媒体公司。在过去10年中，品牌授权（brand licensing）的重要性

---

① Katy Herman, "30 Things Under ＄10 You Can Get On Amazon That People Actually Swear By", https：//www.buzzfeed.com/katyherman/things-under-10-you-can-get-on-amazon-that-people. 查询时间：2023年11月12日。

② Jennifer Tonti," 19 Skincare Products With Dramatic Before－and-After Photos", https：//www.buzzfeed.com/jennifertonti/skincare-products-with-dramatic-before－and-after-photos? origin=nofil. 查询时间：2023年11月12日。

③ "Shop BuzzFeed", https：//shop.buzzfeed.com/. 查询时间：2023年11月12日。

④ "Sex Toys", https：//www.buzzfeed.com/shopping/sex-toys. 查询时间：2023年11月12日。

越来越大，已经成为这些媒体组织多元化收入计划的战略组成部分。赫斯特媒体集团甚至开始开发自己的产品，比如，瑜伽垫。

几年前，BuzzFeed 开始涉足授权业务，目前这类收入大幅增长。数十年来，迪士尼的各种卡通形象一直是我们熟悉的形象，但产品授权往往是媒体组织的一项附加工作。现在，许多媒体公司正在拓展这方面的业务，并将自己的品牌更深入地融入产品营销和供应链开发中。

在品牌授权方面，BuzzFeed 一开始规模很小，只推出了一套烹饪手册来扩展 Tasty 品牌，随后又推出了一系列在沃尔玛销售的厨具。现在，该公司已经通过与雀巢冰激凌、麦考密克混合香料和葡萄酒公司 Wines That Rock 合作，迅速扩大授权产品种类。

Tasty 品牌还扩大到汤、意大利面、烘焙包和冰沙等产品。现在，该媒体组织还通过各种合作，将 Tasty 厨具项目推广到欧洲、中东、非洲和拉丁美洲。媒体组织授权的机会来自专业知识和信誉，当然还有媒体组织拥有的大量读者。制造商越来越愿意与媒体组织合作，生产授权品牌产品，因为这些媒体组织拥有一系列数字资产，即吸引人的内容和强大的社交媒体账户。此外，他们还拥有数以百万计用户的数据。

媒体组织和零售商之间的合作也有利于实体店的经营。例如，BuzzFeed 和沃尔玛之间的合作提升了沃尔玛的战略优势，这一合作为沃尔玛这个零售巨头增加了数字光环效应，并使其产品远离网络零售巨头亚马逊的掌控。从媒体组织的角度来看，这也是接触到他们受众的一个机会，这些媒体组织的受众会在这些新环境中一下识别出他们熟悉的数字媒体品牌。通过合作伙伴关系还可以让媒体组织进入零售领域，接触到更多的客户，而无需投入昂贵的开店成本。

BuzzFeed 的电子商务品牌 Tasty 希望通过将烹饪过程的每个阶段货币化，为其创造更多机会，带来更多收入。2020 年，BuzzFeed 宣布了新的品牌授权项目：与通用磨坊（General Mills）合作生产四款套餐包。在新型冠状病毒疫情大流行期间，经济紧缩促使媒体组织寻找新的收入来源，品牌授权成了一个特别有吸引力的路径，尤其是对于像 Tasty 这样拥有大量活跃用户的生活方式品牌。

BuzzFeed 负责全球品牌授权的高级副总裁埃里克·卡普（Eric Karp）

指出，这些新产品将使 Tasty 不断扩大的 250 种授权产品名单更加庞大。[1] 2020 年，Tasty 授权产品的全球销售额超过 2.5 亿美元。广告仍然是 BuzzFeed 的主要收入来源，但授权收入逐渐成为一个快速增长的领域。在过去三年中，得益于与沃尔玛、麦考密克、雀巢和通用磨坊等公司的战略合作，Tasty 总收入平均增长 30%。

就 Tasty 而言，授权产品有三个功能：产生收入，保护品牌商标，作为一种营销策略。尽管餐包零售价仅为 2.99 美元，Tasty 在合作过程中几乎不承担任何费用，但每次销售都会获得特许权使用费，这让授权合作成为一种纯粹的赚钱机会。作为回报，通用磨坊会获得三个主要好处：相关性的提高、销售额的增长，以及为期两年的媒体曝光。事实上，与像 Tasty 这样的年轻品牌合作，还可以让通用磨坊与年轻客户群体级建立密切联系。

与一个年轻化品牌合作对通用磨坊来说是件好事，因为这让通用磨坊变得重要，并在整个社区中获得了一些信誉，否则年轻人不会真正将其视为一个品牌。这种合作能够跨越不同的行业，就好像麦当娜与崭露头角的艺术家合作来保持相关性。通过 Tasty 在视频中宣传通用磨坊品牌产品，通用磨坊在 BuzzFeed 的食品爱好者中，有机会逐渐获得越来越高的品牌知名度。

在美食视频领域，Tasty 目前占主导地位，它在 Instagram 上的 4000 万粉丝让 Food Network、Bon Appétit 等竞争对手相形见绌——这两家媒体的粉丝分别有 1100 万和 400 万。在观看 Tasty 视频的人群中，有大约 80%的人会模仿 Tasty 食谱制作相关美食。这些数据意味着，包含在 Tasty 食谱中的任何一种产品，很有可能转化为现实世界中真实具体的物品销售。对 Tasty 而言，进军授权商品领域也提供了有价值的营销功能，这意味着线下世界和数字世界的融合。Tasty 还在全球最大的食品杂货连锁店沃尔玛有大量门店。

在疫情暴发前不久，Tasty 和通用磨坊便开始合作。在新冠疫情颠覆了

---

[1] Mark Stenberg, "Tasty's Licensing Partners Sold More Than $250 Million of Branded Merchandise in 2020", https://www.adweek.com/media/buzzfeeds-tasty-generated-more-than-250-million-through-product-licensing-in-2020/. 查询时间：2023 年 11 月 12 日。

原有的消费格局之后，两家公司意识到，这场危机为食物产品创造了机会，而他们可以帮助居家隔离者在家做饭，并打破疫情期间在家隔离带来的单调烹饪。

通用磨坊品牌经理卢克·尼特哈默尔（Luke Niethammer）指出："一段时间以来，我们一直有兴趣与 Tasty 合作。当疫情暴发时，我们看到消费者的反应是重新在家做更多的饭菜，这一合作将使我们能够将创新产品及时推向市场，满足消费者的需求。"① 这项交易的有效期为两年，Tasty 的目标是让这一合作持续下去。

四 品牌延伸战略

在当下竞争激烈的市场中，品牌延伸战略对于保持相关性至关重要。在某种程度上，品牌延伸是实现营利增长的合理方式，然而，许多公司都在为延伸多远、具体延伸到哪里，以及如何确保成功而努力。营销人员需要衡量每一个潜在的品牌延伸，看它如何有效地利用母品牌的品牌资产，以及它如何有效地贡献母品牌现有资产。品牌延伸战略是将公司的影响力扩展到新领域和新产品的一种便利方式。如果使用得当，品牌延伸可以增强公司的信誉，帮助公司与新的受众建立联系，甚至可以提升公司在世界各地的形象。

佩雷蒂一直在强调："我们的内容推动了现实世界的交易。"② 很明显，来自 Tasty 的经验将影响 BuzzFeed 如何继续进军电子商务领域。在未来的商业战略中，Tasty 业务产生收入的所有方式，都会被推广到 BuzzFeed 整个公司。电子商务是 BuzzFeed 多元化战略的核心。食品品牌 Tasty 作为该公司最成功的产品之一，它的业务范围和收入来源已经远远超出了 BuzzFeed 的核心网站和社交媒体渠道。BuzzFeed 的原生广告收入在 2017 年

---

① Mark Stenberg, "Tasty's Licensing Partners Sold More Than $250 Million of Branded Merchandise in 2020", https://www.adweek.com/media/buzzfeeds-tasty-generated-more-than-250-million-through-product-licensing-in-2020/. 查询时间：2023 年 11 月 12 日。

② Jonah Peretti, "BuzzFeed In 2020: How we will continue to transform our business", https://www.buzzfeed.com/jonah/buzzfeed-in-2020. 查询时间：2023 年 11 月 12 日。

占该媒体组织总收入的60%，到2019年原生广告收入下降到30%，但电子商务收入从2017年占总收入的9%，上升到2019年占总收入的21%。

媒体组织存在着各种各样的电子商务机会。对于任何有意挖掘电子商务潜力的媒体组织来说，这一路径不仅具有战略意义，而且由于他们与用户之间的现有关系，这可能也是更加方便执行的商业战略之一。尽管这并不容易，但与尝试创造生产全新的内容相比，利用现有内容和消费者需求具有明显的战略优势。

媒体组织的电子商务业务仍处于早期阶段。大多数内容生产者从电子商务中获得的收入与其他收入来源相比仍然很少。在2018年，美国全国广播公司（NBC）旗下的TODAY频道创造了6000万美元的电子商务收入，这听起来让人感到收入不少，但与2016年全国广播公司新闻报道带来的5.09亿美元广告收入相比，我们就会发现这部分收入其实没多少。同样，2018年《纽约时报》创造了7.09亿美元的总收入，其中大部分来自订阅和广告。其他数字收入，主要是联营推荐收入（affiliate referral revenue），只贡献了4940万美元。不过，随着网络购物越来越渗透到人们的生活中，媒体组织越来越熟悉这一经营战略，电子商务将成为媒体组织越来越重要的收入来源。

第四节　数字新闻会员模式

一　成立独立新闻机构

BuzzFeed News成立于2012年，是一家全球性新闻机构，主要为读者提供原创新闻报道和视频节目。BuzzFeed News的使命是向读者报道他们关心的事件、重大新闻，揭露社会生活中的不公正现象①。2018年，

---

① "About BuzzFeed News"，https：//www.buzzfeednews.com/article/buzzfeednews/about-buzzfeed-news. 查询时间：2023年11月12日。

BuzzFeed 推出独立的新闻网站——BuzzFeed News.com[①]，这个新闻网站没有原生广告，虽然原生广告仍是 BuzzFeed 的主要收入来源。BuzzFeed News 网站上唯一的广告是展示广告。和 BuzzFeed 的其他业务一样，横幅广告只是新闻营利方式的一部分。新闻业务已经成为 BuzzFeed 业务的一个重要组成部分。该新闻网站在启动时只包含横幅广告，但 BuzzFeed 试图寻找新的合作伙伴，继续寻求机会来释放 BuzzFeed 新闻的巨大价值。随着 BuzzFeed 将新闻发展为一个独立品牌，仅通过横幅广告将很难获取更多收入，这也迫使 BuzzFeed 通过其他方式获取收入。

BuzzFeed 的新闻部门长期以来一直给公司的整体财务状况带来压力，一些投资者甚至质疑其对公司整体业务的价值。佩雷蒂曾向董事会表示，新闻部门带来了许多早期竞争对手所缺乏的关注度和威望，但他也承认，新闻部门的运营费用已经变得不可持续。由于新闻室的编辑人数裁撤，员工获得的生产资源逐渐缩小。

经过裁员、削减海外业务以及部分员工重新调配，BuzzFeed News 拥有约 100 名记者，约是之前的一半。但 BuzzFeed 的新闻部门因其政治和国际报道，以及调查新闻报道而在新闻界享有很高的声誉。2018 年，BuzzFeed 因报道俄罗斯总统普京的政敌在海外遭到暗杀而入围普利策奖国际报道提名奖。2020 年 9 月，BuzzFeed 牵头调查了提交给美国财政部金融犯罪执法局的可疑银行活动报告。2021 年对新闻部门来讲是比较重要的一年，在这一年，BuzzFeed News 获得普利策新闻奖。不过，创建新闻部门的本·史密斯于 2021 年 1 月离职，成为《纽约时报》的专栏作家。2021 年 5 月，马克·斯库夫斯被任命为 BuzzFeed 新闻部的总编辑。

二 会员模式

在过去几年未能实现业务目标后，BuzzFeed News 开始采取一系列策略来实现收入来源的多样化，会员计划是其中之一。谷歌新闻计划支持了 BuzzFeed News 正在开发的会员计划。谷歌与 BuzzFeed 合作，试图帮助

[①] "BuzzFeed News", https://www.buzzfeednews.com/. 查询时间：2023 年 11 月 12 日。

BuzzFeed 探索不同的商业模式，并了解读者对这种模式的反应。会员捐赠者有机会"第一时间接收 BuzzFeed 新闻编辑室的最新消息"，并"帮助塑造 BuzzFeed 新闻的未来"。

BuzzFeed 希望这些会员捐款将成为其收入多样化的重要组成部分。BuzzFeed 效仿《卫报》等业内同行，将会员捐赠视为支持新闻报道的一种方式，同时保证让 BuzzFeed 新闻对所有人都免费。帮助 BuzzFeed 快速增长的数字力量——像脸书和谷歌这样的数字平台——在过去几年有很大改变。由于算法的调整（主要是脸书）和日益增长的广告双头垄断，媒体公司的收入要么停滞不前，要么下降。因此，BuzzFeed 新闻部门试图向读者寻求帮助，以寻找赖以生存的策略。

为了实现营利，在 2018 年，BuzzFeed News 与谷歌正式合作，推出会员制模式，让读者为新闻机构捐助资金。这种新闻运作模式与《卫报》向读者募集捐款非常类似，BuzzFeed News 在网页上添加了募集 5 美元至 100 美元小额捐款的信息。

和《卫报》一样，BuzzFeed News 也坚持成为自由开放网络的一部分。与许多新闻机构一样，它也渴望利用人们越来越愿意为优质新闻付费的趋势，从《纽约时报》《华盛顿邮报》《大西洋月刊》等传统媒体数字订阅的不断增长就可以看出这一点。设置付费墙对当下的新闻组织具有重要的意义，但新闻组织实现教育和告知广大公众的媒体职能也很重要。如果每家新闻机构都把大部分内容放在付费墙后面，就很难有知情公民。

三　众筹会员计划

2020 年，BuzzFeed 发起新的众筹会员计划——"帮助我们发现真相"（Help us find the truth）[①]。这个会员模式类似于众筹新闻模式，众筹资金最低 5 美元，最高 500 美元（＄5、10、20、40、50、100、200、500）。在特朗普执政期间，BuzzFeed 调查记者根据《信息自由法》（FOIA）提起了

---

① "Become A BuzzFeed News Member – BuzzFeed News Membership"，https://support.buzzfeednews.com/. 查询时间：2023 年 11 月 12 日。

58起诉讼，比美国任何其他媒体机构都多。在2020年，BuzzFeed为支持《信息自由法》运作，花费了8万多美元的法律费用。BuzzFeed承诺在2021年加大调查力度。BuzzFeed提交的《信息自由法》诉讼计划揭露了公众需要了解的关于特朗普政府的故事，政府如何处理疫情，以及更多相关信息。

为此，BuzzFeed请求读者帮助实现2021年向《信息自由法》基金提供10万美元的新目标。截止到2021年3月15日，所有注册的BuzzFeed新闻会员或一次性捐款都将流向BuzzFeed的信息自由基金。当读者捐款时，就自动成为BuzzFeed News的会员，并会收到会员专享新闻电子邮件。

BuzzFeed News的新闻记者主要通过展示证据来赢得读者的信任。BuzzFeed做到这一点的方法之一就是利用《信息自由法》揭露政府想要保密的文件。当政府不遵守《信息自由法》的要求时，BuzzFeed会将其告上法庭。从起诉司法部揭露穆勒调查的秘密，到揭露政府在新型冠状病毒疫情大流行早期阶段所知道的情况，BuzzFeed通过《信息自由法》获得的文件为读者提供了在其他地方无法获得的事实信息。但是，开展这项工作既昂贵又耗时，因此，BuzzFeed请求读者帮助实现2021年为《信息自由法》基金筹集10万美元的目标。

面对数字时代不断变化的挑战，如果没有足够的资金支持，高质量的新闻报道很难在任何规模上生存。为了进入高质量内容生产领域，BuzzFeed一直在坚持制作调查新闻和数据报道。BuzzFeed News通过实施会员制模式，让其收入来源多元化，为高质量新闻生产提供了一种可持续发展模式。当然，BuzzFeed制作的新闻和信息涉及公共利益，因为它在确保公民获得充分信息方面发挥着关键作用。正如佩雷蒂所说："如果你考虑的是选民，那么媒体的订阅模式并不支持广大公众。"[1] 在2023年，由于BuzzFeed News经营状况一直不太好，运作成本一直居高不下，而且没有营利收入，最终佩雷蒂下令关闭了这个被许多新闻人看好的数字新闻组织，转而去推动《赫芬顿邮报》的发展。

---

[1] Jonah Peretti, "2019 Update On Diversity At BuzzFeed", https：//www.buzzfeed.com/jonah/2019-update-on-diversity-at-buzzfeed. 查询时间：2023年11月12日。

第五节　并购《赫芬顿邮报》实现新闻扩张

一　与赫芬顿邮报合并

BuzzFeed 一直在探索合并，试图通过扩大规模来推动增长。2020 年 11 月，BuzzFeed 宣布从威瑞信媒体集团手中收购《赫芬顿邮报》。这一并购让 BuzzFeed 充实了自己的新闻报道力量，在对 BuzzFeed News 进行多轮裁员之后，此次并购会让 BuzzFeed 扩大新闻报道范围，同时接近更多的新闻受众。并购之后，BuzzFeed News 和《赫芬顿邮报》将保持独立，但 BuzzFeed 实际上可以通过挑选《赫芬顿邮报》的新主编来选择发展方向。

此次收购是 BuzzFeed 与威瑞森传播公司旗下子公司威瑞信媒体集团之间一笔规模较大的交易的一部分。根据协议，两家公司将在彼此的平台上联合发布内容，并寻求共同的广告机会。此外，威瑞信媒体集团还对 BuzzFeed 进行了一笔未披露的现金投资。

BuzzFeed 创始人兼首席执行官佩雷蒂负责合并后的公司。在并购的联合声明中，两家公司指出，BuzzFeed 和《赫芬顿邮报》拥有互补的受众，并将从更大的规模中受益。BuzzFeed 和《赫芬顿邮报》将保持各自的特色与优势，各自拥有自己的编辑人员。佩雷蒂在 15 年前帮助创办了《赫芬顿邮报》。作为协议的一部分，威瑞信传媒集团将成为 BuzzFeed 的小股东，但不会在 BuzzFeed 董事会拥有席位。佩雷蒂在一份声明中指出："我们对与威瑞森媒体的合作感到兴奋。通过在彼此的资产上聚合内容、在创新广告产品和商业未来方面进行合作，以及利用威瑞信传媒的优势和创造力，我们将实现互利互赢。"[①]

[①] Hayley Miller, "BuzzFeed To Acquire HuffPost In Multiyear Partnership With Verizon Media", https://www.huffpost.com/entry/buzzfeed-to-acquire-huffpost _ n _ 5fb6b4c9c5b6 f00bd84e74b3. 查询时间：2023 年 11 月 12 日。

《赫芬顿邮报》曾是美国访问量最大的新闻网站之一，但近年来，由于对社交媒体的过度依赖和缺乏战略远见使其逐渐失去了影响力。《赫芬顿邮报》的高质量新闻报道和庞大的读者网络，使其能够在互联网上产生一定的影响力。但由于一直不营利，威瑞森传媒集团多年来一直在为《赫芬顿邮报》寻找买家。

二 合并背景

几年前，BuzzFeed 和《赫芬顿邮报》等数字媒体公司的广告收入以惊人的速度增长，因为在线读者纷纷涌向快节奏的新闻、生活方式和娱乐内容，随之带来不少广告收入。但是，随着科技巨头脸书和谷歌攫取了大部分数字广告收入，数字媒体业务变得越来越具有挑战性。在 2020 年，BuzzFeed 实现营利，这是 2014 年以来的第一次营利，该公司主要通过裁员、临时休假和其他削减措施节省了资金。

BuzzFeed 和《赫芬顿邮报》合并的真正原因是，两家公司的网站流量都在下滑。据网络分析公司 Comscore 的数据，BuzzFeed 2020 年 10 月份的流量较去年同期下降了近 23%，网站的独立访问者为 6900 万。《赫芬顿邮报》2020 年 10 月份的访问量为 3600 万，同比下降约 5%。

对佩雷蒂来说，与《赫芬顿邮报》的合并交易有某种回家的意义。2005 年，他与阿里安娜·赫芬顿和肯尼斯·莱勒一起创办了该网站。《赫芬顿邮报》作为"德拉吉报告"等聚合新闻网站的替代品推出，最初依靠创始人赫芬顿的名人朋友关系网，该网站成为早期的流量引擎，部分原因是它掌握了用户在谷歌上搜索新闻的方式。在交易过程中，佩雷蒂指出："几年来，我每时每刻都在关注《赫芬顿邮报》，以及如何将其发展壮大，如何将其转变为互联网上领先的媒体品牌，因为这个品牌的历史，我和它有着很深的联系。但对我来说，这与怀旧无关，这关乎未来、品牌和受众。"[①]

---

① Max Willens, "'They wanted to unload it bad': Why HuffPost made sense for BuzzFeed – and Verizon Media Group", https://digiday.com/media/they-wanted-to-unload-it-bad-why-huffpost-made-sense-for-buzzfeed-and-verizon-media-group/. 查询时间：2023 年 11 月 12 日。

近年来，BuzzFeed 的增长明显放缓。2017 年，该公司没有达到营收目标。BuzzFeed 最近几年的损失超过 5 千万美元。在风险投资的推动下，康卡斯特集团旗下的 NBC 环球向该公司投资了 4 亿美元，在 2016 年的一轮融资中对该公司的估值为 17 亿美元。但在 2020 年，新型冠状病毒疫情大流行给 BuzzFeed 如何获得广告收入带来了更大压力。

2011 年，美国在线以 3.15 亿美元收购《赫芬顿邮报》，2015 年，威瑞信传媒收购了美国在线。创始人阿里安娜·赫芬顿于 2016 年离开公司，将注意力转向自己的健康初创公司。2016 年，该网站更名为 HuffPost。与此同时，威瑞信传媒一直在削减之前的媒体业务，并将重点重新放在部署 5G 无线网络上。

三 受众互补

这一并购为 BuzzFeed 提供了一个直接渠道，让其能够接触到年龄较大的互联网用户群体，这些用户可以补充 BuzzFeed 的受众群体，并使其多样化，尤其在它的新闻和商业内容。《赫芬顿邮报》拥有较为稳定的受众。SimilarWeb 提供的数据显示，《赫芬顿邮报》网站每月平均吸引 8100 万独立用户，大约是 BuzzFeed News 同期用户数量的四倍。其中相当大比例的用户是桌面电脑用户，57% 的用户主要通过桌面电脑浏览《赫芬顿邮报》。

《赫芬顿邮报》吸引了较为富裕的读者。《赫芬顿邮报》的用户群体并不是特别年轻的用户群体，SimilarWeb 提供的数据显示，37% 的访问者年龄在 45 岁以上。但这个受众群体比 BuzzFeed 的受众群体更富有。此外，BuzzFeed News 和《赫芬顿邮报》的受众并不重叠，这使得 BuzzFeed 的新闻受众每月有近 1 亿独立用户。拥有一定经济实力的老年用户，可能会进一步推动两家公司电子商务收入的进一步增长。

由于 BuzzFeed 和《赫芬顿邮报》吸引的读者不同，这两家媒体的受众更多是互补的，而不是重叠，这有助于 BuzzFeed 和《赫芬顿邮报》合并后的销售宣传。受众之间的重叠相当有限，大概有 15%—20% 访问 BuzzFeed 网站的人会访问《赫芬顿邮报》。《赫芬顿邮报》的核心受众群在 35 岁至 54 岁之间。因此，《赫芬顿邮报》的用户是年长的千禧一代，而 BuzzFeed

的用户是年轻的千禧一代。

合并后《赫芬顿邮报》拥有很大的独立性和自主权，可以决定自己的发展方向。BuzzFeed 将对《赫芬顿邮报》的战略发展起到补充作用，为其注入新的活力。事实上，即使 BuzzFeed 不并购《赫芬顿邮报》，它在威瑞森传媒集团也已经不受欢迎。在强调威瑞森传媒集团的成就和进步的企业内部邮件中，《赫芬顿邮报》几乎从未被提及，其中主要的原因是，《赫芬顿邮报》一直不营利。威瑞森传媒集团也一直在计划着把它卖掉。

BuzzFeed 收购《赫芬顿邮报》是佩雷蒂实现规模扩张的战略计划，并购不大可能马上就会带来收入的增长。但在当前严峻的广告环境下，这是一个比较可行的发展战略。通过这笔交易，BuzzFeed 获得了投资、规模和年长受众，还获得了更多新闻资源，同时还可以使用威瑞信传媒集团的广告平台。BuzzFeed 为《赫芬顿邮报》提供了一个合适的归宿。由风投和广告支持的 BuzzFeed，是数字媒体行业健康状况的风向标，也是媒体行业分析师主要关注的对象。通过收购《赫芬顿邮报》，两家公司合并后的规模不会比整体大多少，但考虑到广告市场的挑战，两家公司合并后的前景较为乐观。因此，从某种意义上来讲，这是一次防御性的横向合并，其目的是生存。

四 规模优势

尽管 BuzzFeed 在订阅和电子商务创收方面取得了成功，但该公司一直在寻求合并扩大规模，以谋求未来的发展。收购《赫芬顿邮报》延续了媒体公司大规模整合的趋势。在由脸书和谷歌主导的广告市场中，越来越多的数字媒体行业寻求获得一席之地的途径。在 BuzzFeed 与《赫芬顿邮报》达成交易之前，曾有过类似的合并。2019 年，Vice 媒体集团收购了 Refinery29，Vox 媒体集团收购了纽约媒体集团，第九集团媒体收购了 PopSugar。BuzzFeed 与《赫芬顿邮报》之间的这笔交易，是这些知名数字媒体组织之间的第四笔重大合并。数字新闻需要规模才能生存——甚至这些交易也可能不足以维持其运营。BuzzFeed 还在计划其他可能的收购。

以往的单个媒体组织正在将自己重新整合为媒体集团。通过扩大内容组合，这些公司正在为增加受众、更好地与大型媒体公司和数字平台争夺广告客户做准备。这些整合给了它们与数字巨头进行竞争的规模，这对媒体生态来讲具有比较重要的意义。近年来，BuzzFeed 和《赫芬顿邮报》都经历了几轮裁员，一直举步维艰。对 BuzzFeed 的整体业务扩张来说，扩大规模是正确的选择。

2005 年《赫芬顿邮报》创刊时，数字媒体市场还是一个相对开放的领域，但现在已经变得越来越拥挤，竞争也越来越激烈。佩雷蒂在 2018 年接受《纽约时报》采访时指出，"如果将 BuzzFeed 和其他五家最大的公司合并成一个更大的数字媒体公司，那么就可能赚取更多利润。"[①] BuzzFeed 计划把《赫芬顿邮报》加入它的大型品牌网络，这些品牌在社交媒体上表现良好，而且擅长电子商务销售，比如 Tasty。《赫芬顿邮报》是为数不多的广为人知的数字内容品牌之一，拥有庞大的规模，以及热情、忠诚的用户。通过这笔交易，佩雷蒂推进了 BuzzFeed 对规模的追求，也有了进一步抗衡数字市场垄断巨头的可能性。如果媒体组织处于保持增长的位置，保持一定的规模是有帮助的，因为这可以降低运营成本。

五 促进广告业务的发展

BuzzFeed 从威瑞森传媒集团手中收购《赫芬顿邮报》，还会提升《赫芬顿邮报》的广告业务，这将延伸至 BuzzFeed 的其他新闻资产及其更广泛的投资组合。尽管《赫芬顿邮报》有一定的声誉，但这家新闻组织在广告界的地位近年来有所下滑。相比之下，BuzzFeed 的销售团队在直接向与其特定业务相关的广告商推销交易时要活跃得多，比如 Tasty。BuzzFeed 更广泛的销售机会也将使《赫芬顿邮报》受益。

脸书等数字平台的开放市场上存在大量虚假信息，这促使广告商重新

---

① Edmund Lee、Tiffany Hsu,"BuzzFeed to Acquire HuffPost From Verizon Media", https://www.nytimes.com/2020/11/19/business/media/buzzfeed-huffpost.html. 查询时间：2023 年 11 月 12 日。

考虑优先与单个媒体组织合作。广告商开始意识到，场景很重要，社交平台、谷歌和媒体组织都扮演着重要角色。与过去相比，广告商可能会直接与媒体组织合作，以减少受众重叠和广告资金浪费。BuzzFeed 和《赫芬顿邮报》正好符合这个标准。

BuzzFeed 与《赫芬顿邮报》的合并，还可能会带来协同效应。内容聚合、新的销售机会、电子商务，会为两家公司创造更多的收入来源。随着《赫芬顿邮报》的加入，BuzzFeed 的媒体网络将拥有更多的用户，他们在内容上花费的时间比同行都要多。

BuzzFeed 可以在内容规模的两端发挥作用：一边是深度报道、屡获殊荣的调查新闻，一边是迅速传播的"清单体"内容。BuzzFeed 还可以继续通过旗下品牌（BuzzFeed、HuffPost 和 Tasty）尝试寻找可持续的商业模式。正如哥伦比亚新闻学院数字新闻中心主任艾米丽·贝尔（Emily Bell）所指，规模缩小会导致投资减少，对新闻业和信息的准确传播都非常不利。[1]

第六节　并购上市

2021 年，媒体并购的浪潮再次高涨，其中最典型的便是 BuzzFeed 收购 Complex Networks。BuzzFeed 通过特殊目的收购公司（special purpose acquisition company，SPAC）与空白支票公司 890 Fifth Avenue Partners Inc.[2] 合并上市。作为交易的一部分，BuzzFeed 从赫斯特和威瑞信手中收购了 Complex Networks。这笔交易可能会刺激 BuzzFeed 收购更多数字媒体公司，以推动该媒体组织下一阶段更大的整合。在 2020 年初 BuzzFeed 开始探索公开上市（IPO），但由于大流行的影响，暂停了这一计划。

---

[1]　Live @ Lippmann, "Emily Bell Says it's Time to Reframe How Journalists Report on Truth, Misinformation", https：//niemanreports.org/articles/emily-bell-says-its-time-to-reframe-how-journalists-report-on-truth-misinformation/. 查询时间：2023 年 11 月 12 日。

[2]　890 Fifth Avenue Partners Inc. 是一家科技、媒体和电信 SPAC，其信托账户中拥有 2.88 亿美元现金。

这笔并购交易对 BuzzFeed 的估值为 15 亿美元,并购交易计划在 2021 年年底完成。BuzzFeed 以 3 亿美元（2 亿美元现金和 1 亿美元 BuzzFeed 股权）收购 Complex Networks，并将 Complex Networks、BuzzFeed、BuzzFeed News、Tasty 和《赫芬顿邮报》整合在一个媒体集团内。根据 Comscore 提供的数据，BuzzFeed 网站在 2021 年 5 月有 7230 万独立访问者，Complex.com 有 3860 万独立访问者。

BuzzFeed 在给投资者的报告中指出，该公司 2020 年的年收入为 3.21 亿美元，预计 2021 年的收入为 5.21 亿美元，到 2022 年该公司收入预计会达到 6.54 亿美元。在 2020 年，BuzzFeed 已经实现营利，Complex Networks 在 2021 年也有望实现营利。BuzzFeed 创始人佩雷蒂将继续担任首席执行官。就像《赫芬顿邮报》一样，Complex Networks 将在 BuzzFeed 媒体集团内保持编辑独立性。

BuzzFeed 并购 Complex Networks，一来是为了上市，二来还是为了收入来源的多元化，尤其是电子商务收入。BuzzFeed 预计到 2024 年，电子商务收入将占合并后公司总收入的 31%。2020 年，电子商务收入占该公司总收入的 13%。在 2019 年进行一系列裁员之后，BuzzFeed 建立了更加多元化的业务，包括关联链接（affiliate links，每当读者通过推荐列表购买产品时，BuzzFeed 就会收取佣金）、授权业务和产品开发，比如，Tasty 品牌炊具。Complex Networks 将受益于 BuzzFeed 的数据科学、分销网络和电子商务业务，以推动收入增长。

Complex Networks 拥有 Complex、First We Feast、Pigeons& Planes、Sole Collector 和 Complex Con Festival 等品牌，这些垂直品牌分别专注于流行文化、美食、音乐和街头服饰。它的垂直行业吸引了比 BuzzFeed 更男性化、更多样化的受众。The Information 报道，2019 年 Complex Networks 收入约为 1 亿美元。在 Complex Networks 的业务中，广告收入只占不到 50%，其余的业务收入主要来自电子商务、授权、组织活动和提供创意服务。

BuzzFeed 上市，标志着该公司长期以来的不确定性时代结束，这有助于该数字媒体公司开拓市场。BuzzFeed 原本计划在 2018 年上市，但在脸书改变其内容算法后，这一计划被搁置。在制定并购上市计划之前，

BuzzFeed曾与Group Nine media和Vox media等其他数字媒体集团讨论过可能的合作或合并。

东北大学新闻学教授丹·肯尼迪（Dan Kennedy）指出："如果佩雷蒂和他的公司真的不打算裁员，那么他们必须相信，规模将使他们能够与脸书和谷歌竞争广告业务，而这是他们现在无法做到的。"[1] 随着大流行后广告市场的改善，BuzzFeed有能力将增长放在首位，与《赫芬顿邮报》不同，Complex Networks处于有利地位，可以为BuzzFeed做出更大贡献。此次合并是BuzzFeed引领数字媒体公司整合的开始。有人甚至将BuzzFeed称为"并购机器"（M&A machine）。佩雷蒂也承认，他计划继续收购更多公司，以扩大BuzzFeed的规模。

BuzzFeed的竞争对手也在密切关注它的并购过程。Bustle Digital Group（BDG）计划在2021年通过SPAC上市。Group Nine Media已经通过SPAC在2021年上市。Vox Media和Vice Media等数字媒体组织也在考虑通过SPAC上市。与BuzzFeed一样，这两家媒体公司都打算收购更多品牌，以具备足够的规模，更好地与脸书和谷歌等科技巨头竞争广告收入。总的来讲，BuzzFeed通过SPAC首次公开募股为其他希望以同样方式上市并扩大规模的媒体组织开创了先例。

2020年通过SPAC公开上市的公司数量超过了此前10年的总和。一旦BuzzFeed和其他大型数字媒体公司通过SPAC上市，行业内更多的整合与并购将不可避免。这些新上市的数字媒体公司需要进一步推动增长，而最可靠的方法便是收购互补资产。

BuzzFeed在公开上市前收入猛涨51%。2021年9月，BuzzFeed公布了自宣布上市计划以来的首次季度收益，随着全球经济逐渐从新型冠状病毒疫情大流行中复苏，广告收入大幅增长。BuzzFeed在2021年第二季度总收入为8,910万美元，同比增长约51%。BuzzFeed的收入增长主要来源于电子商务业务。

---

[1] Tim Peterson, "Jonah Peretti and Rich Antoniello explain why BuzzFeed is buying Complex Networks", https://digiday.com/media/jonah-peretti-and-rich-antoniello-explain-why-buzzfeed-is-buying-complex-networks/. 查询时间：2023年11月12日。

本章小结

2017年1月，在 BuzzFeed 发布了一份关于唐纳德·特朗普的档案后，特朗普称 BuzzFeed 是"一堆失败的垃圾"。BuzzFeed 迅速做出回应，马上生产出印有"失败的垃圾"标语的商品，如T恤衫、汽车保险杠贴纸和垃圾桶。佩雷蒂指出，"新闻业的商业模式正在改变。谷歌和脸书拿走了绝大部分广告收入，剩下留给其他媒体公司分享的份额很少"。[①] 尽管数字巨头获取了大部分广告收入，而支付给内容创作者的费用远远低于他们给用户带来的价值。BuzzFeed 将在未来几年，通过开辟新的业务领域以实现收入来源多元化。

对 BuzzFeed 来说，电子商务是一项不寻常的业务。2017年，BuzzFeed 聘请了第一任授权主管埃里克·卡普，开始致力于打造 Nifty、Tasty、Goodful 等电子商务品牌。目前，电子商务发展战略，已经变得更加清晰。BuzzFeed 已经发展成为一个值得信赖的电子商务销售平台。

自 BuzzFeed 成立以来，数据一直是其不可或缺的一部分，从病毒式内容聚合到内容构思，数据在转型过程中起着核心作用。自2008年 BuzzFeed 首次推出原生广告以来，原生广告逐渐为大部分传统媒体组织接受。直到最近几年，它一直坚持这种商业模式。2017年，BuzzFeed 终于接受了程序化广告。BuzzFeed 的商业模式逐渐过渡到多元化收入模式。从最初的广告支持平台转向更多样化的商业模式，2019年它超过一半的收入来自非直接广告销售，BuzzFeed 逐渐开始通过不同的收入来源维持业务。

BuzzFeed 通过病毒式传播内容获得了大量受众，并通过调整其商业模式，提供高质量的调查性新闻和视频制作，而不仅仅是娱乐。2011年初，BuzzFeed 开始推出严肃新闻报道，并在2016年重组为一家以视频为中心的媒体公司。

[①] Jonah Peretti, "9 Boxes: Building out our multi-revenue model", https://www.buzzfeed.com/jonah/9-boxes. 查询时间：2023年11月12日。

BuzzFeed 作为一个公共信息平台，始终坚持向更广泛的受众免费提供信息。媒体在塑造强大的民主、让人们了解世界各地发生的各种社会、政治和经济活动方面发挥着至关重要的作用。新闻有责任通过报道来启发人们，并形成自己对问题的判断，从而保障民主社会的发展。一旦新闻组织设置一道隔离观众和公共信息的付费墙，将对民主社会的运作产生一定的影响。

通过获取多种收入来源，BuzzFeed 的业务能够得以可持续发展，并与行业内的强大竞争对手展开竞争。BuzzFeed 作为数字内容生产商，利用数据作为了解受众的来源，这让他们领先一步。商业模式的多元化和可扩展性使它们为数字媒体行业的新起点做好准备，这将确保该公司有新的成长和创新机会。在收入停滞不前、增长下滑的情况下，BuzzFeed 一直通过新的策略来利用现有资产，并从受众身上赚取利润。最终，BuzzFeed 让自己转变为一家更具弹性的 21 世纪媒体公司。

附表　　　　　　　　BuzzFeed 的商业模式画布

重要合作	关键业务	价值主张	客户关系	客户细分
沃尔玛 梅西百货 麦考密克香料公司 通用磨坊 全国广播公司（NBC） 谷歌	原生广告 电子商务 品牌授权 高质量新闻生产	高质量娱乐内容 高质量新闻报道 "为你报道新闻"	网络社区 信任	面向全球的千禧一代
	关键资源 BuzzFeed 品牌 数据驱动技术 新闻记者 赫芬顿邮报 Complex Networks		渠道通路 BuzzFeed 网站 BuzzFeed 应用程序 BuzzFeed News 网站 Tasty 网站与应用程序 Tasty 脸书账号 赫芬顿邮报网站 Complex Networks 网站 脸书、微博、抖音等社交媒体平台	

续表

成本结构	收入来源
媒体组织运作费用	原生广告
新闻记者员工工资费用	程序化广告
开发技术和新产品费用	电子商务
并购赫芬顿邮报、Complex Networks 费用	品牌授权
通过 SPAC 上市的费用	会员收入

说明：1. BuzzFeed 生产多元化的内容产品，不仅提供娱乐内容，还提供高质量新闻。

2. BuzzFeed 在收入来源上逐渐摆脱了对原生广告的依赖，开辟多元化的收入来源，电子商务收入来源的开辟，值得其他一些媒体组织借鉴和学习。

第八章 "智能简洁"驱动的商业模式
——Axios

2016年,吉姆·范德黑(Jim VandeHei)[①]、迈克·艾伦(Mike Allen)和罗伊·施瓦茨(Roy Schwartz)创建了Axios,这是一家专注严肃新闻报道的数字媒体。该网站于2017年推出时,引起不小轰动,因为创始人都是美国数字媒体行业最杰出的新闻记者。这三位创始人都来自另一家颇受尊敬的数字媒体Politico,范德黑在2006与他人共同创立了该新闻组织。在离开Politico之前,范德黑是执行编辑,艾伦是高级记者,施瓦茨是首席营收官。他们在创建Axios时发表的宣言指出,成立Axios是为了拯救处于危机中的新闻业。Axios的命名源于希腊语:ἄξιο ζ(άxios),意思是"值得"(worthy)。Axios的目标是只提供值得人们花时间关注和信任的内容。

Axios的三位创始人认为,在数字时代,一场内容革命正在进行,大多数现有的数字内容渠道注定要失败,因为它们过于关注点击量,而忽视了提供高质量内容。范德黑在2016年在The Information发表的一篇文章中指出,新闻行业陷入了只关注流量和点击率的"垃圾陷阱"——主要通过大量生产垃圾标题和点击诱饵,来获得大量受众,"许多人意识到这并不是一个好的商业模式。一场内容革命正在加速进行,对那些能够锁定忠实受众的媒体,

---

[①] 曾在《华盛顿邮报》(Washington Post)担任国会和白宫记者,2006年与人共同创办了政治新闻组织Politico。作为首席执行官,范德黑将Politico打造为政治报道领域的主要新闻媒体之一。

尤其对那些围绕高质量内容构建的新闻组织来讲，未来有利可图。"①

随着数字媒体的发展，互联网让读者获取真实的新闻变得越来越困难，Axios 的高管凯特·迈斯纳（Kate Meissner）指出，"数字时代让一切都变得更容易——除了阅读新闻。找到值得信任和有价值的信息，比以往任何时候都要困难"，而 Axios 试图解决这一问题。Axios 通过调查发现，读者的习惯发生了很大变化，只有 5% 的读者会看到报道的底部。三分之二的访问者在点击单个页面或报道之前就离开了新闻媒体的网站主页，59% 的社交媒体帖子在没有被点击的情况下被分享。虽然读者消费和传播信息的方式发生了巨大的变化，但许多媒体组织还没有适应这些变化。

Axios 首先创新了报道模式。Axios 的报道简短且注重事实——大多数文章都少于 300 字，并使用醒目的要点提示（bullet points），易于读者浏览和阅读。除了创新新闻报道模式外，Axios 还制作多种有关特定行业的新闻电子邮件（包括艾伦亲自撰写的 Axios AM 新闻电子邮件）、播客节目，以及一个在 HBO 按季播出的新闻纪录片系列。范德黑希望 Axios 成为 "经济学人+Twitter" 的混合体。在 2017 年 3 月初创之时，该公司只有 60 名员工。目前，Axios 有 200 多名记者。即使受到新型冠状病毒疫情的冲击，该新闻组织也一直在招聘记者，记者人数逐渐增加，说明该新闻组织财务状况良好，处于上升状态。

其次，Axios 进行了商业模式创新。Axios 的核心商业模式是新闻电子邮件驱动的原生广告，而不是订阅（Axios 在 2022 年启动了高端订阅模式，但绝大多数内容还是可以免费阅读）。Axios 为广告商提供了比其他数字媒体更好的交易。② Axios 在其"宣言"中指出："毫无疑问，报纸广告、横幅广告、原生广告是最有效的沟通手段。我们开发了一种成本更低、更可衡量的方式，让广告商在我们的内容中展示原生广告。我们希望与广告商合作，这样他们就会觉得自己得到了有意义的、可衡量的价值——以及他

---

① Jim VandeHei, "Escaping the Digital Media 'Crap Trap'", https：//www. theinformation. com/articles/escaping-the-digital-media-crap-trap. 查询时间：2023 年 11 月 18 日。

② Benjamin Mullin, "Axios Raises ＄20 Million to Fund Newsroom Expansion", https：//www. wsj. com/articles/axios-raises-20-million-to-fund-newsroom-expansion-1510853367. 查询时间：2023 年 11 月 18 日。

们应得的尊重和回报。"① 广告商似乎很认可这种方式，Axios 的原生广告得到了许多著名品牌公司和非营利组织的赞助。与传统广告相比，原生广告几乎是隐形的，模仿的也是常规报道的风格。

到目前为止，Axios 的商业模式已被证明是有效的，从财务角度来看，Axios 在成立的前七个月内获得了 1000 万美元的收入，主要是通过说服广告商预订原生广告。作为合作伙伴，它赢得了英国石油、沃尔玛和科赫工业的支持。到 2018 年底，Axios 的年收入为 2500 万美元。2020 年，在大流行封锁期间，Axios 向联邦政府的"薪资保护计划"（Paycheck Protection Program）申请了救助资金，Axios 收到了 480 万美元贷款，但在后来的政治抵制中退还了这笔资金。

2020 年，新闻媒体组织普遍面临严峻的生存危机，但 Axios 的收入增长 30% 以上，达到约 5800 万美元。Axios 的新闻电子邮件业务推动了这一增长，新闻电子邮件用户从 2019 年的 75 万名订户增至 140 万名，几乎翻了一番。目前，Axios 每天发送 400 多万份新闻电子邮件，帮助其网站吸引免费阅读的读者。由于没有设置付费墙，该媒体组织 85% 的收入来自广告。Axios 超过一半的收入来自新闻电子邮件赞助广告，包括由康卡斯特、科赫工业和富国银行等品牌公司投放的广告。

从目前来看，Axios 拥有较为充足的运营资金。Axios 在 2019 年 12 月筹集到 2700 万美元，到目前为止还没有花掉这笔钱。该网站共融资 5700 万美元，在上一轮融资中，预估值为 2 亿美元。

2017 年，在范德黑创办 Axios 之时，当时有人质疑，它的新闻报道模式是否会让复杂问题变得简单。Axios 的新闻报道很少超过几百个单词，并包括阅读所需的时间估计（一般少于 1 分钟）。但是，作为一个新创企业，Axios 迅速成为一个重要且受人尊敬的新闻组织，在本章中，作者主要分析 Axios 如何进行商业模式创新，以及它的商业模式创新对新闻业意味着什么。

---

① "Our mission", https：//www.axios.com/about. 查询时间：2023 年 11 月 12 日。

第一节　报道模式创新："智能简洁"

在该新闻组织创建之前，Axios 团队看到了一个巨大的机会，即为受众提供他们想要和需要的信息，同时符合他们当下消费信息的方式。Axios 的高管迈斯纳指出："我们需要打破混乱，创造一个聪明读者可以依赖的平台。我们发现，人们总是因为不知道从哪里可以获得他们可以信任的、有效的信息而感到沮丧。"[①]"智能简洁"（Smart Brevity）是 Axios 新闻网站的叙事模式创新，通过这个特殊的内容报道模式设计，记者为受众提供简洁的基于事实的新闻报道。

除了上文提到的"垃圾陷阱"，目前，新闻网站中的报道很多时候太长或太无聊，读者还可能会被没有传递实质信息的标题欺骗，或者被弹出的无意义或不值得点击的文章分散注意力。广告商也没有得到他们应得的高质量关注。范德黑认为，其中一个关键问题是，数字媒体组织"以记者希望的方式制作新闻，往往是冗长的文章，需要很长时间才能切入主题"。[②] Axios 推出"智能简洁"的口号，设定了"为受众和广告商提供最清晰、最聪明、最高效和值得信赖的体验"这一目标。因此，Axios 新闻报道创新模式解决的问题，既针对读者，也针对广告商。

Axios 创新的报道模式试图在信息混乱的新闻生态中提供清晰的信号，而不是噪声。Axios 创新团队经过调查发现，现在的新闻报道需要智能（Smart）。他们实现这一目标的策略是聘请具有专业知识、经验丰富的记者，只传递读者需要知道的内容，过滤掉其他无关紧要的内容。迈斯纳指出："我们雇用的每个记者都是他们所报道领域或话题的专家，我们甚至

[①] Shelley Seale, "Axios reaches today's reader with 'Smart Brevity' journalism", https://www.inma.org/blogs/conference/post.cfm/axios-reaches-today-s-reader-with-smart-brevity-journalism. 查询时间：2023 年 11 月 12 日。

[②] Jim VandeHei: "'The Art of Smart Brevity' TEDx Talk", https://www.axioshq.com/insights/axios-ceo-jim-vandehei-you-need-to-radically-rethink-how-you-communicate. 查询时间：2023 年 11 月 12 日。

雇用了以前没有从事过记者工作的人，他们是某个领域的专家，我们逐渐把他们变成记者。"① 同时，Axios 认为新闻报道也需要简洁（Brevity），因为"人们不会长时间会将自己的注意力投注到一篇文章上。没有人经常愿意去阅读 800 字以上的新闻报道。我们让新闻记者撰写 300 字的新闻，迅速告诉读者需要知道事情主要内容"。

在社交媒体时代，读者分配给新闻媒体的时间越来越少，Axios 的价值主张是为读者节约时间，在最短时间内，提供最重要的信息。Axios 提供的报道，一般不会超过 300 字，阅读时间一般在一分钟或两分钟之内，而且会在每篇报道下方，标示出阅读本篇文章所需要的时间。读者浏览第一段，就能获取最重要的信息。这种"智能简洁"的叙事模式是 Axios 的新闻报道形式的一种重要创新产品，直截了当、直奔主题，告诉读者需要知道什么，以及这个新闻报道为什么重要。

Axios 网站中的所有新闻报道都遵循这种固定的"智能简洁"报道模式，其叙事方式最简单的演示可以从它报道新闻的方式中看到。这种新闻叙事风格打破了传统新闻报道的惯例，它使用要点和粗体字体来突出内容，让读者更容易、更迅速地掌握重要事实。

Axios 似乎找到了一个成功讲故事的公式，它以醒目简洁的形式撰写故事，这种故事撰写模式便于读者在智能手机上快速扫描阅读，像"Why it matters"（为何重要）、"The big picture"（大背景）、"Between the lines"（言外之意）这类小标题可以作为读者阅读文字时的视觉指导，同时帮助读者迅速理解和掌握报道要点。

正如范德黑所说："我们已经证明了这种新闻报道模式的价值，能够使信息消费更高效，同时拥有简单和设计之美。人们接触的信息和信源越来越多，会导致他们头脑混乱。如果你能节省他们的时间，而不是给他们所有这些信息碎片，以及他们不需要的垃圾信息，那么你就会得到回

---

① Shelley Seale, "Axios reaches today's reader with 'Smart Brevity' journalism", https://www.inma.org/blogs/conference/post.cfm/axios-reaches-today-s-reader-with-smart-brevity-journalism. 查询时间：2023 年 11 月 12 日。

报……人们渴望简单、高效，以及通过信任的渠道获得信任的内容。"①

> **Why it matters:** If it could happen to The Atlantic, where 68 staffers were laid off today, it could happen to any media company.
>
> - **Hundreds of local, national** and even international newsroom jobs have been axed, and student internships and fellowships have mostly been canceled.
>
> **The big picture:** 2.4 million Americans filed for unemployment last week, reports Axios' Courtenay Brown.
>
> - **The pre-COVID record number** of filings was set in 1982 at 695,000.
> - **New York state's Labor Department** told reporters this week it has paid out 4.5 years' worth of unemployment benefits in just over two months.
>
> **Between the lines:** The coronavirus hit diversified publishers on multiple fronts.
>
> - **Advertising:** Publishers who enjoyed record COVID-19 web traffic weren't able to monetize it, as ad rates collapsed.
> - **Events:** In-person events, where The Atlantic focused considerable attention and where publishers can command a premium, are currently out of the picture. Virtual events are on the rise, but they don't command the same price point.
> - **E-commerce:** Amazon and big mass retailers have cut affiliate fees, cutting commerce revenue from many publishers.
> - **Subscriptions:** Many publishers have pivoted toward subscriber models, but with a few exceptions, those gains aren't even close to enough to compensate for the lost ad revenue.

图 8.1　"智能简洁"新闻报道模式示例

"智能简洁"对该媒体组织的业务发展有很大的促进作用。这家数字新闻初创公司还将 Smart Brevity 作为注册商标予以保护②。Axios 的大部分报道都比较适合脸书或其他社交媒体转发。创始人之一的艾伦在接受采访时指出："我们希望让聪明人变得更聪明。'智能简洁'是我们的核心报道架构。Axios 在希腊语中的意思是值得的，这意味着我们的报道值得读者付出的时间、关注和信任。"③

---

①　Aditi Sangal, "'Axios' Jim VandeHei: 'The jig's up' for publishers worshipping scale", https://digiday.com/media/axios-jim-vandehei-digiday-podcast-jigs-publishers-worshipping-scale/. 查询时间：2023 年 11 月 12 日。

②　"Smart Brevity Ⓒ", https://www.axios.com/about/. 查询时间：2023 年 11 月 18 日。

③　Ingrid Lunden, "Mike Allen of Axios: People want sophisticated explanations, not long ones", https://techcrunch.com/2017/05/16/axios-and-the-new-news/?guccounter=1&guce_referrer=aHR0cHM6Ly93d3. 查询时间：2023 年 11 月 12 日。

"智能简洁"创新叙事模式获得了读者认可，Axios 还将这种新闻报道模式与新闻电子邮件相结合，开发出符合自身特点的商业模式。Axios 的核心商业模式是将"智能简洁"报道模式嵌入到商业品牌的原生广告、视频和活动中，并通过数十种垂直新闻电子邮件发送到读者的收件箱。Axios 之后的软件开发和售卖业务也是基于这一创新报道模式。Axios 信奉"内容为王"，因此，该新闻组织聘请了很多非常专业的记者，他们都是各自领域的专家。这些记者专门报道医疗保健、能源政治、自动驾驶汽车、5G 等内容，其中许多记者还专门撰写新闻电子邮件，通过新闻电子邮件为读者提供"智能简洁"特定模式的报道，以及原生广告。目前，Axios 总共发送了 30 多份新闻电子邮件。

第二节 新闻电子邮件驱动的原生广告

一 社会责任广告

Axios 主要运行一种类型的广告——对移动设备友好的赞助内容（sponsored content）。Axios 没有弹出式广告（pop-up ads），Axios 认为这类广告会分散读者的注意力，对广告商没有多大效果。Axios 的主要收入来源来自赞助内容广告，Axios 称之为企业与社会责任（Corporate and Social Responsibility，CSR）广告。这类广告主要是在 Axios 的新闻电子邮件、网站、播客和移动应用程序上完全标记的广告，由公司和非营利组织付费。一些品牌公司和非营利组织之所以赞助这类广告通常不是为了销售产品，相反，这些公司和组织是在向 Axios 较有影响力的受众宣传他们的企业社会责任和品牌声誉信息。这类广告也就是我们常说的原生广告、品牌广告或赞助广告。

Axios 的大部分广告收入来自新闻电子邮件赞助广告收入，而不是展示广告收入。Axios 的商业模式以有效和透明的方式结合了原生广告。这些原生广告一般是通过新闻电子邮件以"智能简洁"内容报道模式呈现出来。

Axios 在报道华盛顿、华尔街、硅谷等重要话题方面表现出色，其新闻电子邮件吸引了希望影响立法者和决策者的这类公司的赞助资金。比如，脸书就是其最大的新闻电子邮件"Axios AM"的赞助商。

Axios 的业务主要受益于广告商试图通过宣传企业社会责任来突出自己。越来越多的公司开始宣传他们品牌的原则性实践，以吸引顶尖人才，并证明他们是具有吸引力的商业伙伴。一些企业还设立了专门从事企业社会责任的广告推广部门。而在几年前，很少有顶级品牌高管担心企业社会责任。大型企业的这种转变为 Axios 开辟了一条重要的创收通道。范德黑指出："了解我们的广告空间与大多数其他广告空间的差异非常重要。与我们一起合作的广公司是因为他们关心人们对其公司或品牌的看法，而不是为了赚钱。他们希望人们知道他们参与的社会事业，他们在社区中所做的贡献，或者他们作为一家不仅仅是赚钱的公司试图解决的重大问题……他们还想招聘优秀的、有才华的人，他们希望这些人看到他们所代表的不仅仅是利润。这是一个真正高速增长的市场。我们还没有看到这个广告市场出现回落。如果说有什么不同的话，那就是企业的支出比以往任何时候都要多。所以它不同于在《纽约时报》和时尚杂志上所做的那种纯商业广告。"[1]

二 严格的防火墙制度

Axios 明确提出设立严格的防火墙制度。在 Axios 的编辑部门和非编辑部门之间有一个强大的防火墙（strong firewall）。新闻编辑部的决定与 Axios 的广告商、赞助商和投资者之间是完全独立的。所有来自销售或活动的新想法、项目和联系拓展都必须经过总编辑审核。

如果 Axios 认为对广告赞助商的相关报道，会引起读者混淆，Axios 有删除该广告的权力。Axios 在所有的新闻产品中明确区分非新闻内容，包括

---

[1] Sarah Sluis, "Industry Preview: Axios CEO Jim VandeHei On Media Post-Trump", https://www.adexchanger.com/ad-exchange-news/industry-preview-axios-ceo-jim-vandehei-on-media-post-trump/. 查询时间：2023 年 11 月 12 日。

广告和赞助商，以免引起读者的困惑。

新闻编辑部门也需要支付自己的相关费用。不过，记者提供某项服务，如主持小组讨论或在会议中担任领导角色，可能会接受与差旅相关的费用，这需要 Axios 经理的批准。有时，记者在发表演讲时可能会接受酬金——这些都必须事先得到经理和总编辑的特别批准。

这意味着在 Axios 编辑部和其他帮助 Axios 赚钱的部门之间存在着一定程度的分离，防火墙把公司投资者、广告商和活动赞助商与新闻编辑部门严格分离开来。同时在 Axios 的新闻产品中，也会明确区分新闻报道与任何广告的不同。如果 Axios 报道与相关投资者或商业伙伴相关的新闻，Axios 会在新闻中，或在新闻报道的底部通过注释予以说明。以此来保证投资者和广告商对 Axios 的新闻判断没有影响。这也就是 Axios 所遵循的利益冲突（Conflicts of interest）原则——即如果记者与他们的工作存在实际或感知的利益冲突（包括财务或个人），他们必须向其经理、主编和编辑披露这一点。Axios 努力消除可能存在的利益冲突，如果在新闻报道中利益冲突不可避免，Axios 会在报道的底部予以披露。

三 品牌工作室

起初，建立一个独立的品牌工作室并不是 Axios 计划的一部分，Axios 于 2017 年推出时，大多数人认为这个专注于新闻电子邮件的新创媒体组织最终会转向订阅。但不断增长的市场需求，促使 Axios 加大了对其品牌工作室团队的投资，包括扩展到创建更多定制活动和体验活动。Axios 在 2019 年将其品牌工作室团队从 10 名员工增加到 16 名，包括招聘一名品牌工作室负责人，这是该新闻组织的一个新职位，负责管理团队。随着 Axios 看到越来越多的广告客户对该公司的原生广告感兴趣，该公司决定加大这方面的投资。

Axios 总裁兼联合创始人罗伊·施瓦茨指出："一开始，我们抵制创建品牌工作室的想法。每个媒体组织都有自己的品牌工作室，他们之间没有太大的区别。但随着"智能简洁"报道模式获得读者和广告商的认可，我开始意识到它有一个非常独特的价值主张。"① 在过去几年中，Axios 的品牌工作室团队扩大了其品牌内容业务，包括最近推出的首个品牌体验活动——为波音公司设计的一个活动展览，带领游客参观一系列关于未来太空旅行的装置设备。该体验活动为期两周，每次只能有 20 人参加。波音公司挑选体验者，Axios 的品牌工作室和广告团队负责提供建议。

品牌工作室收入是 Axios 增长较快的收入部分，但该媒体组织没有透露品牌工作室具体带来多少收入。Axios 大部分收入仍然来自新闻电子邮件、网站和活动的广告赞助。将品牌工作室扩展到活动对 Axios 来说是有意义的，在过去几年中，Axios 举办了 100 多场线上和线下活动。最近，Axios 在如何将它们组织的活动货币化方面变得更有创意。不过，Axios 仍然出售其活动赞助——起价为 75000 美元，有时高达六位数。目前，Axios 已开始派遣视频团队去报道活动，为广告商创建独立的内容。Axios 进入品牌体验市场领域是合乎逻辑的一个增收策略。

第三节　Axios 地方新闻项目

在传媒业从纸质媒体向数字媒体转型过程中，地方新闻急剧衰落，出现了所谓的"新闻荒漠"现象。2020 年，Axios 推出 Axios 地方新闻项目（Axios Local），试图解决这一问题。目前，有大量专注于利用电子邮件推动本地新闻的创新举措，比如，Substack 地方新闻项目，以及脸书推出的新闻电子邮件平台。其中影响较大的是 Axios 地方新闻项目。2020 年年底，Axios 收购地方新闻网站"夏洛特议程"（Charlotte Agenda）之后，很快就实施地方新闻扩张战略，并将"夏洛特议程"更名为"Axios 夏洛特"（Axios Charlotte）。Axios 地方新闻项目面向的第一批城市包括夏洛特、丹佛、坦帕湾、明尼阿波利斯、得梅因和阿肯色州的本顿维尔。现在，Axios

---

① Ross Benes, "Axios is holding off on its high-end subscription product, for now", https：//digiday.com/media/axios-holding-off-high-end-subscription-product-now/. 查询时间：2023 年 11 月 12 日。

正在招聘记者，持续在美国的多个地方城市扩张。

对于 Axios 地方新闻的营利能力，一些人曾提出过质疑。但 Axios 首席执行官范德黑看好其潜力，这主要是因为他对"夏洛特议程"的了解。Axios 聘请"夏洛特议程"的创始人泰德·威廉姆斯（Ted Willams）担任 Axios 地方新闻项目总经理。在被 Axios 收购之前，"夏洛特议程"已经连续营利多年，2019 年收入为 220 万美元。范德黑指出："如果我们能在其他城市做到威廉姆斯在夏洛特所做的事情，我们将成长为一个巨大营利的部门，并有机会重振地方新闻报道。"①

一　"夏洛特议程"的示范效应

在被 Axios 并购之前，"夏洛特议程"网站专注于北卡罗来纳州最大城市的地方新闻服务。2020 年底，在一笔价值近 500 万美元的交易中，"夏洛特议程"被 Axios 收购，并成为 Axios 向其他城市扩张的一个模板。2015 年，当地方新闻组织迅速消失时，威廉姆斯从他个人储蓄中拿出 5 万美元，创办了"夏洛特议程"。在创建时，该新闻组织没有纸质报纸，只有一份新闻电子邮件、一个网站和一个 Instagram 账户。威廉姆斯认为："一切都应该是创造有用的内容，通过对话告诉我们的朋友和邻居，你应该去哪家餐厅？你所在地区最好的学校是哪所？你如何申请缺席选票？"②

"夏洛特议程"创建的主要目标是帮助本地区公众更快、更明智地做出决定。该新闻网站对读者免费，其主要收入来源是广告和 1700 名付费会员。当时，"夏洛特议程"拥有 23.5 万 Instagram 粉丝和 5.5 万新闻电子邮件订阅用户，这些用户平均有 40% 会打开他们收到的新闻电子邮件，这一比例高于行业平均水平。"夏洛特议程"每月吸引 65 万名读者。2017 年，

---

① Edmund Lee, "Axios Buys Charlotte Agenda, a Digital Start-Up, as Part of Push Into Local News", https://www.nytimes.com/2020/12/17/business/media/axios-local-news-charlotte-agenda.html. 查询时间：2023 年 11 月 12 日。

② Edmund Lee, "Axios Buys Charlotte Agenda, a Digital Start-Up, as Part of Push Into Local News", https://www.nytimes.com/2020/12/17/business/media/axios-local-news-charlotte-agenda.html. 查询时间：2023 年 11 月 12 日。

该公司实现收入130万美元。2018年,"夏洛特议程"获得了190万美元的收入。2019年,该网站的收入超过220万美元。每年的利润率都超过30%。即使在新型冠状病毒大流行期间,该公司的收入也较为稳定,2020年收入达到约200万美元。

"夏洛特议程"是一个典型的精益创业新闻组织,11名员工中,有6人在新闻部门工作。威廉姆斯指出:"我知道我想从事深度新闻报道,但这要花很多钱。所以我们等了几年才做出投资。其实没那么复杂,我认为媒体是一个非常简单的行业,但人们往往会把它过度复杂化。"①

二 Axios 扩张地方新闻项目

Axios收购已有6年历史的"夏洛特议程"后,在2020年12月正式推出Axios地方新闻项目。2021年1月,Axios地方新闻项目首先在四个城市——坦帕、丹佛、明尼阿波利斯和得梅因——推出新闻电子邮件频道,并将威廉姆斯在夏洛特的做法作为其扩张模型的一部分。目前,Axios地方新闻项目已经扩张到美国30多个地方城市。在每个地区,Axios地方新闻项目一般会雇用两名记者,他们协同工作来制作每日新闻电子邮件。Axios的商业运作思路是,如果在这几个城市能够取得成功,特别是如果能够复制在夏洛特的商业成功,该新闻组织将迅速行动,把这种模式扩大到尽可能多的城市。

"Axios丹佛"(Axios Denver)已成为该项目早期的成功案例,自2021年2月推出以来,"Axios丹佛"已吸引了近10万名用户。该地方媒体组织的两位记者阿来纳·阿尔瓦莱斯(Alayna Alvarez)和约翰·弗兰克(John Frank)根据各自的特长进行新闻报道,他们的努力让"Axios丹佛"在当地激烈竞争的媒体生态系统中脱颖而出。阿尔瓦莱斯指出:"丹佛有很多新闻报道,但这些新闻太分散。我们提供的价值是,把所有有价值的

---

① Sara Guaglione, "'Axios' Acquires 'Charlotte Agenda', Rebrands As Part Of Parent Company", https://www.mediapost.com/publications/article/358829/axios-acquires-charlotte-agenda-rebrands-as-p.html?edition=. 查询时间:2023年11月12日。

内容集中在一起,告诉读者为什么这些信息重要。"①

Axios 地方新闻项目采用了与其母公司类似的商业模式,通过新闻电子邮件赞助获得大部分收入,并让其新闻电子邮件产品保持免费,在不设置付费墙的情况下,实现收入增长。与 Axios 不同的是,Axios 地方新闻项目更加针对本地区的广告商。随着 Axios 地方新闻项目向新市场扩张,它可能会更容易吸引本地广告商。Axios 地方新闻项目还计划在其新闻电子邮件频道中开辟额外的收入来源,效仿"夏洛特议程"的成功运营模式,包括利用招聘广告和活动广告,以及会员计划。

三 地方新闻电子邮件崛起

Axios 地方新闻项目总经理泰德·威廉姆斯指出,在项目计划推出的前四个月中,Axios 地方新闻项目的订阅者已超过 350,000 名,其电子邮件的平均打开率为 35%。到 2021 年,Axios 地方新闻项目的收入达到 400 万至 500 万美元之间,到 2022 年,这一收入增加了两倍。Axios 地方新闻项目推出的地方城市新闻电子邮件,在短时间内吸引了大量读者。这促使该新闻组织于 2021 年加快在其他一些城市发布新闻电子邮件的速度。

Axios 地方新闻项目的扩张同时伴随着本地新闻电子邮件市场的持续升温。6AM City、WhereBy. Us 和 Overstory 等媒体组织已先后在美国各地的城市中推出新闻电子邮件。与此同时,像 Substack 和 Tiny News Collective 这样的新闻电子邮件平台也开始为新闻记者提供工具,让他们自己创建本地新闻电子邮件。甚至脸书和推特两大数字巨头也在积极进入这一市场。推动本地新闻电子邮件这一热潮的背后,有一个共同的假设:通过将新闻电子邮件作为主要产品和信息渠道,一小部分本地记者可以以较低的成本,创建一个经济稳定的新闻业务。

通过新闻电子邮件,美国许多数字新闻组织越来越多地进入本地媒体

---

① Yolanda Brignoni, "Axios hires John Frank & Alayna Alvarez as Denver reporters", https://www.axios.com/press-past-releases/axios-hires-john-frank-alayna-alvarez-as-denver-reporters. 查询时间:2023 年 11 月 12 日。

市场，为传统新闻减少的本地受众创造一种新的新闻信息服务模式。在地方新闻电子邮件推出初期，Axios 在每个地区的市场会招聘一到两名记者。范德黑指出："谷歌和脸书攫取了大部分广告收入，但它们并没有吞噬一切，我们的大部分投资将投向本地新闻报道。如果我们能在每个市场聘请两到三个最好的记者，我们就可以培养一批忠实的读者。"①

至于为何会选择这些市场？Axios 的主编尼古拉斯·约翰斯顿（Nicholas John Ston）指出："我们查阅了大量数据资料，比如在这些市场上阅读 Axios 的人数，以及我们对每个市场的广告投放调查。我们想要实践某种多样性，就像在不同的城市，比如有些城市大一点，有些城市小一点，它们有不同的新闻生态系统和不同的人口规模。我们想要一个完美的组合，这样我们才能知道什么可行，什么不可行。"②

Axios 并不是当地媒体市场的颠覆者。约翰斯顿认为："我们将成为一些地方城市媒体生态系统的一部分，我们的目标并不是取代那里存在的媒体。"Axios 面向地方扩张的一个战略是不与当地新闻媒体展开竞争。Axios 在每个城市的记者人数一般为两到三名。这些记者将报道本地区的商业、教育和重大文化活动。本地新闻电子邮件频道的商业运营也将被剥离，在任何一个城市都没有办公室或基础设施。Axios 将在位于弗吉尼亚州阿灵顿总部处理广告销售、推广和技术支持业务。

Axios 首席执行官范德黑认为，在理想情况下，Axios 可以进入更多的城市地区。"我认为它至少适用于 100 个城市——希望还可以更多。但问题是，一旦你到达小城市或小城镇，你如何正确地找到成本收入模式？毫无疑问，在比较大的城市中，每天都有足够多的读者，使其成为由广告资助的产品，是比较可行的。一旦进入较小的社区，我希望情况也是这样。

---

① Mark Stenberg, "Axios Local Is on Pace to Generate Up to ＄5 Million This Year", https://www.adweek.com/media/axios-local-is-on-pace-to-generate-up-to-5-million-this-year/. 查询时间：2023 年 11 月 12 日。

② Rick Edmonds, "A few brief reasons to take Axios Local seriously as a competitor", https://www.poynter.org/business-work/2022/axios-local-expanding-hiring-jobs-new-locations/. 查询时间：2023 年 11 月 12 日。

在未来，我们将测试在较小的社区是否也有一个较为可行的运作模式。"①从长远来看，范德黑希望 Axios 地方新闻业务甚至可以在美国以外的地方开展，"我认为在我们这儿有效的基本原则在任何地方社区都适用。人们关心的是政治、商业或技术领域发生了什么，或者在他们居住的任何城市或城镇发生了什么。所以我认为这种模式在全球都适用。"②

范德黑的乐观态度在新闻界遭到很多质疑。地方新闻媒体多年来一直在衰落。据统计，2004 年至 2018 年，美国有 1800 家地方报纸关闭，还有更多的新闻编辑部受到新型冠状病毒疫情大流行的影响。Axios 的地区新闻扩张模式类似于之前《赫芬顿邮报》推出的本地新闻模式。《赫芬顿邮报》在成立几年后，在芝加哥、丹佛、洛杉矶和其他城市创办了该网站的本地版本，但这些地方新闻网站未能成功，之后《赫芬顿邮报》逐渐关闭了这些地方新闻网站。从某种程度上来讲，本地新闻吸引的是规模较小的区域受众，从而限制了其对广告商的吸引力。

美国西北大学梅迪尔学院地方新闻项目负责人蒂姆·富兰克林（Tim Franklin）认为，新闻创业者面临的一个问题是缺乏公众对你的关注，信任和信誉在积累受众方面至关重要，但这需要时间，一些初创新闻组织可能根本没有足够多的资金和时间来做到这一点。③ 在大多数情况下，单靠广告无法支撑一个新闻创业组织，因为脸书等巨头占据了太多的广告市场。向潜在读者推销订阅服务又很困难，因为很多人对这家新创建的新闻媒体一无所知。营利性新闻业可以在当地市场运作，但这是新闻界比较困难的工作。不过，Axios 作为一个成功的全国性媒体，应该会有一些机会。Axios 的最初战

---

① Edmund Lee、Tiffany Hsu,"BuzzFeed to Acquire HuffPost From Verizon Media", https://www.nytimes.com/2020/11/19/business/media/buzzfeed-huffpost.html. 查询时间：2023 年 11 月 12 日。

② Edmund Lee、Tiffany Hsu,"BuzzFeed to Acquire HuffPost From Verizon Media", https://www.nytimes.com/2020/11/19/business/media/buzzfeed-huffpost.html. 查询时间：2023 年 11 月 12 日。

③ Paul Farhi,"Axios is the latest media company to try to make money from local news. History is not on its side.", https://www.washingtonpost.com/lifestyle/media/axios-local-news-newsletters/2021/05/19/4d1760f8-b824-11eb-a6b1-81296da0339b_story.html. 查询时间：2023 年 11 月 12 日。

略是全国性新闻，这对数字新闻组织来说更容易成功，因为他们能够吸引更多读者。况且，Axios 已经成为美国新闻业的一支重要力量。

比如，像"Axios 双子城"（Axios Twin Cities），与"Axios 夏洛特"一样，该媒体组织只报道明尼苏达州的明尼阿波利斯和圣保罗这两个城市的新闻，它于 2021 年由两名记者推出——前《明尼阿波利斯圣保罗商业杂志》(Minneapolis St Paul Business Journal) 的尼克·哈尔特（Nick Halter）和前《星际论坛报》(Star Tribune) 的政治记者托里·范奥特（Torey Van Oot），他们负责为这两个城市撰写每日新闻电子邮件。之后，新闻记者奥黛丽·肯尼迪（Audrey Kenney）也加入了这个小型新闻组织。

虽然"Axios 双子城"有自己设计运营的网站，但记者主要为读者提供的产品是他们早上发出的新闻电子邮件。记者哈尔特早上 6 点左右开始工作，和编辑一起浏览早上 6 点 30 分发布的新闻电子邮件。哈尔特指出："在某些方面，我确实感觉我们又回到了本地新闻的传统模式。我们会在一大早发送给读者新闻电子邮件，这是读者一天之内最早阅读的内容——就像过去获得纸质报纸一样。"[1] 在推出不到 6 个月的时间里，"Axios 双子城"已经拥有大约 7 万名订户。

在加入 Axios 之前，哈尔特曾为多家报纸工作，"我 2008 年从大学毕业，一直在不断萎缩的新闻编辑室工作。我总是在想：这个季度会有哪些人被裁掉？现在我在一家正在成长的新闻组织，新闻记者对他们所做的事情感到兴奋，而且没有裁员，只有不断的招聘。能在一家与我过去 12 年经历的截然相反的公司工作，真是让人感到兴奋。"[2]

"Axios 夏洛特"是 Axios 地方新闻项目成功的孵化器，它是最早推出的地方新闻邮件组织[3]。"Axios 夏洛特"拥有 10 万多个订户，在 2021 年

---

[1] William Turvill, "'There's no reason this can't be a very big business': Why Axios Local is expanding into eight new cities", https://pressgazette.co.uk/news-leaders/why-axios-ceo-jim-vandehei-investing-big-in-local-news/. 查询时间：2023 年 11 月 12 日。

[2] William Turvill, "'There's no reason this can't be a very big business': Why Axios Local is expanding into eight new cities", https://pressgazette.co.uk/news-leaders/why-axios-ceo-jim-vandehei-investing-big-in-local-news/. 查询时间：2023 年 11 月 12 日。

[3] "New name. Same us", https://charlotte.axios.com/about/. 查询时间：2023 年 11 月 18 日。

收入达到 200 万美元。作为 Axios 地方新闻项目最早的一个媒体分支机构，"Axios 夏洛特"目前拥有 7 名新闻编辑部员工和 5 名非编辑人员，其中包括威廉姆斯。和其他 Axios 地方新闻网站一样，"Axios 夏洛特"也通过新闻电子邮件获取赞助收入。但"Axios 夏洛特"还有一个就业公告板和一个活动公告板，以及付费会员计划，同时为本地读者提供季度活动、生日新闻电子邮件"呐喊"和"我们记者的内幕报道"等服务和内容。目前，"Axios 夏洛特"有大约 2000 名会员，他们会为该新闻组织每年定期捐款，捐款的数额从 50 美元到 500 美元不等[①]。受到"Axios 夏洛特"运营模式的启发，Axios 地方新闻项目计划未来在所有地方城市推出招聘布告板广告和会员模式。

可以想象得见，Axios 地方新闻项目在未来的扩张过程中，会遇到诸多挑战。该新闻组织并没有低估会遇到的挑战，但这是一个机会，因为很明显人们想知道他们社区中正在发生的事情。他们想知道商业、技术、教育系统和政治领域发生了什么。只是他们通常没有更好的渠道来获取这些信息。

范德黑指出，Axios 扩展到本地新闻，有"利他主义"（altruistic）的一面，"这是一个需要解决的重要难题。我认为，如果你没有对州和城市进行很好的报道，就会发生糟糕的事情。我认为让人们接受教育和意识到这一点，对民主社会的运作非常重要。这不只是对民主很重要，我们认为这对民主和良好的商业运作都很重要。"[②] Axios 计划利用其现有的基础设施——包括新闻电子邮件分发工具、营销能力、现有的受众基础、广告部门、技术和文案编辑——在当地保持低成本运作。如果实验成功，这种模式的新闻业务就会尽快扩展到各个地区。范德黑认为，"如果它在 4 个地区中起作用，它就有可能在 400 个地区中起作用。如果它在 400 个地区中

---

① "Axios Charlotte", https://charlotte.axios.com/#_ga=2.62674158.371961798.1636332494-amp-_wi_0rTXvtrMaf_xXWAkDg. 查询时间：2023 年 11 月 18 日。

② William Turvill, "Axios CEO Jim VandeHei: Digital media's 'crap trap' is gone… now we face a truth crisis", https://pressgazette.co.uk/news-leaders/axios-ceo-jim-vandehei-digital-medias-crap-trap-is-gone-now-we-face-a-truth-crisis/. 查询时间：2023 年 11 月 12 日。

有效，那么现在我们正在做的这些事情，就可能是一个大生意。"①

在任何一个地方，对本地新闻的需求永远不会消失。随着越来越多的地方报纸消失，人们比以往任何时候都更渴望获得他们可以信任的、在家门口附近发生的事件的消息。地方新闻组织需要改变的是商业运作模式，在提供高质量新闻的同时，降低生产成本和分发成本。如果能做到这一点，Axios 地方新闻就有可能在许多地方城市成就一项较大的业务。

第四节　Axios HQ：软件即服务

以"智能简洁"创新报道模式为基础，Axios 还开发了一款软件——Axios HQ，并启动了一项围绕该软件的订阅服务，但不是面向读者，而主要面向一些商业公司。2021 年 2 月，Axios 的软件即服务（software-as-a-service）产品 Axios HQ，首次推向市场。Axios 计划将该软件出售给拥有大量员工的企业组织的通信和人力资源部门。这些企业组织如果要使用 Axios HQ 这款软件工具，每年至少要花费 10000 美元，具体费用取决于客户的规模，该软件工具是这家数字新闻初创公司推出的第一个付费订阅产品。2021 年，Axios HQ 预计有 200 多万美元的收入，其中 100 万美元已经预售。目前已经有 20 多个客户签约购买该软件服务，其中包括达美航空公司和美国电报电话公司（AT&T）。

Axios HQ 软件是该新闻组织继其内容管理系统之后开发的一款专有软件，主要为公司用户提供软件技术来编写公司范围内的信息备忘录，并对他们的写作提供实时反馈。例如，Axios HQ 软件会提供一个模板供公司用户填写，并对信息的简洁和清晰程度给出"智能简洁"（Smart Brevity）评分。Axios HQ 旨在为企业组织提供一种更简单、更简洁的内部沟通方式。

2019 年，Axios 业务团队已经开始测试这个软件，为想要学习如何更

---

① William Turvill, "A new model for local news? Axios Local and 6am City plan launch of 100+ newsletters across US", https://pressgazette.co.uk/news/new-model-for-local-news-axios-local-6am-city-roll-out-100-us-cities/. 查询时间：2023 年 11 月 12 日。

好地与员工沟通的公司客户提供编辑服务和"智能简洁"写作报道培训。一般来说，公司或企业组织内部的沟通问题，甚至比人们在新闻消费中遇到的问题还要严重，因为风险要高得多。如果沟通不畅，公司就不能执行正确的战略，进而会影响收入。

使用 Axios HQ 软件撰写的公司备忘录，也会像 Axios 的"智能简洁"新闻报道模式一样，有同样的小标题，同样的叙事模式。备忘录一旦写好，就可以通过电子邮件发送给员工列表服务器，发送者还可以对邮件打开率等参与度进行分析。

Axios HQ 软件工具帮助购买公司模仿 Axios 数字新闻的报道风格，编写公司发给员工的新闻电子邮件。Axios 的编辑内容是面向移动时代，易于快速阅读扫描浏览的新闻故事。Axios HQ 作为 Axios 的首个面向公司和组织机构的订阅服务，有助于实现其收入来源的多元化，使其收入来源不再局限于原生广告收入。

Axios HQ 软件服务让 Axios 与提供写作工具的软件公司展开了直接竞争。Photoshop 的开发商 Adobe 预计，到 2021 年，创意软件行业（creative software industry）的全球产值将达到 310 亿美元。这意味着 Axios 已经进入一个新的市场，通过出售软件技术服务来获取收入。目前，越来越多的媒体组织正寻求通过软件销售实现收入多元化。在软件服务市场中，像《华盛顿邮报》的 Arc XP 内容管理系统，Vox Media 的软件即服务产品套装，以及 Minute Media 开发的内容管理系统（该媒体组织每年收入的一半来自内容管理系统的售卖），都是为媒体组织和从事内容运营的公司创建的。Vox、《华盛顿邮报》和赫斯特媒体集团等创建供其内部使用的内容管理系统的媒体组织，已经通过将技术授权给其他公司，将公司的内部技术货币化。

在 2017 年刚创建之后不久，Axios 就有了开发这种内部沟通软件业务的想法。Axios 的理念是以易于理解的报道模式发布重要信息，而不是用 800 字的文章。在这种新闻叙事模式被证明有效之后，数十家公司找到 Axios，希望为他们自己的业务开发 Axios 风格的新闻电子邮件。到目前为止，包括美国电话电报公司、达美航空在内的大约 100 家客户对该软件进行了测试，目前，软件出售已经为 Axios 带来数百万美元的收入。

在未来，Axios HQ 计划为该媒体组织的整体收入做出贡献，考虑到开发成本，该部门预计几年内不会营利。目前，Axios HQ 有一个 25 人的技术开发团队。软件即服务（SaaS）业务之所以在市场上有利可图，是因为公司内部需要交换或分享的信息太多了。让公司能够将最重要的信息以醒目的要点显示出来，这会让员工更容易获得信息，而不会让他们的注意力或收件箱超载。如果一家公司把一条信息发给 1 万人，从效率角度来看，它比应该收到的时间滞后两分钟，那么就会浪费这家公司 2 万分钟的时间。

Axios HQ 的未来版本可能会包括在 Axios 网站或应用程序上无法免费获得的独家报道。Axios HQ 将与大型公司和主要技术公司开发的应用程序竞争，该工具的写作辅助功能将有助于它在竞争中占据一定的优势地位。Axios HQ 团队与该新闻组织的记者和编辑分开运作，因此这款收费产品也不会导致利益冲突。

第五节 迈向多元化收入

一 为 HBO 制作新闻访谈节目

Axios 于 2018 年 8 月宣布了一项合作协议（距离其于 2017 年 1 月创建后不到 20 个月），为 HBO 制作新闻节目。到目前为止，Axios 为 HBO 制作的新闻节目已经播出了四季。Axios 放弃了数字媒体视频制作业务的既定模式，不再制作主要在其网站或 YouTube 和脸书等平台上发布的视频。范德黑指出，"电视就是我们的视频策略。电视节目制作比我们意识到的更加困难。生产一个精彩的节目有很多事情要做。它需要的人力比我们预期的要多得多"。①

"Axios on HBO"作为该新闻组织推出的新闻纪录片系列，将 Axios 的

---

① Howard Homonoff, "How Axios And HBO Partnered For Cross-Platform Success", https://www.forbes.com/sites/howardhomonoff/2018/11/05/how-axios-and-hbo-partnered-for-cross-platform-success/? sh=729d36b56a87. 查询时间：2023 年 11 月 12 日。

第八章 "智能简洁"驱动的商业模式

数字报道创新模式"智能简洁"与电影、纪录片的叙事融合在了一起。每季节目涵盖商业、技术、媒体、政治和科学领域中影响未来的重要话题①。

在 HBO 上播出新闻节目对塑造 Axios 品牌形象有一定的积极作用，这在某种程度上可以证明 Axios 制作节目和讲故事的能力。Axios 试图把这个节目打造为类似于 CBS 的"60 分钟"新闻节目。此外，HBO 上播出的新闻采访节目也有助于 Axios 增加受众，因此这一合作对 Axios 来说是一个很好的品牌机遇，也是一个新的创收渠道。2020 年 8 月，Axios 对特朗普的采访引起不小轰动。第一季节目中对特斯拉创始人马斯克和苹果公司首席执行官库克的采访，也在业界引起很大反响。

不过，Axios 与 HBO 合作的财务条款没有向外界披露，包括在 HBO 播出的电视新闻节目为公司带来了多少收入。范德黑指出："就我们公司的收入而言，我们不认为这是一笔成败攸关的交易，尽管它对我们来说是一笔不错的交易。这是一个机会，展示我们的新闻，我们的世界观，以及我们如何认为这些重大话题正在起作用。"②

二 播客赞助收入

随着播客日益成为推动新闻组织获取收入的一个主要手段，Axios 推出了名为"Axios Today"的播客节目③，在每天早上播出一集，每集 10 分钟。该节目由尼娅拉·鲍得霍（Niala Boodhoo）主持，她曾是伊利诺伊州公共媒体新闻脱口秀节目"21 世纪"（the 21st）的主持人。该节目主要报道白宫、国会和经济新闻。目前，"Axios Today"主要有两家赞助商——雪佛龙和高盛。

《事情如何发生》（How it Happened）是 Axios 的另一个播客纪实系列节目，按季播出，每季 5—10 集，目前已经播出两季。第一季节目是《特朗普

---

① "Axios on HBO", https：//www. axios. com/hbo/；https：//www. hbo. com/axios. 查询时间：2023 年 11 月 18 日。
② David Bauder, "With new time and busier schedule, HBO's 'Axios' thinks big", https：//apnews. com/article/5cbd7ae282e303e31baf16e52d87bd34. 查询时间：2023 年 11 月 12 日。
③ "Axios Podcasts", https：//www. axios. com/podcasts/. 查询时间：2023 年 11 月 18 日。

的最后一战》(Trump's Last Stand)，通过该节目，记者乔纳森·斯旺（Jonathan Swan）揭露了唐纳德·特朗普执政的最后几个月的内幕。这个新闻播客故事从新冠疫情好转开始，以国会大厦的叛乱结束。第二季节目是《下一个宇航员》（The Next Astronauts）——Axios 太空记者米里亚姆·克莱默（Miriam Kramer）讲述了 SpaceX 公司的幕后故事，以及为首次进入轨道的完全民用任务所做的工作。此外，Axios 还有一个每天播出的新闻播客节目：Re：Cap，由记者丹·普里马克（Dan Primack）① 解读当天重要的新闻。Axios 推出的新闻播客节目既获得了广告商的赞助，同时也吸引了年轻受众的关注。

目前，许多传统新闻组织都推出每日新闻播客，包括《纽约时报》《华盛顿邮报》和《华尔街日报》。虽然以上这些媒体都是设置付费墙的新闻媒体，但他们的新闻播客都是免费的，这些新闻组织都希望通过这个免费新闻渠道来获得年轻一代受众的关注，从而促进订阅。

三 课程赞助收入

为了创造更多收入来源，吸引更多年轻受众，2020 年，Axios 推出"通过 Axios 变得聪明"（Get Smart by Axios）免费系列视频课程，这些课程都一般由 3-5 个视频组成，每个视频不超过 5 分钟，总共一门课不超过半个小时，是典型的微课。这些视频类似于 Vox 的解释性新闻视频，就是针对某一问题或现象的深度、专业的分析与解释。目前，已经推出的课程有：《SPACs 与上市》《气候科技》《疫苗》《5G》等，其中一些课程获得了一些品牌公司提供的合作赞助收入②。

四 活动赞助收入

Axios 提供三种主要类型的赞助活动：公开活动（public events）、专家

---

① 丹·普里马克（Dan Primack）曾担任《财富》杂志和汤森路透（Thomson Reuters）的高级编辑。
② "Get Smart by Axios", https：//www.axios.com/get-smart/going-public. 查询时间：2023 年 11 月 18 日。

圆桌会议（expert roundtables）和体验（experiences）[①]。目前，赞助活动收入逐渐成为该媒体组织的一个主要收入来源。这些公开活动聚焦于重大社会或政策议题。Axios 完全控制主题、参与者和活动讨论的问题，赞助商得到品牌推广的机会。所有活动都具有重要的编辑意义和新闻价值，在将其提交给潜在赞助商之前，Axios 的主编会确认具体的主题。

公开活动一般是系列活动，也可以是一次性活动。目前，公开活动通常是网上进行的虚拟活动，一般会讨论以下一些话题：高等教育、未来的教室、疫苗、5G 与美国的数字未来。任何客户赞助都明确公布，或者都要包含一个带有客户的标志——"由 xxx 赞助"（Presented by…）的字样。比如，在教育虚拟活动视频下面，会显著标示"感谢脸书对本次活动的赞助"（*Thank you Facebook for sponsoring this event*）。

专家圆桌会议是一种亲密的、大家坐在一起边吃边聊的活动，Axios 的编辑会邀请某一特定领域的专家就某个具体问题展开讨论。这种精心策划的圆桌活动允许参会者深入交谈和建立关系。任何客户赞助都会给予清晰的标示和说明。

体验活动是由 Axios 的活动部门和品牌工作室团队打造的专业品牌体验，通过参观和活动吸引与会者的注意力。体验将复杂的话题通过多种感官瞬间转化为可理解的内容，就像上文提到的为波音公司举办的体验活动。

目前，Axios 举办的活动既有线下活动，也有线上活动。由于新型冠状病毒疫情的影响，越来越多的活动通过线上进行。举办活动的主要收入来源是广告商的赞助收入，这些广告商既有营利组织，也有非营利组织。营利性组织有美国银行、通用电气、谷歌、脸书、美联航、凤凰城大学、高通、联合健康集团，非营利组织有儿童医院协会、美国药物研究与制造商协会等。

五　内容授权收入

内容授权收入是内容合作伙伴（content partnerships），即第三方平台

[①] "Axios events", https://www.axios.com/events/. 查询时间：2023 年 11 月 18 日。

或媒体公司有偿转载 Axios 的报道内容的收入。报业集团 Tronc 曾与 Axios 进行过内容授权谈判。这家拥有《巴尔的摩太阳报》(The Baltimore Sun) 和《芝加哥论坛报》(The Chicago Tribune) 的报业集团希望与 Axios 达成协议，在《洛杉矶时报》上刊载 Axios 的政治报道。这类合作授权为 Axios 提供更多的受众和潜在的收入来源。

六 Axios pro 付费订阅收入

2022 年，Axios 推出 Axios Pro 高端付费订阅服务，该收费项目主要为读者提供一部分深度、优质的内容。Axios Pro 提供的优质内容包括企业报告、能源政策、科技政策、健康政策等多种专题新闻电子邮件，每个新闻电子邮件每年的订阅费为 599 美元，如果打包订阅所有付费新闻电子邮件，每年的订阅费为 1800 美元。在 2022 年，该付费项目为 Axios 带来约 200 万美元收入。

本章小结

Axios 在 2020 年创造了 5800 万美元的收入，这主要归功于其新闻电子邮件赞助业务。目前，Axios 拥有 140 万个新闻电子邮件订阅者，每天发送超过 400 万份新闻电子邮件。新闻电子邮件是一种重要的读者留存工具，也是一种极好的传播工具，几乎没有任何算法会阻碍受众。新闻电子邮件是 Axios 的主要产品，这是该新闻组织能够创造价值，并迅速扩大规模的原因。这也是为什么越来越多的记者选择新闻电子邮件作为创业平台的原因。

Axios 和 The Information 有一些相似之处。这两家媒体组织都在生产高质量内容，同时都建立在强大的媒体个性之上，并且他们倾向于追逐有特殊兴趣的读者。不过，Axios 与 The Information 的商业模式不同。目前，Axios 只是为一些高端用户提供订阅服务，其新闻网站的绝大部分内容仍然可以免费阅读，其主要收入来源是通过新闻电子邮件刊载的原生广告。因此，在这种模式下，Axios 必须扩大其影响范围以吸引广告商。

第八章 "智能简洁"驱动的商业模式

附表　　　　　　　　　　　Axios 的商业模式画布分析

重要合作 HBO Tronc 报业集团	关键业务 Smart Brevity©报道 新闻电子邮件 线上与线上活动 Axios on HBO 电视节目 Axios HQ 软件服务 核心资源 Smart Brevity© 新闻记者 Axios HQ 软件技术	价值主张 Axios 让你在重要的事情上更聪明、更快。 （Axios gets you smarter, faster on what matters.） 让读者更明智、更迅速地获得重要新闻和信息。 开放心态倾听不同的声音，公正报道，不发布新闻评论。	客户关系 受众第一 受众信任 透明 网络社区 自动化服务 渠道通路 新闻电子邮件 新闻网站 Axios App 播客 Axios on HBO	客户细分 全国与全球读者（B2C） 原生广告客户（B2B） 购买软件的企业客户（B2B） 内容授权合作媒体（B2B）
成本结构 新闻编辑室运作费用 新闻记者与员工工资费用 并购地方媒体费用 开发新产品费用		收入来源 1. 企业和社会责任（Corporate and Social Responsibility, CSR）广告，即品牌广告或原生广告； 2. 展示广告（Performance ads）。这些是完全标记的产品或服务销售广告，通常可以在我们高发行量的电子新闻邮件中找到； 3. 活动赞助（Sponsored events）收入； 4. Axios on HBO。按照每集的制作、人工成本和制作电视的时间收取费用； 5. Axios HQ 技术的使用费、培训费、定制费用； 6. Axios Studio：原生广告费用； 7. 内容合作收入。第三方平台或媒体组织转载 Axios 的内容支付的费用； 8. 程序化广告（Programmatic advertising）。这些自动化的，完全标记的广告销售产品或服务，只在 Axios 的网站上看到； 9. 会员收入。在一些 Axios Local 城市，读者捐款支持当地的新闻工作； 10. 工作板和活动板（Job and event boards）广告收入。在一些 Axios Local 城市，广告商可以购买工作或活动公告，并在电子新闻邮件和/或网站上显示； 11. 课程赞助收入； 12. Axios Pro 付费订阅收入。		

说明：1. 与大多数转向读者设置付费墙的新闻组织不一样，Axios 主要的收入来源是新闻电子邮件驱动的原生广告，Axios 在其网站中称之为企业和社会责任广告。
　　　2. 尽管 Axios 没有设置付费墙，但在 Axios Local 扩张过程中引入了会员模式。
　　　3. 针对企业客户的 Axios HQ 软件技术服务授权收入，在未来可能会有很大的增长空间。

第九章　长尾新闻商业模式
——气候内幕新闻

克里斯·安德森（Chris AnderSen）在《长尾理论》（*The Long Tail*）一书中指出，"技术正在将大规模市场转化为无数的利基市场"，[①] 我们正从一个热销商品世界迈向一个利基商品世界。技术创新消除了企业只能对少数商品进行配送的瓶颈，技术创新也让受众能够轻松搜集自己感兴趣的信息，一刀切的单一市场时代已经结束，取而代之的是新的多级市场。利基产品市场一直存在，正如英国文化学者雷蒙·威廉斯（Raymond Williams）所说，"不存在大众，只存在把人们看作大众的方法"。[②] 随着新媒体技术的发展，新闻产品的利基市场也越来越凸显出来，一种新闻生产的长尾模式随之也应运而生。

第一节　利基新闻网站的崛起

安德森指出，"我们的文化和经济重心正在加速转移，从需求曲线的少数大热门（主流产品和市场）转向需求曲线尾部的大量利基产品和市场。在一个没有货架空间限制和其他供应瓶颈的时代，面向特定小群体的

[①] ［美］克里斯·安德森，《长尾理论》，乔江涛、石晓燕译，中信出版社2012年版，第1页。

[②] ［美］克里斯·安德森，《长尾理论》，乔江涛、石晓燕译，中信出版社2012年版，第68页。

产品和服务,可以和主流热点具有同样的经济吸引力"。①安德森的长尾理论主要有三个结论:第一,产品种类的长尾远比我们想象的要长;第二,现在我们可以有效地开发这条长尾;第三,所有利基产品一旦集合起来,就可以创造一个可观的大市场。从长尾理论的视角来分析,目前出现的利基(niche)新闻网站,深刻地影响到了当下的新闻生态,它们已经成为新闻市场中一股不可小觑的力量。

传统新闻媒体在竞争与商业压力之下,不能一直坚持对复杂新闻故事的持续报道。结果,对一些社会问题的深度调查报道,在报纸版面或者电视新闻频道中逐渐减少。而与此同时,互联网为新的兴趣共同体创造了一个发展空间,围绕着许多特殊兴趣和特殊爱好的那一小部分受众开始逐渐浮现出来。互联网同样也提供了变革新闻报道形式的机会,由于接近和传播的便利性,一些专注于某一特定话题的利基新闻网站应运而生,这些网络媒体的主要受众是一些利基受众(niche audience)。

专注于报道环境问题的"气候内幕新闻"(Inside Climate News,ICN)网站获得普利策奖,是这类新闻网站发展的一个转折点。在获奖之时,该新闻网站总共只有7名工作人员,他们甚至没有自己的新闻办公室,只能通过一个虚拟的新闻室相互联系。由于"气候内幕新闻"对美国密歇根卡拉马祖河输油管道泄露一事的报道,该网站击败了50名入围的竞争者,以及两名强劲对手《波士顿环球报》和《华盛顿邮报》,最后获得2013年普利策全国报道奖。"气候内幕新闻"创建于2008年,其获得普利策奖只不过经历了5年时间。

2016年,凭借揭露执法者在一起强奸案件中的长期失职行为,以及对受害者产生创伤性影响的深度调查报道,主要关注美国司法公正的非营利新闻网站"马歇尔计划"(The Marshall Project)与非营利调查新闻网站Propublica一起获得当年普利策新闻奖的解释性新闻报道奖。"马歇尔计划"由前对冲基金经理尼尔·巴斯基(Neil Barsky)和《纽约时报》执行编辑比尔·凯勒(Bill Keller)于2014年共同创建,当时该新闻网站的正式员工只有25人。其创始运作资金,主要来自于各个基金会和个人捐款。"马歇尔计划"

---

① [美]克里斯·安德森:《长尾理论》,乔江涛、石晓燕译,中信出版社2012年版,第47页。

主要是通过对一些司法案件的报道，来引起人们对美国司法制度的关注。

"气候内幕新闻"和"马歇尔计划"是两个比较有典型代表性的利基新闻网站（一个只关注气候环境，一个只关注美国司法公正，而且它们都获得过普利策新闻奖）。随着网络媒体的发展，近几年，涌现出了一大批类似的网站，它们有的关注国际事务，有的关注环境气候，有的关注健康问题，有的只关注中小学教育问题。这些新闻网站大都关注的是一些传统新闻组织无暇报道，或没有去深入挖掘的报道领域，报道的也是与公众日常生活息息相关的信息。这些网站的新闻报道有相当一部分是以往报纸媒体的"高质量新闻"，在网络媒体中的延伸。随着这类利基新闻报道的涌现，它们正在不断地改变着整个新闻传播业的生态。

第二节　规模最小的普利策新闻奖得主

在普利策新闻奖90多年的历史中，到目前为止已经有几家网络媒体获得过普利策新闻奖，在2010年，ProPublica与《纽约时报》一起获得了当年的调查性报道奖，在2011年，该网站又再次获得普利策新闻奖的全国报道奖。在2012年，《赫芬顿邮报》获得普利策奖的全国报道奖。

与前两个网络媒体相比，"气候内幕新闻"可以说是获得普利策新闻奖的最小的一个网站，在获奖之时，该新闻网站总共只有7名编辑人员和新闻记者，他们甚至没有自己的新闻办公室，只是通过一个虚拟的新闻室来互相联系。

"气候内幕新闻"网站的记者和编辑零散地分布在纽约、圣地亚哥和以色列的特拉维夫，它的主要运作资金来源于洛克菲勒等三个基金会。已退休的普利策新闻奖主管赛格·基斯勒（Sig Gissler）指出，"在所有过去获得普利策奖的新闻组织中，这个小型的网络新闻组织可能是最不出名的一个，但是它为我们打开了一扇迈向新世界的大门"，[①] 那些关注利基新闻市场的小

[①] Ron Miller, "Tiny Pulitzer-Winning Newsroom May Be the Future of Journalism", http：//www.econtentmag.com/Articles. 查询时间：2023年11月18日。

网站，在未来有可能促使调查新闻报道和高质量新闻业发生重大改变。

在获得普利策奖之后，开始有越来越多的受众关注这个小新闻网站，该网站的创建者大卫·塞森（Davicl Sassoon）也希望"气候内幕新闻"能够获取更多基金会的支持，这样他们就可以将整个新闻组织的人数扩展到20-25人，如果条件允许的话，他们还可以在纽约创建一个新闻编辑部。

第三节　新闻生产的长尾模式

在2009年，由于金融危机的影响，大批报纸倒闭，大量记者被裁撤，有上千名记者失去工作，就在此时"气候内幕新闻"网站的创办者大卫·塞森注意到，随着大批记者的离去，美国国内媒体对环境新闻的报道在逐渐减少。在当代社会中，环境记者对社会的发展至关重要，因为环境问题会涉及我们社会中的每一个人。而"气候内幕新闻"想要做的就是填补在新闻报道中出现的这个"缝隙"（gap）。在网站中，他们明确表达了"气候内幕新闻"的使命："气候和能源是我们这个时代最主要的问题，但是绝大多数媒体却都在压缩这方面的开支，这些媒体不会投入较多的资源去报道环境问题，更不用说是调查性报道了。我们的目标是填补在全国媒体报道中逐渐出现的这个缝隙，通过我们的报道让公众更加了解环境问题，这对于民主社会的正常运作至关重要。"[1]

"气候内幕新闻"网站只关注报道有关能源和气候变迁方面的问题，因此是一个典型的利基新闻（niche news）网站。"皮尤杰出新闻计划"副总监马克尤尔·科维茨（Mark Jurkowitz）认为，"'气候内幕新闻'没有试图去重复传统媒体的日常新闻报道模式，它们反而去挑选一些特殊的但是又与公众利益密切相关的话题，即使它们的工作人员不多，该网站也可以去深度挖掘新闻，而现在传统媒体在这方面做得越来越少"。[2]

---

[1] "About Us", http：//insideclimatenews.org/about. 查询时间：2023年11月18日。
[2] Tierney Sneed, "InsideClimate News stands out for its reporting as well as its business model", http：//www.usnews.com/news/articles. 查询时间：2023年11月18日。

这个小新闻网站之所以能够和传统大新闻媒体组织展开竞争，主要是因为它在能源和气候变迁方面的深度调查报道。值得注意的是，在 2013 年，《纽约时报》反而关闭了它的环境新闻编辑部。大型的传统新闻组织，由于成本花费等原因，在这方面的投入越来越少，而那些特别专注于某一领域的小型新闻组织，正好能够填补新闻报道中的这个缝隙。事实上，许多典型的利基新闻网站都在遵循这种运作模式。通过精确地区分新闻市场，它们能够在新闻产品的长尾市场中，找到一个传统媒体不太关注的领域，然后集中精力去挖掘和报道。

利基新闻网站的出现也是网络民主化的一个结果，在这类新闻网站中某一个话题会受到过度关注，并予以集中报道。利基新闻网站服务的对象是充满热情的利基新闻消费者，他们会积极寻找那些主流媒体不能提供的信息。由于现有的利基新闻网站不断地获得知名度和可信度，这类新闻网站的扩张在飞速发展。

目前，在美国的数字新闻市场中，已经涌现出很多这样的网站。从新闻报道内容上来看，一般有以下几种：专门报道国际事务的利基新闻网站，如"德黑兰新闻社"（Tehran Bureau），"朝鲜新闻"（North Korea News），"叙利亚深度报道"（Syria Deeply）等；专门报道科学与技术的利基新闻网站，如"搜索引擎之家"（Search Engine Land），"深海新闻"（Deep-Sea News），"健康地图"（HealthMap）等；专门报道国内和本地政策的利基新闻网站，如"教育新闻网"（Education News Network/Chalkbeat），"纽约地区报道"（Gotham Gazette）等。

这类利基新闻网站总体上表现为一种"长尾新闻"运作模式，这种新闻运作模式的主要特点是指从主流新闻媒体的报道内容中转移开来，报道那些主流媒体不太关注的新闻。主流新闻媒体主要是追逐大多数受众感兴趣的内容，而"长尾新闻"模式追逐的是小众，"长尾新闻"所报道的内容和主题也主要是吸引一些非常有限的受众。《长尾理论》一书作者安德森认为"长尾的意义无非就是无限的选择，无限的选择就等于市场的终极细分"，[①] 因此

[①] ［美］克里斯·安德森，《长尾理论》，乔江涛、石晓燕译，中信出版社 2012 年版，第 159 页。

在"长尾新闻"中我们可以发掘出许许多多"利基新闻市场",这些新闻市场对特定的或小众化的报道内容有潜在的市场需求,大多数受众对这些报道话题并不感兴趣,因此这类新闻报道一般不会成为大众观看的晚间新闻报道。

利基新闻产品市场其实一直以来都存在,只不过随着新媒体技术的发展,我们接近这类新闻产品的成本在不断降低,原来看不见的利基新闻市场才逐渐显现出来,对于未来新闻业的发展和创新而言,在新闻生产的"长尾"蕴含着极大的机会,也许普利策颁奖委员会的委员们看重的正是这一点。那些试图进行数字新闻创业的人更应该关注新闻生产的长尾,从新闻长尾中发掘创业机会,正如安德森所言,"一片崭新的土地显现出来——它一直在那里,只不过隐藏在水下而已。这类利基产品是地图上找不到的伟大宝藏,蕴藏着许许多多过去认为没有经济效益,而未能登上台面的产品。但许多产品一直就在这里,只是不易被人看到或难以挖掘"。[1]

利基新闻网站的意图是弥补新闻报道中的缺失,提供主流媒体不能给予的充分报道。这些网站的创建者一般都会认为整个新闻市场有缺失,或者是主流媒体对于一些特定的话题没有给予充分的报道。

"气候内幕新闻"网站的创始人大卫·赛森(David Sassoon)在创建网站时,正是持有这样的动机:媒体在报道气候方面的问题时,可以说是一个巨大的失败。我们国家的许多人都不能理解这方面的问题,媒体甚至有时提供错误消息。许多这方面的问题都源于在媒体中出现的混乱,以及这些问题被媒体报道时不合适的方式。媒体在科学知识方面的报道有时也不太准确。

赛森以及其他网站的创建者,在创建网站时依赖的是他们对某一方面知识的精准把握,这些网站的作者拥有某一方面的专长,或者在某一个领域拥有先进的知识。一些作者就是职业记者,而一些作者本身就是某一领域的技术专家:"朝鲜新闻"的创建者就是以前在联合国任职的一位官员;"深海新闻"的创建者是一位拥有博士学位的海洋研究者;"露天看台报告"

---

[1] [美]克里斯·安德森:《长尾理论》,乔江涛、石晓燕译,中信出版社2012年版,第8页。

（Bleacher Report）则是由几个喜欢体育的朋友共同创建的。这些网站的创建者在它们各自报道的领域都拥有深厚的专业知识，这些知识可以提升它们在新闻报道方面的专业水准，同时也可以扩大它们在特定领域的可信度。

这些利基网站的运营者所拥有的专业知识也可以让他们整理分析各种新信息，而这些可能是主流媒体的记者达不到的。"健康地图"的创建者来自医学和科技领域，该网站主要由流行病专家约翰·布朗斯汀和计算机科学家卡拉克·费瑞福尔德共同创建，该网站能够自动地从社交媒体中捕捉各种公共健康信息，并且能够将这些信息加工为数据报告。"健康地图"搜集有关传染病毒扩散的数据和公开资源信息，对于公共健康的职业工作者也有很大帮助。该网站创建的理念就是：有许多传染病信息被张贴在网上——邮件列表、博客、推特或者脸书，这些信息提供的疾病暴发预兆，要远远早于传统公共健康报道。

与主流新闻传播机构相比，这些网站主要是通过一些"利基话题"来吸引一小部分受众，这一小部分受众对这类网站具有很高的忠诚度，而且从使用者的回访率来看，这些网站同时还可以吸引受众参与其中。

因此，利基新闻网站不仅能够提供更多的高质量新闻报道，也能够报道一些为主流媒体所忽略的长期而又复杂的问题。对于这些利基网站而言，利基新闻模式意味着一种意想不到的机会，这些新闻网站为那些高度关注某一问题的受众服务，这也意味着它们能够开辟出新的新闻市场，并且以这些受众为基础建立一个基于爱好和兴趣的网络社区。对于专业性记者而言，利基新闻报道平台预示着基于事实的、深度的、高标准的，为公众服务的新闻业的回归。总的来讲，这些新闻网站提供了一个机会，让专业记者去关注主流媒体很少有时间和精力去报道的"利基问题"。

此外，这些网站几乎都利用了积极区分策略：他们的报道都是非常明确地报道一小部分受众所关注的内容，关注的是新闻报道中的"长尾"，而这些内容往往容易被主流媒体忽略，即使它们可能会报道，但是也没有深入挖掘。比如"创业报道"（StartUp Beat）网站关注的是"世界上最重要的创新在早期阶段的创业"，它们尤其关注在美国硅谷之外的创业者。该网站的创建者对其新闻报道做了精细划分，主要是去报道在成熟的电子科技媒体中很难找得到的科技创新与创业信息，它们报道的一个基准就是与"推酷"、"商业内幕"报道的内容不一样。

同样,"教育新闻网"主要关注的是低收入社区的学校新闻报道,用其创建者伊丽莎白·格林(Elizabeth Green)的话来讲,"(低收入社区学校新闻)在传统上是新闻沙漠",很少有主流媒体会有这方面的报道。"国际司法报道"(IA Reporter)主要关注的是国际仲裁方面的消息,国际诉讼具有高风险,而法律和金融媒体很少关注这方面的问题。

利基新闻网站关注的都是具体特定的兴趣社区,这些网站都通过一系列的策略来吸引它们的目标受众,一些网站的目标受众可以说是"专家读者"。"建筑师"(Archinect)和"国际司法报道"主要是为一小部分职业受众服务。"建筑师"主要关注的是从事建筑艺术的受众,而"国际司法报道"的受众是对国际诉讼案件感兴趣的法律专家。"公开加拿大"则主要关注的是加拿大的外交政策,它主要为对国际事务感兴趣的精英读者服务。

不过,这些新闻网站在发展过程中也存在着一些困难。即使创建一个新闻网站的成本较低,他们也得和那些经济上宽裕的数字新闻网站竞争。除了基金会给它们提供资金之外,它们很难从其他地方获得收入。如何找到一个可持续发展的商业模式是他们面临的共同困难。

第四节 高质量新闻与调查报道

在"气候内幕新闻"创建伊始,该网站其实只是一个博客网站,同其他新创建的新闻网站一样也是通过各种手段来追逐流量,获得受众的关注,但是经过几个月后,他们认为这种方式并不能让他们达到最终目标。之后,"气候内幕新闻"开始注重原创新闻报道,让自己生产的新闻内容填满网站,并逐渐向调查性新闻报道方向过渡。

"气候内幕新闻"的特点就是在网络平台上发布传统的调查性报道,从目前的发展状况来看,"气候内幕新闻"可能预示着21世纪调查性新闻报道运作的一种模式。《哥伦比亚大学新闻评论》(Columbia Journalism Review)专栏作家柯蒂斯·布瑞纳德(Curtis Brainard)指出,"气候新闻内幕"在漏油事件的报道中,挖掘的要比别家媒体深入得多,原来很少有人关注这一事件，结果由于他们的报道，让公众注意到了美国输油管道存在的问题，"他们的报道以坚实的事实为基础，这正是真正调查报道记者应该做的事"。①

网站的创建者赛森认为，"传统的实地调查性报道是民主社会运作的活力之源，而我们希望它一直生生不息"。② 但由于传统新闻组织的成本预算压力太大，许多新闻组织不断削减耗时又耗钱的调查性新闻记者，美国亚利桑那州立大学做的一项调查显示，美国最大的100家日报中只有37%的报纸有全职的新闻调查记者，绝大部分报纸只有一两个调查性新闻记者，只有10%的报纸拥有4个以上的调查性记者，电视网和杂志的调查性记者也在逐渐减少。③ 而在许多学者看来，调查性新闻记者在某种程度上承担着民主"看门狗"的角色，美国学者兰斯·班尼特（Lance Bennett）就认为，"如果没有新闻记者扮演'看门狗'的角色，美国的民主就不会正常运作，或者至少不会出现类似于我们现在看到的这种民主形式"。④

"气候内幕新闻"的执行编辑斯泰西·费尔德曼（Stacy Feldman）也指出："许多人把我们看作是一种新的新闻形式，其实我们就是传统的调查新闻在一个新平台上发布。为了调查漏油事件，我们的记者查阅了大量文件，采访了大量人，这确实是一件繁重的工作。"⑤ "气候内幕新闻"荣获普利策新闻奖，对于其他从事调查性新闻的小媒体组织和小网站来说是一个鼓励，在未来将会有更多的记者加入这个行列来。

在未来，"气候内幕新闻"还会继续调查性新闻报道。赛森在接受《福布斯》采访时就指出："我认为即使没有许多经费来源，也可以从事调

---

① Leigh Ann Renzulli, "Old-Fashioned Journalism published on a new platform", http：//ajrarchive. org/article. asp？id=5537. 查询时间：2023年11月18日。

② Curtis Brainard, "InsideClimate wins a Pulitzer", https：//archives. cjr. org/the_ observatory/insideclimate_ news_ pulitzer_ pr. php. 查询时间：2023年11月18日。

③ Tom Mcgeveran, *Money Changes Everything*, *Columbia Journalism Review*, *November/December*, 2011, pp. 135-138.

④ Lance Bennett and William Serrin, "The watchdog role", in: Overholser and Jamieson (Eds), Institutions of American of democracy：The press. New York：Oxford University Press, pp. 169-188, 2005.

⑤ Shauna Theel, "An underdog Pulitzer winner exposes shortcomings in environmental reporting", http：//mediamatters. org/blog/2013/04/18. 查询时间：2023年11月18日。

查性新闻报道，没有必要感到没钱就不能做你想做的事。或许传统的新闻组织在从事新闻调查时更有效，但它们不去做又有什么用。其实分布在全国各地的个人和小新闻网站，都可以从事这类调查性报道。"①

"气候内幕新闻"的成功让我们看到，在网络时代，一个致力于报道与公众利益密切相关的小网站，即使没有很多钱，没有大型新闻组织的资助，他们也可以进行深度调查性报道，并通过网络平台将新闻发布出来。这正是互联网时代的新闻创新故事。这种新闻报道模式完全契合网络时代的逻辑：网络和社交媒体的出现，大大降低了接近媒体的门槛，即使没有大规模资金的资助，通过网络平台也可以顺利地进行新闻报道。也许这类小的媒体组织预示着调查性新闻业的未来——一种小型精益运作的网络媒体，并且完全专注于某一领域展开调查性新闻报道。

获得普利策奖是这个小新闻网站发展史上的一个重要里程碑，同时它也是普利策奖发展史上的一个重要节点，这说明传统的新闻叙事技艺并未改变，调查性报道仍然是新闻媒体的重要基石。新闻媒体和记者现在要做的就是，寻找不同的方式来完成他们的调查报道计划。

普利策新闻奖的 5 位评委将全国性报道奖颁给"气候内幕新闻"，在某种程度上也表明了一个态度：他们既支持某一特定话题的调查性新闻报道，也支持"气候内幕新闻"这种比较经济而又高效的长尾新闻运作模式。现在，不仅像洛克菲勒基金这样的大基金组织，美国其他一些规模较小的基金会，也都开始认识到，像"气候内幕新闻"这样的利基新闻组织，在开展调查性新闻报道时所体现出来的公众服务精神。目前，美国至少已经有另外两个专门致力于气候变迁的利基新闻网站（"每日气候"和"气候中心"）投入运营。纽约大学的科学新闻学教授丹·费金（Dan Fagin）认为，"普利策新闻奖的评委们透露出来的信息很明显，只要坚持下去，这些小新闻网站完全可以跟那些大媒体展开竞争"。②

这些利基新闻网站的不断发展也说明，调查性新闻报道所代表的高质

---

① Dena Levitz, "Ten questions with David Sassoon of InsideCliamte News", http://www.americanpressinstitute.org/publications. 查询时间：2023 年 11 月 18 日。
② Brian Stelter, "Web site wins Pulitzer Prize, but has no newsroom to put it in", http://www.nytimes.com/2013/04/17/business/media. 查询时间：2023 年 11 月 18 日。

量新闻业，随着这类新闻网站的扩张，也得到了进一步发展。在新闻组织遭遇巨大困境的背景之下，如何确保主流媒体在成本压力之下，不会缩减调查性新闻报道，是值得我们持续思考的一个问题。在一个彼此连接越来越紧密，而且越来越复杂的媒体生态中，新闻媒体如果不能持续地提供有深度的调查性新闻报道，可能会对民主社会的运作产生持久性的影响。

在未来，可能会有更多有关公共政策话题的利基网站出现，这些话题会涉及健康、交通、教育、外国事务，以及环境气候变迁等问题。毫无疑问，更多利基新闻网站的出现将有助于民主社会的健康发展。新闻组织提供的知识和信息越多，政策决定者和公民在制定和执行相关政策时也就越明智。这类主要关注某一特定话题的利基新闻网站可能会成为未来新闻业的一种新模式，并为未来的新闻记者设定新的标准。

到2021年，"气候内幕新闻"已经分别在美国东部和西部创建了四个核心网络（东部：哥伦布、路易斯维尔；西部：伯克利、盐湖城），未来还计划在美国中部、西南部、南部再创建三个核心网络，与其合作的新闻组织有几十家，几乎遍布美国各大城市。

第五节　迈向多元化收入

从2014年到2017年，"气候内幕新闻"的收入来源逐渐多元化，在2014年，"气候内幕新闻"的主要收入来源于基金会的资助（Foundations），这部分收入占到该新闻组织总收入的88%。而到2017年，来自基金会的收入下降到70%，其他一些收入来源均有所上升：个人捐赠（Individual Donors）从5%上升到9%；网络捐赠（Online Donors）从3%上升到9%，其他一些收入来源也有所变化和上升。

到2018年，较大的个人捐赠（Large Individual Donors）占"气候内幕新闻"年度总收入的15%。个人捐赠是"气候内幕新闻"日益增长的收入来源。这类捐赠者每人至少捐赠了1000美元，到目前为止最大的个人捐赠者捐赠了15万美元。网络捐赠（Online Donors）占该年度总收入的6%。越来越多的读者成为"气候内幕新闻"的支持者，自愿为"气候内幕新闻"在互联网上免费提供的新闻付费。其他收入占该年度总收入的 4%。"气候内幕新闻"正在努力通过各种渠道来增加收入。这些收入包括：电子书销售、联合授权、在发表授权、组织特别活动，以及企业赞助的收入。来自基金会的收入占总收入的 75%。"气候内幕新闻"的大部分收入来自机构资助者，他们提供的资助资金在 5000 美元到 100 万美元之间。

在 2020 年，"气候内幕新闻"的收入中来自基金会的收入有所回升，占总收入的 80%。"气候内幕新闻"计划到 2023 年，来自基金会的收入占 47%，来自网络的小额捐赠占 40%，来自个人的大额捐赠占 13%。总的一个趋势是，"气候内幕新闻"试图摆脱对基金会资助的过于依赖，积极拓展各种收入来源，让自己的收入来源更加多元化。

本章小结

在数字新闻年代，新闻记者可以更方便地服务于新闻受众。互联网不仅降低了新闻报道的门槛，也降低了新进入新闻市场创业者的生产成本，同时也为发掘新的受众提供了诸多机会。现在的数字新闻记者可以为不同的兴趣社区服务，即使这些兴趣社区在地理空间上有很大不同。

让新闻媒体出现变革的是涌现出的一大批创业新闻记者（entrepreneurial journalists），他们变成了新媒体企业的创建人。在一些网站中，这些创建人是职业记者，而在另外一些网站中，他们某一领域的专家，对某一问题有着很深厚的了解和把握。他们对于某一领域的集中报道能够让新闻市场变得丰富起来，因为在新闻报道过程中，他们会将关于某一领域的专业知识与新闻知识整合起来。

新闻学教授杰伊·罗森（Jay Rosen）指出，"在 1994 年，我们肯定不会建议一个刚开始进入新闻业的从业者，去创建他自己的新闻媒体，而现在我强烈建议他们去创建利基新闻网站"。[1] 从零开始，创建属于你自己的

---

[1] Jay Rosen, "He used to edit political stories at the Chicago Tribune. Now he says the press is failing our democracy", https://pressthink.org/. 查询时间：2023 年 11 月 18 日。

利基新闻网站,服务于对某一话题特别关注的人群,已经逐渐成为一种新闻报道趋势。

利基受众的要求一般比较高,如果不能满足他们深度的信息需求,这类受众一般就不会重复浏览网站。在某种程度上,创建一个利基网站也不是一件容易的事,它要求报道者对某一领域的知识有精准和深厚的把握,能够给这些受众带来他们更多不了解的信息,因此,这些报道者可能是某一领域中"专家中的专家"。此外,如果要将利基新闻网站转变为一门生意,遇到的困难可能会更多。但是对于新闻创业者来讲,这是一件很值得从零开始去做的事。

总的来讲,当下的新闻生态要比以往更为复杂,这也意味着那些新闻创业者有很大发展机会。我们正在步入一个新闻创业年代,将会有越来越多的专家、读者、记者成为新闻创业者,通过获取新的创业资金,沿着新闻生产的"长尾",他们将会创建一个又一个的利基新闻网站,这些网络媒体其实就是一些精益运作(Lean operations)的小企业,它们在未来新闻业的发展过程中将会起着举足轻重的作用。

附表　　　　"气候内幕新闻"商业模式画布分析

重要合作	关键业务	价值主张	客户关系	客户细分
华盛顿邮报 波士顿环球报 卫报 纽约时报 彭博社 路透社 NBC NPR 纽约公共频道 哥伦比亚大学新闻学院 哈佛大学公共健康学院 伯克利大学新闻学院 耶鲁大学 爱荷华大学	提供环境新闻报道	高质量气候变迁、能源和环境调查新闻 美国最大的专注于环境报道的新闻编辑室 每年生产500多篇环境新闻报道	信任 网络社区	关注环境与气候变迁的全球读者
	关键资源 专业的环境新闻记者 屡获殊荣的专业新闻网站:普利策新闻奖、爱德华默罗奖、约翰奥克斯环境新闻奖、纽约新闻俱乐部奖等等		渠道通路 新闻网站 新闻电子邮件 脸书、推特等社交媒体平台 合作媒体网站	

续表

成本结构	收入来源
新闻记者和员工的工资费用 新闻编辑室、新闻编辑室运作维护费用 2020年，84%的资金用于新闻报道，4%用于管理	基金会捐赠收入 个人大额捐赠收入 网络小额捐赠收入 组织举办活动收入 公司企业捐赠收入 内容授权收入 售卖电子书收入

说明：1. "气候内幕新闻"是一个非营利利基新闻网站，其主要收入来源是慈善基金，但一直试图实现收入来源多元化，摆脱对基金会资金的过度依赖。

2. 从2020年"气候内幕新闻"的资金分配来看，该新闻网站的绝大部分资金用于新闻报道。

第十章　慢新闻驱动的商业模式
——Tortoise

2018年10月，英国广播公司（BBC）前总裁詹姆斯·哈丁（James Harding）、道琼斯公司前总裁凯蒂·范尼克-史密斯（Katie Vanneck-Smith）和美国前驻英国大使马修·巴尔遵（Matthew Barzun）等人联合发起众筹新闻项目——Tortoise，在一个月的众筹期限内，该项目获得2,530多名赞助者提供的539,035英镑（约为69.2万美元），成为目前Kickstarter平台上获得资助资金最多的众筹新闻项目。该新闻组织的众筹宣言和价值主张是"慢下来，智慧升起来"（Slow down. Wise up）。[①] Tortoise的主要目标是想解决当下媒体生态系统中的两个主要问题：日常生活中太多的噪音，以及权力鸿沟的日益扩大。

"慢"（Slow）和"开放"（Open）这两个词可以概括Tortoise在众多新闻媒体中脱颖而出的原因。Tortoise的新闻报道形式是慢新闻，因为每天它选择只报道几个主题和故事，它的目标不是报道突发新闻。Tortoise践行的是开放式新闻运作模式，因为它的会员被邀请去对该媒体组织的编辑决定发表意见。Tortoise媒体组织的首席营销官利兹·莫斯利（Liz Mosely）指出，"我们与我们的会员一起塑造新闻议程，同时选择报道世界的方式。"[②]

[①] Tortoise的英文释义是"龟、乌龟"，该新闻组织在命名时，取乌龟缓慢爬行之意，也喻指其实践的慢新闻报道。

[②] Teemu Henriksson, "How Tortoise is building an engaged community using events and audio", https://wan-ifra.org/2021/07/how-tortoise-is-building-an-engaged-community-using-events-and-audio/. 查询时间：2023年11月18日。

Tortoise 于 2019 年 4 月正式推出新闻报道，目前已有 13 多万名会员。人们成为 Tortoise 会员的主要原因是对主流媒体不满，因为这些媒体的信任程度越来越低，报道的新闻数量虽多，却无关紧要。

目前，大约有一半 Tortoise 的会员为自己的会员身份付费，另一半则由 Tortoise 的企业合作伙伴通过一个名为"Tortoise 网络"（Tortoise Network）的助学金计划提供赞助资金。赞助会员计划（sponsored membership programme）为该媒体组织提供了一个与慈善机构合作的机会，让那些原本会被排除在外的人，成为该新闻组织的会员。这一策略旨在保证 Tortoise 新闻社区声音的多样性。

第一节 众筹创业

目前，众筹已经逐渐成为新闻组织一种潜在的收入来源，这是一种分布式融资模式：公众为新闻报道提供小额资助，或发起者通过公众提供的小额资金创建一个新的媒体组织。美国学者尼基·厄舍指出，众筹新闻就是"一种新的商业模式，通过这种模式新闻记者利用普通公众的小额支付资金来支持他们的报道"。[①] 实际上，众筹就是通过网络中许许多多公众提供的小额资金来实现特定目标，个人捐助的资金甚至可以小到 1 美元。众筹的优势就在于提供资金的人数众多，从而可以围绕这些资金提供者来建构网络社区。

近几年，欧洲已经涌现出一些众筹资金超过百万美元的新闻组织。2013 年，荷兰新闻网站 De Correspondent 向公众募集初创运作资金，在为期五周的众筹期限内获得近 1.9 万名荷兰人的支持，筹集资金总额达 170 万美元，打破了当时全球新闻类众筹资金的纪录。2014 年，德国几位新闻记者发起创建调查新闻网站 Krautreporter 的众筹活动，在一个月内，有 1.7 万人为该新闻网站提供了 138 万美元启动资金。2015 年，西班牙 El

---

① Jian Lian, Nikki Usher, "*Crowd-Funded Journalism*", *Journal of Computer-Mediated Communication*, Vol. 19, No. 2, 2014, pp. 155–170.

Espanol 新闻网站，在不到两个月时间里，众筹到 340 万美元创业基金。①2017 年，承诺为读者提供调查新闻的瑞士网络杂志 Republik，在不到两周内就筹集到 240 万美元。② 加上 2018 年众筹成功的 Tortoise，这些众筹新闻组织前后遥相呼应形成欧洲独特的"众筹新闻运动"。

众筹新闻尽管最早出现在美国，但一直没有出现众筹资金数额较大的新闻组织。2016 年美国皮尤调查中心的一份研究报告显示，从 2009 年到 2015 年，Kickstarter 众筹平台上的 658 个众筹新闻项目，只筹集到 630 万美元，这一数字要远远低于电影、游戏等其他类别的众筹资金。③ 不过，在 2018 年 12 月，上文提到的荷兰众筹新闻组织 De Correspondent 在美国推出英文网站 The Correspondent 时，得到知名新闻学者杰伊·罗森（Jay Rosen）等人的支持，一个月内一举筹得 250 万美元，成为迄今为止美国筹集资金最大的一次众筹新闻活动，有来自 130 多个国家的 4.7 万多名读者为该网站提供众筹资金。④ 值得注意的是，以上这些众筹成功的新闻组织都是由来自传统媒体的新闻记者发起的，众筹已经成为这些新闻记者创业过程中重要的启动资金来源。

在新闻业新崛起的商业模式系统中，众筹模式逐渐起到一定的作用。当新闻组织资金紧张，或者一些新闻记者准备创业时，众筹确实是一个不错的选择。众筹除了可以为媒体组织提供报道资金和创业资金外，也是媒体组织的一种营销方式，它可以帮助新闻组织和记者建立品牌声誉，同时接触到更多读者。

---

① 胡元辉：《谁说没人资助好新闻？从群众募资新闻业的三巨头谈起》，https：//www.feja.org.tw/38838.

② Alison Langley，"Republik set crowdfunding records. Then reality hit"，https：//www.cjr.org/business_of_news/republik-swiss-news-crowdfunding.php. 查询时间：2023 年 11 月 18 日。

③ Nancy Vogt & Amy Mitchell，"Crowdfunded Journalism：A Small but Growing Addition to Publicly Driven Journalism"，http：//www.journalism.org/2016/01/20/crowdfunded-journalism/. 查询时间：2023 年 11 月 18 日。

④ "The Correspondent-Unbreaking news"，https：//thecorrespondent.com/. 查询时间：2023 年 11 月 18 日。

第二节　慢新闻

让 Tortoise 与众不同的另一个创新是其提供的慢新闻（slow journalism）报道。Tortoise 的慢新闻报道主要包括 5 个方面内容：技术、自然资源、认同、金融、生命与长寿。Tortoise 不报道突发新闻，也不会报道每一则新闻故事。"Tortoise 每日新闻"（Tortoise daily）每天提供的报道不超过 5 篇，但会对每一个报道主题进行深入挖掘。该新闻组织还为读者提供"Tortoise 季刊"（Tortoise quarterly），每年出版四期，是一个可以深入阅读的小册子，类似于杂志，主要包括对以往报道的重新审视，或者对一些新闻故事进行深入调查。

Tortoise 以慢新闻作为创新产品，与创始人哈丁有关。早在 2016 年，BBC 前新闻主管海伦·博登（Helen Boaden）就呼吁媒体应该提供更多慢新闻。她认为由于媒体过于追求突发新闻，以至于只提供没有场景和背景的信息碎片，这样只会掩盖问题，而非解决问题。哈丁在 BBC 任职期间接受了她的观点，曾试图让 BBC 提供更多慢新闻来打击虚假新闻。哈丁指出："我们需要解释推动新闻发展的背后因素是什么。我们需要慢新闻，我们需要利用数据、调查、分析和专家知识生产的深度新闻报道，来帮助我们解释我们所生活的世界。"[①]

《国家地理》（*National Geographic*）记者曼特·诺曼（Matt Norman）也认为，"速度是数字时代的病症"。[②] 社交媒体让公众淹没在太多的噪音中，反而找不到真正有用的信号。较早研究慢新闻的悉尼大学教授梅根·马苏里尔（Megan Le Masurier）指出："我们处于信息超载的时代，如果你每天都关注新闻，你可能会得到最新消息，但很多时候却看不到事情发生

---

① Emily Bell, "Can James Harding's Tortoise be more than a rich person's club?", https://www.theguardian.com/commentisfree/2018/oct/22/james-harding-tortoise-rich-persons-club-journalism-problems. 查询时间：2023 年 11 月 18 日。

② Matt Norman, "What Is Slow Journalism?", https://www.nationalgeographic.org/projects/out-of-eden-walk/blogs/lab-talk/2017-02-what-slow-journalism/.

的真正原因。"① 慢新闻的出现是对当下强调"快新闻"的一种反动，目的是解决新闻一味地"快"带来的问题。②

  慢新闻与20世纪的"慢食运动"（slow food），以及21世纪一些学者提出的"慢民主运动"（slow democracy）有一定的联系。法国学者埃里克·内夫（Erik Neven）指出慢新闻具有以下一些普遍特征：①慢新闻记者需要花费时间去搜集、核查和处理数据；②慢新闻与"调查"有一定的联系，并不是做简单评论；③慢新闻是对过度"新闻"传播的回应，因此会选择一些比较重要的话题与问题进行深入分析和解释；④慢新闻一般是长篇新闻报道，但同时会强调新闻报道质量；⑤慢新闻推动新闻的可追溯性（traceability），以及消息来源的透明性；⑥慢新闻强调服务于社区，注重将受众转变为媒体的合作者（partners），并鼓励读者为新闻生产做出贡献；⑦慢新闻会刻意回避娱乐新闻和名人新闻，将版面留给"没有讲述过的故事"。③ 当然并不是每一篇慢新闻报道都要符合以上七个特征。总体而言，慢新闻主要关注"深度"、"未经报道过的故事"，或"背景"，有时是以民族志或底层视角来观察社会。慢新闻的主要贡献是对当下强调速度的新闻实践活动，提供了一种批判性的反思——"快并不一定是最好的"。

  在 Tortoise 之前已经有一些著名的慢新闻案例，其中最典型的是两次普利策奖得主保罗·萨洛佩克（Paul Salopek）的慢新闻实践。他计划利用7年时间（2013年—2020年），从东非步行到南美，这个著名的慢新闻报道项目名为"走出伊甸园"。萨洛佩克指出，"每个人都在变得越来越快，同时也变得越来越肤浅。我们为何不放慢脚步，从相反方向来抓住受众的注意力"。④ 英国"慢新闻公司"创办的《延迟满足》（*Delayecl Gratification*）杂志甚至呼吁全球媒体进行一场慢新闻革命："就像其他慢

---

① Megan Le Masurier, "What is Slow Journalism?", *Journalism Practice*, Volume 9, No. 2, 2015, pp. 138-152.

② 彭增军：《慢新闻：回归还是反叛》，《新闻记者》2018年第11期。

③ Erik Neveu. "On not going too fast with slow journalism", *Journalism Practice*, Vol. 10, No. 4, 2016, pp. 448-460. 查询时间：2023年11月18日。

④ Paul Salopek, "Slow Journalism and the Out of Eden Walk Curriculum", https://pulitzercenter.org/id/node/6719. 查询时间：2023年11月18日。

运动，如慢食和慢旅行，我们需要时间去做正确的事情。我们没有必要拼命地与社交媒体竞争报道突发新闻，我们应该专注于从高质量新闻中获得的价值——准确性、深度、场景、分析和专家观点。"[1]

目前，尽管社交媒体带给新闻记者快速报道新闻的压力越来越大，不过，也有像 Tortoise 这类创新媒体组织正在放慢脚步，去实践花费时间讲故事的慢新闻。慢新闻也成为当下日渐恶化媒体生态系统的一种"解毒剂"，尽管它并不能解决当下媒体生态系统中的所有问题。公众总是需要突发新闻（自然灾害新闻、金融信息等），慢新闻并不是要降低这类新闻的生产速度。慢新闻只是提供了一个实践反思的路径，它提醒新闻记者要注意到新闻业发展变化的不同轨迹。在追求速度的数字时代，新闻报道如果一味求快，付出的代价可能是深度分析、背景和场景的提供，以及对新闻故事复杂性的阐述，Tortoise 的慢新闻恰恰提供了这样一种能够起到平衡作用的新闻生产路径。

"慢新闻"在新型冠状病毒疫情大流行期间蓬勃发展。Tortoise 以会员为中心的路径，帮助读者在孤独和阴郁的背景下感受到了联系和力量。鉴于疫情引发的不确定性和孤立感，Tortoise 传媒总监特萨·默里（Tessa Murray）指出，读者转向慢新闻并不奇怪，"人们希望成为对话的一部分，他们想更好地理解外部世界。"[2] 牛津路透社研究所数字新闻报告发现，围绕政客和社交媒体传播错误信息的担忧，让许多人不确定他们可以信任什么样的新闻来源。相比之下，慢新闻避免增加已经存在的大量信息。慢新闻考虑的是推动新闻议程的力量。

Tortoise 提供的每日新闻电子邮件 Daily Sensemaker 非常受欢迎，因为它消除了噪音，让读者直接了解每天重要的一些事情。新型冠状病毒疫情大流行还引发了集体代理权丧失（collective loss of agency）。由于英国处于封锁状态，大约有 1100 万人处于休假状态，许多人对自己的处境感到无能

---

[1] Delayed Gratification, "Why Slow Journalism Matters", https：//www.slow-journalism.com/slow-journalism. 查询时间：2023 年 11 月 18 日。

[2] Milly Martin, "'Slow journalism' startup hits its stride during the pandemic", https：//ijnet.org/en/story/slow-journalism-startup-hits-its-stride-during-pandemic. 查询时间：2023 年 11 月 18 日。

为力。正是在这种背景下，Tortoise 的慢新闻模式才真正脱颖而出，邀请其所有会员在参加线上活动时都有一个发言的机会。在大流行期间，Tortoise 以会员为中心的路径，为许多人提供了进入社区的机会。Tortoise 提供了一个地方或空间，会员可以在这个空间里提出自己的想法和疑虑，而别人可以倾听他们的意见，并且可以参与积极的对话。

第三节 开放式新闻

Tortoise 试图创建一个与众不同的新闻室，来实践开放式新闻（open journalism）运作模式。该新闻组织运作的核心设计是创建了一个互动谈话空间——ThinkIn，这是一个组织化的倾听（organized listening）系统，也是一个开放式的解决公民分歧的论坛，会员可以给 Tortoise 打电话，收听 Tortoise 组织的现场讨论，也可以直接走进 Tortoise 的开放新闻室，参与新闻室每晚组织的直播谈话。

ThinkIn 是开放式新闻实践的核心设计和驱动引擎，记者通过它来与受众展开谈话。互动谈话的内容由 Tortoise 团队选择，同时也会听取会员的一些建议。Tortoise 会组织一些专家参加开放式讨论，这个讨论空间对每一个人开放。读者不用担心他没有掌握足够的知识而无法参与谈话，Tortoise 会为每一个参与的人准备"Tortoise 笔记"（Tortoise Notes），并提前发给准备参与讨论的每一个人。这个笔记就是一个讨论话题指南，为参与者提供"他所需要知道的一切"：不论是加密货币，还是漫威系列电影；不论是种族主义，还是素食主义，等等。在谈话结束后，Tortoise 还会提供"Tortoise 收获"（Tortoise Take）——把新闻室通过谈话了解的情况告诉给每一个会员。在讨论过程中，如果触及一个有意义的话题，Tortoise 还会进行深入挖掘。为了保证能够听到不同的声音，该新闻组织还设计了"Tortoise 之旅"（Tortoise on Tour），将开放新闻室转移到不同城市的不同地区，比如教堂、清真寺、监狱、学校等，去倾听那些被忽视的声音。

Tortoise 的计划是通过定期组织的新闻谈话活动，让该新闻组织百分之四十的编辑能够与其会员见面，这样就可以通过这些面对面的谈话来引领未来新闻报道的方向。目前，Tortoise 已经举办了上百场 ThinkIn 互动谈话活动，每次参加面对面谈话的人数从 40 人到 120 人不等，讨论的话题主要包括美国中期选举、非洲国家的民主、移民等问题。

Tortoise 开放式新闻的目标是与社区公民建立直接联系，同时为新闻报道带来更多视角与更多集体经验。为了让公众更全面地了解周围世界，光靠新闻编辑室的专业记者是无法做到的，正如亨利·詹金斯（Henry Jen-Kins）所指，在融合文化时代，媒体消费已经成为一种集体性过程，我们需要法国数字文化学者皮埃尔·莱维（Pierre Levy）所说的"集体智慧"（collective intelligence）来面对社会问题，因为"我们没有人可以无所不知，我们每个人都所知有限。如果我们把各自的资源集中在一起，把分散于个人的技能集合在一起，我们对于世界的了解就会更加全面。"①

《卫报》是最早提出开放式新闻并实践这一理念的媒体。《卫报》前总编辑艾伦·拉斯布里杰认为："开放式新闻是完全融入当今世界现存之信息网络的新闻业。开放式新闻与这个信息网络链接，并通过这个信息网络筛选和过滤新闻，同时它也与这个信息网络紧密合作，开放式新闻会利用网络中任何普通人的力量来发布和分享信息，其目的是更好地记录和描述我们赖以生存的世界。"②

拉斯布里杰还指出"开放式新闻"应该建立在十个核心原则之上：①它鼓励参与，邀请受众做出回应；②它不是静态的报道形式；③它鼓励其他人发起辩论，公布材料或提出建议，让其他人参与新闻报道前的流程；④它有助于围绕主题、话题形成社区；⑤它对网络开放，并且本身就是网络的一部分；⑥它聚合或管理其他人的工作；⑦它认识到新闻记者并不是唯一专业权威的声音；⑧它渴望实现多样性，并促进共同价值观的发展；⑨它认识到发表只是新闻生产过程的开始，而不是结束；⑩它是透明

---

① ［美］亨利·詹金斯：《融合文化：新媒体和旧媒体的冲突地带》，杜永明译，商务印书馆 2012 年版，第 32 页。

② Alan Rusbridger, "Q&A with Alan Rusbridger: the future of open journalism", https://www.theguardian.com/commentisfree/2012/mar/25/alan-rusbridger-open-journalism. 查询时间：2023 年 11 月 18 日。

的,并且对质疑持开放态度,包括校正、澄清和补充。① 因此,开放式新闻本身就是一个开放的信息生态系统,所有参与者必须共同发挥作用才能有效运作。如果没有读者参与开放式新闻,这个系统将很难顺畅运行。

ThinkIn 创新的重点在于通过开放式新闻室促进公众之间面对面的交流,让新闻记者与公众倾听彼此在公共空间的对话与声音,然后根据这些对话来生产新闻、提供信息。倾听与对话是开放式新闻的关键,而社区作为新闻组织的合作伙伴,是新闻采集过程中必不可少的环节。将倾听与对话作为新闻生产的一个工具或路径,目的在于促进新闻组织与公众之间进行深度互动,从而唤醒公众的民主参与精神。正如詹姆斯·凯瑞(James Carey)所指:"当公众成为对话者并被鼓励参与讨论,而不是被动地作为记者与专家之间讨论的看客,公众将开始觉醒。"② 凯瑞在一系列文章中还指出,如果新闻从业者的意图在于促进民主进程中公众更加积极的参与,就需要实现从李普曼式的"告知新闻"到杜威式的"对话新闻"的转向。也就是要求新闻记者视自身为"公众对话"的促进者,而不是"专家信息"的传播者③。就当下新闻创新的种种路径而言,围绕社区开发新产品和服务,邀请读者积极参与对话,已经成为新闻组织的一个核心能力和要求。

Tortoise 受众参与和互动策略的一个基石是 ThinkIn 活动(ThinkIn events),ThinkIn 活动建立在编辑会议的理念之上。但是,新闻编辑部不是在内部讨论其编辑观点和新闻议程,而是让会员和新闻室之外的人也参与这些对话。这一理念相对简单,但具有重要的实践意义——每个 ThinkIn 活动解决一个特定的问题,参与会员和专家演讲者在这个被称为"文明分歧论坛"(forum for civilized disagreement)上发表他们的观点。其目标是在

---

① Alan Rusbridger,"Q&A with Alan Rusbridger: the future of open journalism", https://www.theguardian.com/commentisfree/2012/mar/25/alan-rusbridger-open-journalism. 查询时间: 2023 年 11 月 18 日。
② [美] 坦尼·哈斯:《公共新闻研究:理论、实践与批评》,曹进译,华夏出版社 2010 年版,第 6 页。
③ [美] 坦尼·哈斯:《公共新闻研究:理论、实践与批评》,曹进译,华夏出版社 2010 年版,第 9 页。

活动结束时形成一个在新闻采编时执行的一个视角或议程。

这类开放式活动在与观众建立牢固关系方面起着重要作用。ThinkIn一开始是现场活动，允许会员亲自加入编辑部的团队，大约一半的成员都参与其中。在 ThinkIn 受疫情影响通过组织线上虚拟活动以来，约70%的会员至少参与过一次网上的虚拟活动。Tortoise 还观察到参加ThinkIn 会提高读者留存率，这意味着 Tortoise 会员一般不会取消订阅，莫斯利指出："我们知道，一旦读者参加了 ThinkIn，读者续签会员的倾向就会显著增加。"[1]

ThinkIn 不是一般意义上的小组活动，它是在新闻编辑室进行的现场对话，读者可以亲自参加，也可以在网上发表他的看法。加入 Tortoise 和该新闻组织的专家记者一起来调查重要的故事。在 Tortoise 被称为"组织化倾听"（organised listening），它是 Tortoise 工作的核心。

该新闻组织之所以把 ThinkIn 看作是一个"文明分歧的论坛"，是因为他们认为，如果每个人对每件事都意见一致，那就没有必要再组织一个ThinkIn 活动了。读者的所有观点，即使是那些"不受欢迎"的观点，也应该受到礼貌和尊重。对许多人来说，公开演讲令人生畏，Tortoise 鼓励每个人公平地分享时间，并积极为每个人创造空间，尤其是那些没有机会表达意见的人。

在疫情消退后，现场活动将如何恢复，是许多读者关注的一个问题。Tortoise 看到了将人们聚集在同一个空间的巨大价值。对于新闻组织来说，线下活动可以让会员之间建立更紧密的联系和参与，在 2021 年 9 月，Tortoise 重新举办线下活动，就是为了加强社区凝聚力，让线下活动再次举办对 ThinkIn 来说至关重要。

与此同时，Tortoise 还在尝试一种混合活动形式，其中一些受众在新闻编辑室中，而其他人则在线加入。在线（和混合）活动会持续存在。该新闻组织现在正在开发自己的技术，并为此类混合活动准备其新闻编辑室空

---

[1] Teemu Henriksson, "How Tortoise is building an engaged community using events and audio", https://wan-ifra.org/2021/07/how-tortoise-is-building-an-engaged-community-using-events-and-audio/. 查询时间：2023 年 11 月 18 日。

间。让在线参与者加入可以帮助 Tortoise 实现包容的目标。莫斯利指出："这对新闻编辑部的多样性非常重要。我们将保留在线活动。我们现在不能关闭它，这对我们很多新会员来说是很大的损失。"①

第四节　会员模式

除了通过众筹获得启动资金之外，Tortoise 还试图建构一个可持续发展的新闻商业模式，它采取的策略是不刊登商业广告，也不出售用户数据，而是实行会员模式（membership），该新闻组织可持续运作的资金主要来自会员，而且 Tortoise 新闻室对所有会员开放。Tortoise 创始人史密斯指出，42%提供众筹资金的创始会员在 30 岁以下，与其他一些新闻组织的数字订购者相比这些会员显得更年轻，其中有四分之一的会员在英国之外，绝大多数来自美国和欧洲②。

作为一个新创媒体组织，Tortoise 的编辑注意到会员模式不可避免地会限制读者人数的增加，或者让读者集中到具有某一特定人口特征的群体上。为了解决这一问题，Tortoise 设计了灵活的会员模式。普通会员每年的会员费是 250 英镑，但 30 岁以下年轻人的会员费每年为 50 英镑，而面向学生的会员费更低，刚开始每年需付费 12 英镑，现在是第一年免费阅读③。

在数字广告收入越来越受脸书和谷歌垄断的媒体生态中，与读者建立直接联系是实现可持续发展的战略需要。来自读者的收入是媒体最简单、最古老的收入来源。在注意力经济年代，读者与媒体之间简单的价值交换，要求媒体组织能够为受众提供有价值的服务，媒体组织可以依据读者

---

① Teemu Henriksson, "How Tortoise is building an engaged community using events and audio", https://wan-ifra.org/2021/07/how-tortoise-is-building-an-engaged-community-using-events-and-audio/. 查询时间：2023 年 11 月 18 日。

② Lucinda Southern, "Tortoise wants members to inform its 'slow-news' coverage via live events", https://digiday.com/media/tortoise-wants-members-to-inform-its-slow-news-coverage-via-live-events/. 查询时间：2023 年 11 月 18 日。

③ "Tortoise Terms & Conditions", https://www.tortoisemedia.com/terms-conditions/. 查询时间：2023 年 11 月 18 日。

对媒体的信任度和忠诚度来制定读者收入战略。

哥伦比亚大学"数字新闻陶中心"（Tow Center for Digital Journalism）的一份报告指出，来自读者的收入一般分为三种：捐赠（donations）、订购（subscriptions）和会员（membership）。捐赠模式鼓励读者将资金捐赠给支持共同事业或共同价值观的机构，捐赠传达的是一种慈善关系；订购模式要求读者支付费用后才能访问产品或服务，订购传达的是一种交易关系；会员模式则是邀请读者为整个网络社区贡献他们自己的时间、金钱、人脉、专业知识，或者是邀请会员提供有创意的想法来支持他们信任的事业。记者和会员之间会有一定的双向知识交流，这是一种更加积极和活跃的关系。① 美国调查新闻组织 ProPublica 是典型的由慈善机构提供资金创建的非营利性媒体；《纽约时报》《金融时报》是典型的实施数字订购战略的媒体；《卫报》《大西洋月刊》（The Atlantic）则是典型的实施会员模式的媒体。

媒体创建会员模式就是围绕着自己生产的内容来创建社区，这意味着媒体组织要理解和满足会员的需要。与单纯的数字订购者相比，会员与媒体组织有一种较为强烈的情感联系。会员模式透露出一个清晰的信息：会员是重要的。作为一种商业模式，会员模式不仅仅要求新闻组织提供基本的内容和信息服务，还要提供诸多线下互动活动，比如：大型活动、参观媒体组织、与媒体管理人员面对面交谈等等。会员模式的关键在于，它允许会员与记者、编辑能够面对面地互动，这对于创建一个可信的社区、提升媒体的信任度至关重要。

会员模式也体现了一种更加忠诚的关系，在这种关系中，会员付出他们的时间、金钱或想法来帮助他所加入的媒体。会员模式让新闻记者深入接触到由读者组成的庞大知识社区，他们之间的互动交流，有利于新闻业运作。因此，近几年，会员模式逐渐成为一些新闻组织的主要收入来源，比如，《卫报》由会员提供的资金已经成为其收入构成的重要部分。

---

① Elizabeth Hansen, "Emily Goligoski. Guide to audience revenue and engagement", https: //www.cjr.org/tow_center_reports/guide-to-audience-revenue-and-engagement.php/. 查询时间：2023 年 11 月 18 日。

众筹为 Tortoise 提供了创业启动资金，通过会员模式该媒体组织又找到了可持续发展的资金来源，不过，新闻组织的商业模式不仅仅涉及到收入问题，还涉及用户、渠道、价值主张等多方面的问题。

Tortoise 团体会员的目的是帮助该新闻组织扩大会员规模。Tortoise 已经建立了一个与众不同的新闻编辑室，以提供慢新闻。当读者作为一个 10 人的团队加入时，每个人只需花费 50 英镑。

捐赠会员资格试图将更多的声音包容进来，尤其是那些付不起会员费的读者，可以通过其他读者的间接资助加入 Tortoise 新闻社区，这种会员模式通过捐赠"Tortoise 社区网络"（Tortoise Community Network）来实现，读者可以自主选择 20、50、100、500 英镑不等的捐赠金额。

"Tortoise 社区网络"作为一种会员资助模式，可确保 Tortoise 新闻向新闻平台最难接触，但最需要听到他们声音的人开放。通过捐赠资金，确保这些读者的声音在 ThinkIn 和该新闻组织的报道中得以表达。

第五节　Tortoise 社区网络

Tortoise 以与众不同的方式生产新闻，开放了新闻编辑室，以便会员对该新闻组织的工作有发言权。会员可以来参加 Tortoise 的编辑会议，告诉他们的想法和他们所知道的，以此来改进 Tortoise 的新闻报道。

但并不是每个人都能负担得起高质量新闻报道。这就是该新闻组织创建"Tortoise 社区网络"（Tortoise Community Network）的原因。目标是让每一个人都有发言的机会，实现包容性会员模式。这一计划已帮助成千上万的人免费加入该新闻组织，成为全额资助的 Tortoise 会员。

Tortoise 对这一会员扩张计划比较重视。这也是 Tortoise 能接触到比许多新闻组织更年轻、更多样化的受众的原因，这一计划也帮助该新闻组织发现问题，以不同的方式报道故事。Tortoise 还通过这种会员模式深入地方社区，邀请当地居民参加 ThinkIn 现场活动，并据此进行更深入的新闻报道。

2020 年，Tortoise 发起"未听到的声音"（Unheard Voices）活动，对新型冠状病毒疫情大流行期间备受忽视的人群展开了调查。在该新闻组织策划的 ThinkIn 现场活动中，个人的艰辛和苦难故事不断涌现。Tortoise 让更多的人听到了无家可归者、家庭佣工、护理离职者、性工作者、戒毒者的声音，以及大流行对他们的影响。Tortoise 通过在线活动传达了这些声音。让社区倾听不同的声音至关重要，但在实践中却经常被忽视。

目前，有数十家非营利组织和慈善机构加入了"Tortoise 社区网络"，这些组织和机构在提供捐助资金的同时，分享他们在教育、不平等和健康等领域工作的知识。这些非营利组织积极向读者介绍了与他们一起工作的人，而这些人的声音常常在媒体中被忽视。

"通过与 Tortoise Media 的合作，我们能够进行一种完全不同的对话；它汇集了组成家庭司法系统的所有人的观点和经验。"
——丽莎·哈克（Lisa Harker），纳菲尔德家庭司法观察中心主任

"我们相信在这个国家每个人都有平等的发言权。成为"Tortoise 社区网络"的一部分意味着成为对话的一部分，在那里我们可以挑战想法，并寻求在经常分裂的问题上的共同点。"
——塔比瑟·莫顿（Tabitha Morton），More United 首席执行官

"给年轻人一个机会，让他们参与到关于他们生活世界的对话中来，无论他们是谁，来自哪里，这是一个建立对自己声音信心的绝妙方法。"
——迈克尔·莱纳斯（Michael Lynas），NCS 的首席执行官

如果读者想加入 Tortoise 成为会员，他可以申请获得该新闻组织完全自助的"Tortoise 社区网络会员资格"（Tortoise Community Network memberships）。Tortoise 特别欢迎低收入人群和在社区前线为变革而工作的人提出申请。目前，"Tortoise 社区网络"已经帮助成千上万的人加入该新闻组织完全免费资助的 Tortoise 会员。

这种创新性的会员运作模式意味着，拥有真实经历的普通人——护理人员、护士、出租车司机、学生——都可以与商界领袖和政界人士坐在一起，讨论社会生活中的一些重要事件。Tortoise 希望放慢速度，深入挖掘并尝试着去理解一个快速变化的世界，同时试图缩小在生活中许多领域存在

的普通人和大机构之间的权力鸿沟。

但 Tortoise 很早就意识到，除非他们的新闻编辑室真正与众不同，否则只会创造另一个志趣相同的人们的回音室（echo chamber），他们会热情地加入 Tortoise，但不会带来 Tortoise 真正了解世界所需的广泛经验。因此，该新闻组织建立了"Tortoise 社区网络"——将数十个慈善机构、非营利组织和在社区前沿致力于变革的组织联合起来，以支持那些一般不参与新闻或发表意见的人，让更多的人参与到新闻社区中来，通过对话的力量促进社会变革。

在"Tortoise 社区网络"计划执行的两年中，这一项目资助了 27,000 多名社区网络会员，并与 70 多家慈善机构和组织合作帮助分配这些会员资格。社区网络会员在新型冠状病毒疫情危机期间举办的 700 多场 ThinkIn 活动中表达了他们的声音。社区网络会员讲述了大流行来袭时无家可归、住在机场的感受，目睹的政治身份的分裂，以及他们无法理解为什么媒体没有恰当地报道气候危机。

合作者与会员的贡献推动了与 Tortoise 的对话，挑战了新闻记者的固有思维，这种互动会让新闻工作变得更好。Tortoise 未来的首要任务是继续发展"Tortoise 社区网络"，并确保它真正成为该新闻组织运作的核心。这些非营利机构和慈善组织提供的资金资助，意味着 Tortoise 会有更多的会员，他们的背景更加多样化，同时与这些会员和与他们合作组织建立更深层次的关系。

如果没有支持者——企业、基金会和个人，Tortoise 无法做到这一点，这些非营利机构和慈善组织为值得被倾听的人提供会员资格。事实上，很多人都希望积极参与塑造他们所生活的世界，让他们感受到自己是挑战、质疑、调查和取得进步的共同努力的一部分。在这一过程中，社区网络成员也帮助 Tortoise 成为一个与众不同的新闻编辑室。

总的来讲，Tortoise 推出"Tortoise 社区网络"，主要是为了应对以下几个媒体发展趋势：

1. 来自低收入背景的人无法在线阅读新闻。牛津路透社研究所访问学者波莉·柯蒂斯（Polly Curtis）指出："不同社会经济背景的人可以获得的新闻存在真正的鸿沟，这在新闻参与方面造成了民主鸿沟。穷人信息匮乏；其余的人资源更丰富。这种数字鸿沟对我们民主和社会的每一个要素都产生了严重的影响。"[1]

2. 越来越多的人比以前积极地回避新闻，他们感到被拒之门外，无法推动社会变革。在英国回避新闻的人从2017年的23%，上升到2019年的35%。

3. 绝大多数公众认为，新闻媒体对英国北部地区的报道不如南部地区公平。波莉·柯蒂斯指出："那些声称不关注任何新闻的人比那些关注新闻的人更年轻、受教育程度低、收入更低，而且工作的可能性也更小。我们不喜欢谈论它，但新闻习惯与看起来非常像与我们常称之为阶级的东西密切相关。"[2]

通过"Tortoise社区网络"，该新闻组织已经从根本上多样化了新闻编辑室的人员，并积极推动会员发出声音。Tortoise为75个社区网络合作伙伴提供了付费会员资格，这些合作伙伴包括慈善机构、非营利组织和在英国各地的地方社区有着深厚根基的组织。他们把这些免费的会员资格分发给他们要支持的人，以及一线志愿者——那些为变革而努力工作的人。

2020年新型冠状病毒疫情大流行让"Tortoise社区网络"发生重大变化，Tortoise的合作伙伴需求激增，并导致Tortoise的会员激活迅速增加。在过去两年中，"Tortoise社区网络"让该新闻组织拥有的女性会员从2019年的41%，增加到2021年的51%。Tortoise通过遍布英国的331个ThinkIn活动让33,000多个会员在活动中表达他们的声音。

Tortoise发现，英国的媒体过多地集中在伦敦地区，很少听到首都和大城市以外的观点。所以，Tortoise决定在格里姆斯比（Grimsby）建立一个当地的Tortoise会员项目，以确保能够真正倾听当地的人的声音，因为格里姆斯比是英国推特使用率最低的地方。

---

[1] Charlotte Tobitt, "'Slow news' venture Tortoise creates 'inclusive' members model with potential to partner with local publishers", https：//pressgazette.co.uk/news/slow-news-venture-tortoise-creates-inclusive-members-model-with-potential-to-extend-into-local-journalism/. 查询时间：2023年11月18日。

[2] Charlotte Tobitt, "'Slow news' venture Tortoise creates 'inclusive' members model with potential to partner with local publishers", https：//pressgazette.co.uk/news/slow-news-venture-tortoise-creates-inclusive-members-model-with-potential-to-extend-into-local-journalism/. 查询时间：2023年11月18日。

在发展过程中，Tortoise 一直在努力走出伦敦。将其开放式新闻编辑部带到全国各地，并在英国各地的城镇和城市举办 ThinkIn，这是打破伦敦媒体泡沫的一种方式。Tortoise 发展的下一步是"Tortoise 地方"（Tortoise Local）——Tortoise 在伦敦之外的新闻编辑室，专注于听取当地 Tortoise 会员的意见。

这种新模式已经在英格兰东北部进行。在未来，Tortoise 将推出一系列现场活动、音频和文字报道新闻，所有这些活动都集中在对该地区人民最重要的问题上。2021 年 3 月在一个 ThinkIn 活动中提出了一个问题：在争取真相的斗争中，地方新闻是答案吗？接下来便是有关这一话题的热烈讨论，同时传达了一个明确的信息——当地新闻报道存在空白，Tortoise 的会员希望该媒体组织能够填补空白。自 2005 年以来，英国各地的本地新闻出版物净亏损 265 家。本地新闻的快速下降，伴随着广告驱动算法的兴起。这让本地新闻任由"流量之神"摆布，专注于传递能够吸引眼球的新闻故事，而不管什么对读者来说真正重要。"Tortoise 地方"的出现和扩张，可能会为英国各地的社区新闻带来一种全新的地方新闻模式。

第六节　音频与新闻电子邮件优先策略

音频和新闻电子邮件是 Tortoise 在日常生活中链接读者的主要手段和渠道。除了获得 ThinkIn 活动的门票之外，Tortoise 的会员还可以优先获得每日新闻电子邮件，使用会员专用的应用程序，并提前获得该新闻组织提供的音频产品。Tortoise 推出的新闻电子邮件名为 Sensemaker，在该新闻组织的产品组合中扮演着一个重要角色：每天早上，新闻电子邮件团队都会为当天发生的新闻选择一个主题，然后简要解释为什么这篇报道很重要，以及它带来的后果会是什么。

至于其移动应用程序，它最初在 Tortoise 的战略中发挥过重要作用，但现在该应用程序与音频产品相比，已经变得不那么重要了。Tortoise 发现，慢新闻叙事报道更适合音频报道模式，而且不太适合在小屏幕上长时间阅读。Tortoise 花了很长时间才意识到这一点。Tortoise 创始人哈丁承认，在推出 Tortoise 时"严重低估了新闻播客的作用,不是因为我没有意识到人们在听它,而是我认为市场将严重供过于求。"

目前,Tortoise 主要使用三种音频模式:

"慢新闻报道"(Slow Newscast):每周对"真正重要的故事"进行调查。会员可以在周一收听 Slow Newscast,周四在播客平台上发布免费版本(带有广告)。

"每日 Sensemaker"(Sensemaker Daily):每天深入报道一个故事。

"特别调查"(Special investigations)系列播客节目:最典型的例子是获奖的保罗·加利齐亚(Paul Galizia)的《我母亲的谋杀案》(My Mother's Murder),这个播客节目讲述了作者母亲达芙妮·加利齐亚(Daphne Galizia)被杀的故事。达芙妮是马耳他一位著名调查新闻记者,在 2017 年被汽车炸弹谋杀。

此外,Tortoise 也在积极寻找新的音频平台,如 Twitter Spaces 和 Clubhouse,并尝试着利用这些平台吸引用户。莫斯利认为音频节目有很大的发展空间,"特别是当我们想快速众包对实时新闻报道的意见时。读者进入 Twitter Spaces,很快就会找到很多了解情况的人。你会发现你正在与具有真正洞察力的人交谈,而无需通过其他方式来邀请他们。"[1]

第七节 迈向多元化收入

一 商务合作

Tortoise 对其新闻商业模式持开放态度。Tortoise 不刊登广告,不想让

---

[1] Teemu Henriksson, "How Tortoise is building an engaged community using events and audio", https://wan-ifra.org/2021/07/how-tortoise-is-building-an-engaged-community-using-events-and-audio/. 查询时间:2023 年 11 月 18 日。

更多侵略性的广告让信息生态系统更混乱,而且广告会迫使新闻编辑室制作越来越多的故事,越来越快。Tortoise 与合作伙伴合作,以 Tortoise 的新闻价值准则(即组织化的倾听、独立和开放)为基础,构建定制的产品和传播解决方案。Tortoise 还与支持开放式新闻的企业建立伙伴关系,使公众辩论成为可能。

(一) Tortoise 在三个领域与商业伙伴合作

与企业合作的 ThinkIns 活动(ThinkIns for business)。在定制的活动和峰会上有组织的倾听和有目的的对话。

与企业合作的 Sensemaker(Sensemaker for business)。定制新闻电子邮件、数据仪表盘和数据指数,帮助合作伙伴理解推动他们世界变革的力量。

与企业合作的 Tortoise 工作室(Tortoise studios)。由 Tortoise 编辑提供点对点的定制播客产品。

(二) Tortoise 与合作伙伴举办三种类型的 ThinkIn

开放的 ThinkIn 活动(Public ThinkIns):与合作伙伴和 Tortoise 会员进行公开对话。Tortoise 召集、组织和举办以公开、诚实对话为中心的在线或面对面活动。这些活动从一次性公共活动到全天峰会,汇集了来自世界各地的世界级专家和与会者。

私人 ThinkIn 活动(Private ThinkIns):私人对话、圆桌会议和晚宴,合作伙伴与主要利益相关者(例如,客户和股东)就对他们而言重要的问题进行交流。

员工 ThinkIn 活动(People ThinkIns):Tortoise 提供一个安全、中立的环境,使员工能够向雇主表达意见。这类活动有助于在管理层和员工之间建立开放和信任的关系,也有助于商业组织获得成功。

(三) 为企业定制新闻产品

为企业定制的新闻电子邮件、数据仪表板和数据索引,可以简化复杂的问题。Tortoise 强化了在数据分析方面的专业知识,并聘请了知名专家为商业企业提供建议。

为企业组织定制编辑音频项目。Tortoise 将新闻专业知识与多年的音频经验相结合，为企业合作伙伴提供最好的叙事故事。其实就是为品牌企业提供基于音频的原生广告。

Tortoise 是由会员和合作伙伴（partners）资助的。但合作伙伴不能影响、干涉其新闻报道，正如该新闻组织宣称的："我们的合作伙伴知道我们是一家新闻企业。我们的独立是不可谈判的。如果我们不得不在关系和故事之间做出选择，我们总是会选择故事。我们相信要开放新闻业，这样我们才能审视问题，为 21 世纪发展思路。我们希望与我们的成员和合作伙伴一起这样做。我们想让每个人都有一席之地来发出他们自己的声音。"

Tortoise 与其商业合作伙伴之间存在着比较重要的联系。双方的联系建立在两个关键要素之上。首先，Tortoise 促进了高级管理人员在私人网络和论坛上的对话。莫斯利将其描述为"一种私人高级网络组织"。其次，Tortoise 与其商业合作伙伴一起组织 ThinkIn 活动，讨论对商业组织而言具有重要文化意义的问题，例如，种族或性别包容。ThinkIn 开放新闻模式——文明分歧论坛——是一种吸引组织内部高层和基层人员的非常好的方式，可以推动企业组织在文化上取得进步。

企业伙伴关系在 Tortoise 的商业战略中起着重要的作用。事实上，来自伙伴关系的收入超过了来自会员的收入。此外，这些合作关系的帮助不仅仅是眼前的收入，在这些公司工作的员工也多成为 Tortoise 会员。

二　网上商店

自该新闻组织创建以来，Tortoise 逐渐开始涉足电子商务领域，并在其主页开设"商店"（shop）频道，目前主要出售图书、杂志、日历、贴纸、小旗、会员礼品卡等一些延伸产品。

年度会员礼品盒：会员价 80 英镑，非会员价 100 英镑。

年度会员礼品卡：会员价 80 英镑，非会员价 100 英镑。

《Tortoise 季刊》（Tortoise Quarterly）：已经出版至第 5 期，每期会员价

12 英镑，非会员价 15 英镑。

2021 伊迪丝日历（Edith's 2021 calendar）：会员价 6 英镑，非会员价 7.5 英镑。

伊迪丝贴纸（Edith stickers）：会员价 2 英镑，非会员价 2.5 英镑。

"制作新闻 Tortoise 小旗"（Tortoise flag）：会员价 24 英镑，非会员价 30 英镑。

"制作新闻 Tortoise 三角旗"（Tortoise pennant）：会员价 12 英镑，非会员价 15 英镑。

书籍：《壮丽与贪婪》（*Grandeur and Greed*），《被脱欧击败》（*Defeated by Brexit*）。

此外，Tortoise 还与 Bookshop 网站合作推出"Tortoise 图书商店"，并声明"当你从我们的商店购买图书时，你将同时支持本地书店和 Tortoise。"此外，每周 Tortoise 会通过它的新闻电子邮件 Creative Sensemaker 来推荐一些图书、电影、音乐等艺术作品。

三 人工智能报告与数据指数业务

随着数据和数据分析愈发成为企业发展的宝贵资源，建立权威数据库，销售数据也逐渐成为 Tortoise 的收入来源之一。Tortoise 成立了一个名为"情报"（Intelligence）的部门，为一些公司，甚至国际组织和政府提供有关人工智能的咨询与政策建议。该部门会定期发布"全球人工智能指数"（The Global AI Index），这是一个衡量全球各个国家的人工智能投资、创新和实施水平的指数。人工智能是在商业、政府和社会领域出现的变革性现象，但它也经常被误解或歪曲。"全球人工智能指数"关注分析了全球 62 个国家的人工智能发展情况。Tortoise 通过三个分析支柱：投资、创新和实施，来探究加速人工智能发展的力量，最终为一些国家政府或公司提供相关的咨询与建议。

此外，Tortoise 还提供以下一些数据或商业指数业务（index business）。

"人工智能网络"（The AI Network）：一个由商业领袖、学者专家和政策制定者组成的全球社区。未来几十年，人工智能将改变商业、政府和社会的运作方式。加入这个人工智能社区，有机会与该领域的其他领导者进行前沿对话，及时洞察，并建立有价值的网络。

国家人工智能仪表板（National AI Dashboards）：Tortoise 定制的仪表板旨在为政策制定者和其他利益相关者，提供一种监控人工智能发展趋势的手段。每个单独的仪表板跟踪 143 个反映每个国家能力和活动水平的独特指标。这是一种实时查看和了解一个国家人工智能生态系统的工具。

"责任 100 指数"（The Responsibility100 Index）：受联合国可持续发展目标（UN Sustainable Development Goals）的启发，Tortoise 与 Teneo 公司合作推出"责任 100 指数"对富时指数 100 家公司（FTSE 100）就关键的社会、环境和道德目标承诺进行排名。使用"责任 100 指数"，可以追踪和评估企业在为可持续的未来做出贡献方面的优势和劣势。

本章小结

传统新闻组织一般具有"墨守成规的企业文化"，彭增军教授指出："编辑部文化本质上是遵循传统而抵制创新的。新闻编辑部对于创新是一贯性地防范、阻止。有研究把这种现象称为编辑部刹车效应。任何创新建议，无论如何完美可行，到了编辑部这里必然被刹车。"[①]

一个具有创新文化的媒体总是会鼓励新闻记者挑战传统生产新闻的模式，并激励记者提出创造性的想法。Tortoise 声称"不会报道新闻发布会，也不会追逐突发新闻。同时也不会重复以往新闻室的陈旧架构，比如设置政治编辑、经济编辑等职位"。该新闻组织反而设置了谈话编辑、产品经理等职位，这等于是彻底重构了传统新闻组织的生产流程。

事实上，新闻室组织管理创新也是一种文化变革。Tortoise 要成为会员驱动的新闻编辑室，要与读者展开积极对话，就必须要对新闻编辑室进行巨大的文化变革。作为一个新创媒体组织，Tortoise 没有传统媒体组织的包

---

① 彭增军：《新闻业的救赎：数字时代新闻生产的 16 个关键问题》，中国人民大学出版社 2018 年版，第 53—56 页。

袜,这反而让它可以摆脱传统新闻室文化的羁绊,大胆进行创新。

Tortoise 的运作模式意味着要创建一种透明、信任、开放的新闻室文化,在"假新闻"日益泛滥的年代,这也是新闻创新至关重要的一部分。以往那种关起门来做新闻的模式,确实过时了,因此"媒体组织必须有一个开放的体制和文化,主动去寻求、尝试创新的机制和途径,这就需要离经叛道的商业战略思维。并不是说这样就一定能够创新,而是说有这样开放的制度和文化,找到创新发展模式的可能性就会大大增加。更重要的是,这样的创新过程,可以对既有体制和文化不断造成冲击,起到保鲜作用。"①

美国学者约翰·帕夫立克(John Pavlik)认为,新闻业的创新就是在媒体实践和媒体形态上引入新路径的过程,在这一过程中要维持对新闻质量的承诺和更高的伦理标准。新闻创新一般包括四个维度:①制作、传播、报道高质量内容;②吸引公众参与新闻互动;③优化报道以适应网络时代;④为数字化、网络化、移动化的媒体环境开发新的组织管理策略。②本文考察的案例 Tortoise 正是基于这四个维度的创新实践,通过对 Tortoise 这个新闻创新案例分析,我们可以得到以下一些启示:

一 不一味追逐技术创新

创新是一套综合系统,创新的主要驱动因素是技术进步,但新闻创新并不一定要一味地追逐技术。2018 年 11 月,牛津大学路透新闻研究中心发布的一份媒体创新研究报告指出,最近几年,新闻业太过于关注以技术为主导的创新,反而忽略了新闻叙事、受众参与、商业模式等方面的创新。由于新闻业过度追逐新兴技术——从虚拟现实、增强现实,到人工智能、算法,再到区块链,反而会导致媒体组织出现"创新疲劳"

---

① 彭增军:《新闻业的救赎:数字时代新闻生产的 16 个关键问题》,中国人民大学出版社 2018 年版,第 62 页。
② [美]约翰·帕夫利克:《创新与新闻业的未来》,张建中、李雪晴译,《新闻记者》2013 年第 11 期。

(innovation fatigue)，结果可能白白浪费时间、精力和资金。①

新闻业要想找到可持续的创新发展模式，需要在技术创新和新闻叙事、商业模式、新闻生产等创新维度之间，尽量做到相对平衡。就本章分析的新创媒体组织 Tortoise，它并没有将创新的注意力都集中在技术上（甚至谈不上技术创新，只是创建了一个网站，开发了一个新闻应用程序），反而将创新的焦点集中在商业模式（众筹、会员模式）、新闻生产（开放式新闻）、新闻产品（慢新闻）、新闻组织管理等方面，为新闻业尝试可持续发展创新模式提供了新的路径。

二　进行价值创新

Tortoise 实施会员模式的关键是该媒体组织的内容产品和服务能够做到价值创新。Tortoise 不报道突发新闻，主要报道推动新闻发生的背后因素，为读者提供具有丰富场景和背景知识的新闻故事，强调新闻深度、专家分析，而不是追求新闻报道的速度。这种慢新闻报道策略相对于当下其他媒体组织来讲是一种价值创新策略。

创新的媒体组织要明确他们要做什么，他们服务的读者是哪些人，以及如何为读者创造价值。价值创新战略需要嵌入媒体组织的整个发展战略中，媒体组织可以通过价值创新战略来开辟新的市场空间，创造和满足读者的新需求。2012 年，哈佛大学商学院著名教授克里斯坦森在为"哈佛尼曼新闻实验室"撰写的一份媒体创新研究报告中就指出："要维持新闻组织的长期发展，媒体组织一定要为用户创造出足够多的价值。目前，新闻组织的价值日益依赖于为用户提供场景（context）和查证（verification）——报道'怎么样，为什么，以及这意味着什么'，进而围绕新闻和

---

① Julie Posetti, "Time to step away from the 'bright, shiny things'? Towards a sustainable model of journalism innovation in an era of perpetual change", https：//reutersinstitute. politics. ox. ac. uk/our-research/time-step-away-bright-shiny-things-towards-sustainable-model-journalism-innovation-era. 查询时间：2023 年 11 月 18 日。

信息来促进社区发展。"①

三 以受众为中心的创新

面对"后真相"时代纷繁复杂的信息生态系统，受众既是问题的一部分，也是解决方案的一部分。Tortoise 的开放式新闻生产模式将读者整合到新闻生产过程中，通过对话的方式，让读者了解，甚至参与新闻生产过程，提升新闻生产的透明性，从而进一步提升读者对媒体组织的信任度。

开放式新闻作为一种媒体发展战略，意味着新闻组织要建立以读者为中心的双向互动联系。不断提升读者参与和互动是"开放"的主要目的。正如克莱·舍基（Clay Shirkey）指出的，"媒体是社会连接组织"，而Tortoise 通过开放式新闻运作将自己置于核心，使媒体成为"公众谈话的一部分"，进而鼓励社区成员之间展开对话，为他们提供分享、发现，以及传播故事、观点和数据的机会。② 因此，媒体组织在创新设计的前期就应该将读者包含进来，让读者一起参与新闻或信息的生产与分享。Tortoise 通过设计组织化的倾听系统，创建出面对面对话的空间，让用户变成经济意义上的媒体生产者，这样新闻记者就有机会能够真正倾听到公众的声音。这种将读者导入新闻生产过程的协作式创新，是未来媒体发展的重要趋势。③

---

① Clayton Christensen & David Skok, "Breaking News: Mastering the art of disruptive innovation in journalism", https://niemanreports.org/articles/breaking-news/. 查询时间：2023 年 11 月 18 日。

② [美]克莱·舍基：《认知盈余》，胡泳、哈丽丝译，中国人民大学出版社 2012 年版，第 61 页。

③ [美]唐·泰普斯科特、安东尼·威廉姆斯：《宏观维基经济学：重启商业和世界》，胡泳、李小玉译，中国青年出版社 2012 年版，第 218—219 页。

第十章　慢新闻驱动的商业模式

附表　　　　　　　　　**Tortoise 商业模式画布分析**

重要合作	关键业务	价值主张	客户关系	客户细分
数十家非营利组织机构 纽约时报 Bookshop.org	**关键业务** 慢新闻 开放式新闻 ThinkIn 活动 提供数据与指数报告 为企业组织提供定制的新闻电子邮件与播客 **关键资源** 专业新闻记者	"解决日常生活中噪音太多，以及权力鸿沟日益扩大两大问题"	**客户关系** 信任 社区 对话 **渠道通路** Tortoise 新闻网站 Tortoise 应用程序 新闻电子邮件 播客	英国新闻读者 全球新闻读者

成本结构	收入来源
新闻编辑室的运作费用 新闻记者和员工的工资费用 开发新产品的费用	会员收入 非营利组织的会员捐赠 众筹创业基金 商业合作收入（类似于原生广告） 电子商务 出售数据指数报告收入 组织和举办活动的门票收入 免费新闻播客中插播的广告

说明：1. Tortoise 的主要收入来源是会员订阅收入。为了把更多付不起会费的公众吸引到它的新闻社区中来，Tortoise 与数十个非营利组织和机构合作，让他们代为捐赠会员费。

2. ThinkIn 开放式新闻活动已经走出英国，在 2021 年联合国年度气候变化大会期间，与《纽约时报》的"气候中心"（Climate Hub）在格拉斯哥联合举办线上和线下活动。会员免费参与，非会员需要支付 10 英镑门票费。

3. Tortoise 与英国图书销售公司 Bookshop 合作，开始进入图书销售市场领域。

第十一章 建设性新闻驱动的商业模式
——The Correspondent

由会员资助的荷兰新闻组织 De Correspondent 为创建其英语新闻网站 The Correspondent，于 2018 年 11 月 14 日在美国面向全球读者发起众筹。在众筹活动的第 29 天，该新闻组织实现了 250 万美元的众筹目标，到第 30 天该众筹活动结束时，他们得到了 130 多个国家 45888 名读者的支持，共筹集到 260 多万美元[1]。发起此次众筹的 De Correspondent 是荷兰一家知名的新创媒体组织，成立于 2013 年，其创业启动资金也是通过众筹获得的——从 19000 名读者筹集到 120 万欧元，创下当时新闻业的众筹纪录。The Correspondent 的众筹目标是"发起一个非突发新闻运动"，以改变当下恶化的新闻生态。

The Correspondent 此次众筹新闻活动的规则是，如果在一个月内不能实现 250 万美元众筹目标，该新闻组织要将已经获得的众筹资金如数退还给来自不同国家的资助者，创建英文新闻网站的计划也随即中止。哥伦比亚大学托尔数字新闻中心主任艾米丽·贝尔（Emily Bell）对这次众筹新闻活动给予很高评价："The Correspondent 众筹活动特别令人钦佩的一点是，在没有发表任何报道的情况下就获得了众多读者的支持。"

利用获得的众筹资金，The Correspondent 创建了一个由会员资助的无

---

[1] Ernst Pfauth, "The Correspondent concludes crowdfunding campaign and raises $2.6 million thanks to 45,888 members from more than 130 countries", https://medium.com/de-correspondent/the-correspondent-hits-its-crowdfunding-goal-of-2-5m-1fc6a1597fb1. 查询时间：2023 年 11 月 18 日。

广告新闻平台，并实践了一种与众不同的新闻商业模式：不是通过引入新技术，而是通过重新优化新闻生产的各个环节，重新确立新闻报道理念，与读者共同合作来生产新闻。在数字转型年代，The Correspondent 作为一个典型的新闻创新案例，极具有启发意义。

第一节　建设性新闻驱动的商业模式

The Correspondent 的宗旨是为读者提供一种与众不同的新闻报道：不报道突发性新闻（breaking news），主要报道"非突发新闻"（unbreaking news）。该新闻组织的创始人罗布·威恩伯格（Rob Wijnberg）指出，新闻媒体一直在追逐新近（recent）发生的事件，几乎所有的新闻都是刚刚发生的事情。因为新闻的目光通常集中在当下，它使我们看不到更长远的过去和未来，也看不到随着时间推移权力结构发生的变化。The Correspondent 声称是对"日常新闻报道的矫正"，其核心是以社会根本性问题取代对轰动性事件的报道，所以更注重新闻报道的相关性（relevant），而不是一味追逐突发性新闻。正如该新闻组织在创建声明中指出的那样："我们不会报道日常天气变化，我们报道的是气候变迁，告诉读者世界是如何运转的。"①

此外，几个世纪以来，媒体中的新闻报道主要是由异乎寻常的、负面的事件组成，新闻主要关注冲突、意外、悲剧、战争等内容，"如果流血，就上头条"成为新闻报道的一个原则。新闻让读者对未来感到悲观，阅读大量新闻有时甚至会让读者感到压抑和无能为力。The Correspondent 的目标是抵消这种影响，尽可能地寻找社会问题的解决方案，他们把这类新闻报道称为建设性新闻（constructive journalism）。

建设性新闻是一种新崛起的报道路径，目前越来越多的新闻组织在实践这种新闻报道模式，比如《卫报》、BBC、《纽约时报》等。建设性新闻

---

① "Principles - The Correspondent"，https：//thecorrespondent.com/principles. 查询时间：2023年11月18日。

的基本理念是：新闻是一种帮助社会自我纠正的反馈机制。持续不断的负面新闻会让读者感到压抑，而且出现了"新闻回避"（news avoidance）的现象，即一些读者宁愿选择不看新闻，转而更多地接触让他们放松的娱乐节目。建设性新闻是对当下新闻媒体中越来越多的小报化报道、耸人听闻的信息和负面报道的回应。建设性新闻希望在报道社会问题的同时，能够提出解决社会问题的方案，激励读者采取行动，而不是让他们感到绝望。建设性新闻不追逐热点事件，反而转向社会系统性问题的报道，目的是为读者提供一幅更准确的世界图景①。

从建设性新闻的视角来看，新闻不是镜子式地反映世界，新闻能够推动世界变革，这与 The Correspondent 秉持的进步现实主义（progressive realism）不谋而合。此外，建设性新闻借鉴了积极心理学（positive psychology）的基本理论，以减少新闻记者对世界描述的偏见。与日常媒体中的新闻报道不同的是，建设性新闻不会报道完谋杀之后，就好像没事似的匆匆离开，让读者感到无助、愤世嫉俗和恐惧，它以一种提供希望并激励人们解决问题的方式来报道社会中的问题。在当下的新闻生态中，The Correspondent 倡导实践的"非突发新闻"、建设性新闻具有独特的价值。

第二节 无广告的会员经济模式

自 19 世纪以来，新闻业的主要资金来源是广告。新闻组织真正的产品不是新闻本身，而是读者的注意力。新闻组织只有抓住读者的注意力，这样他们才能获取更多广告。The Correspondent 的目标是为读者提供高质量的新闻报道，而不是将读者的注意力卖给广告商，因此，该新闻组织采取的商业策略是不刊登广告，甚至不刊登原生广告，他们认为原生广告也会侵蚀读者对媒体的信任。没有广告，就没有每天的流量要求，也没有必要追逐每天的热点话题。

---

① Peter Bro, "Constructive journalism: Proponents, precedents, and principles". *Journalism*, Vol. 20, No. 4, 2019, pp. 504-519.

在不刊登广告的情况下，The Correspondent 通过会员模式来实现可持续发展，会员支付的会员费是该新闻组织主要的运作资金。克莱·舍基（Clay Shirky）曾指出，广告商做广告不是因为他们想支持强大的新闻业，但读者之所以成为会员，是因为他们想让媒体变得更好。[1] 会员模式涉及会员读者与新闻组织之间的深度知识交流，这远远超出传统媒体与读者对话的方式，它代表着一种范式的转变：从只让读者对发表后的报道进行评论，到在生产新闻的早期阶段就开始与读者对话；从保持距离的一种关系，到读者与新闻组织之间持续、双向的知识交流。增加读者的互动参与和贡献是会员模式与单纯的捐赠、订购模式的区别所在。会员模式的独特优势在于能够培养会员读者不同的体验与归属感，不过，这也是一种劳动密集型的工作，需要花费新闻记者很多时间。

学者罗比·巴克斯特（Robbie Baxter）在《会员经济》（*The Membership Economy*）一书中指出，会员模式是以用户为中心的模式，它将用户而不是产品或交易置于企业组织的核心，让用户与企业建立直接联系，这是未来一种极具潜力的商业模式[2]。目前，许多新闻组织转向数字订购，这些媒体通常使用计量付费模式，读者每月可以阅读一定数量的免费文章，之后用户的访问就会被屏蔽。纽约大学新闻学教授杰伊·罗森认为，"订购是一种产品关系，就是在用户付钱后获得一种产品，它本质上是一种交易关系。用户付钱就能得到产品，如果你不付钱，你就得不到它。会员模式则不同，读者加入的是一项事业，这是因为读者信任记者的工作。"[3]

为了让每一位读者能够接触到该新闻组织的报道，The Correspondent 还实行了包容性的会员付费模式，其初衷是不会有读者因为自己的经济状

---

[1] Russ Juskalian, "Interview with Clay Shirky, Part I", https://archives.cjr.org/overload/interview_with_clay_shirky_par.php?page=all. 查询时间：2023 年 11 月 18 日。

[2] Robbie Baxter, *The Membership Economy*, New York: McGraw Hill Education, 2015, pp. 17–22.

[3] Kristen Hare, "Jay Rosen: Members don't want a gate around the journalism they're supporting", https://www.poynter.org/tech-tools/2017/jay-rosen-members-%C2%91don%C2%92t-want-a-gate-around-the-journalism-they%C2%92re-supporting%C2%92/. 查询时间：2023 年 11 月 18 日。

况，而看不到它的新闻报道。该新闻组织设置了一个"选择你自己的付费模式"，由读者自己来决定支付多少会员费。The Correspondent 认为可靠的信息应该是一种人人能负担得起的公共产品。让读者自己来决定价格，并不意味着是一种捐赠，The Correspondent 并没有把新闻业看作是慈善事业。因此，会员读者不是在购买产品，也不是在资助慈善机构，会员读者是加入了他信任的一项事业。

The Correspondent 作为一个新闻组织首先考虑的也不是营利，该组织的创始人很清楚利润最大化对新闻业造成的损害，并明确指出"始终会将新闻报道放在经济利益之前"，同时给自己设定一个利润上限：5%。The Correspondent 在创建声明中指出①：

> 一个多世纪以来，新闻业的主导商业模式一直是将受众的注意力卖给广告商，最终目标是通过吸引尽可能多的关注来实现股东利益最大化。在 The Correspondent，我们的目标是服务于我们的会员，最大限度地增进信任，而不是获取经济利益。这就是我们不会最大化股东回报，将股息限制在收入 5% 以内的原因。我们不接受任何不遵守股息上限的投资资本。

利润上限一旦设定就很难取消，荷兰民主与媒体基金会拥有的"公共服务否决权"（public service veto）保障了这一原则的实现，该基金会并不会干涉 The Correspondent 的日常新闻编辑工作，但作为最早资助该新闻组织的非营利机构，该基金会对任何可能改变该新闻组织基本宗旨或危及其创始原则的决定拥有否决权。

此外，The Correspondent 与当下媒体发展的趋势相反，它尽可能地减少收集用户的数据，不通过出售搜集的用户的数据来赚钱。该新闻组织只收集正常运行时所必需的数据，同时也没有把读者简化为人口统计数据，而是将隐私视为一项基本人权，认为收集数据侵犯隐私的做法是错误的。

---

① "Principles-The Correspondent"，https：//thecorrespondent.com/principles. 查询时间：2023 年 11 月 18 日。

第十一章 建设性新闻驱动的商业模式

第三节 会员与知识社区的建构

2006年，罗森在其发表的《那些以前被称为受众的人》一文中指出，受众并不是信息的被动消费者，在新闻业中有一个巨大的未开发资源——那就是读者的经验和专业知识[1]。学者丹·吉尔默（Dan Gillmorr）也指出："我们应该承认读者知道的比我们更多。"他认为，不管什么问题，读者加在一起比记者知道得多。要让读者分享他们掌握的知识，记者需要找到与读者对话的恰当方式。[2] 在印刷媒体时代，新闻记者很难接触到读者。不过，在数字时代，读者可以成为新闻媒体重要的知识来源。在 The Correspondent，记者需要花费时间挖掘来自全球130多个国家将近5万名付费会员的知识和经验。

The Correspondent 把读者视为一个知识社区，他们可以为新闻组织的报道提供相关知识，而不仅仅是消费报道。该新闻组织把读者置于报道中心，让读者的知识以一种更系统的方式被记者和其他读者看到。读者还可以帮助该新闻组织扩大信息来源，丰富和推动对话，进一步提升报道。The Correspondent 秉持的理念是，100名医疗行业的读者所掌握的相关知识，要远远超过一位报道健康问题的记者所掌握的知识。

会员读者在新闻报道过程中，以及在整个新闻组织系统中发挥着至关重要的作用。数百名教师、学生帮助教育记者了解学校正在发生的事情，数百名医生、邮递员和列车员帮助公共服务记者了解公共部门正在出现的问题。会员读者构成的庞大知识社区是该新闻组织的核心资源。记者最重要的任务之一就是利用会员的专业知识和经验，来推进自己的新闻报道。在 The Correspondent，一位记者至少要花费30%—40%的时间与会员读者进行交谈——这不是他们的额外工作，而是他们工作的一部分。

---

[1] Jay Rosen, "The People Formerly Known as the Audience", http://archive.pressthink.org/2006/06/27/ppl_frmr.html. 查询时间：2023年11月18日。

[2] Dan Gillmorr, "We the media: Introduction", http://www.authorama.com/we-the-media-1.html. 查询时间：2023年11月18日。

在 The Correspondent，记者主要充当交谈领导（conversation leaders）的角色，而会员被称为专家贡献者（expert contributors）。记者邀请会员读者分享他们的知识和经验。会员读者是该新闻组织编辑记者团队的自然延伸，也是该新闻组织的核心竞争力。会员读者不仅为该新闻组织提供资金，还会围绕报道话题参与到新闻生产和社区活动中去。当一个会员读者知道记者报道某个问题的相关情况时，他们会积极分享自己的知识经验。读者的知识和经验自然就构成了 The Correspondent 的竞争优势。

The Correspondent 的另一项关键资源是为其免费宣传的 150 多位"大使"。The Correspondent 发起众筹活动时，得到了认同该新闻组织理念的众多社会名人的支持，其中包括：纽约大学新闻学教授杰伊·罗森、维基百科联合创始人吉米·威尔士（Jimmy Wales）、喜剧演员卡莫·贝尔（Kamau Bell）、导演贾德·阿帕图（Judd Apatow）、"538"新闻网站创始人内特·西尔弗（Nate Silver）、社会活动家德雷·麦克林（Deray Mckesson）、音乐家罗珊·卡什（Rosanne Cash）、喜剧演员巴拉通德·瑟斯顿（Baratunde Thurston）等。The Correspondent 能够众筹成功，在很大程度要归功于这些知名公众人物的宣传。

第四节 透明主观与共创新闻

尽管我们所处的社会现在被称为"后真相"社会，但在公共话语中，特别是在新闻界，仍然存在着对"中立"的渴望。公正与平衡仍然是一个很好的媒体宣传口号。也许因对媒体中所存在的偏见的担忧变得强烈，对"中立"和"客观"的渴望也随之增长。目前，客观性新闻报道原则仍然具有很大吸引力，并且在很大程度上弥漫在我们的新闻文化中。

不过，The Correspondent 宣布明确放弃客观性原则，在该新闻组织工作的记者，不必去努力追求"客观性"。为何放弃"客观性"，威恩伯格给出了 3 点理由："客观性"被误解为一种理想，并发展成与它最初意图完全相反的东西；"客观性"的理念让记者越来越难以做好本职工作，尤其是在一个美国领导人宣称媒体是"人民公敌"的时代；目前有一个比"客观性"更好的选择,这就是"透明主观"(transparent subjectivity)。① The Correspondent 在声明中明确指出②:

> 我们不认为记者应该假装"中立"或"不偏不倚"。相反,我们的记者会真实地告诉读者我们的观点从何处而来,我们相信透明的观点比没有任何观点要好。我们的团队不属于任何人。我们也不是任何政党的传声筒。我们相信事实很重要,但我们也知道事实需要解释才能有意义。这就是为什么我们对影响我们讲故事的世界观和道德信念持开放态度,如果事实告诉我们应该做出改变,我们就会改变。

透明性在新闻业并不是一个新概念。2005 年,吉尔默在《客观性的终结》一文中指出,"我们是普通人,我们都有偏见,受到自己文化背景的影响,处于各种冲突之中,我们会把这些冲突带入工作中",他甚至建议抛弃客观性这个词,用"全面、准确、公平和透明"取代它。③ 比尔·科瓦奇和汤姆·罗森斯蒂尔也认为,透明性彰显了新闻工作者对受众的尊重,透明性也有助于新闻记者养成为公众服务的动机,这是新闻媒体赢得读者信任的关键④。

当新闻组织围绕"透明主观"进行新闻报道时,意味着新闻生产过程会发生重大改变。罗森认为,当透明性成为新闻组织的报道理念时,涉及以下问题:①我们来自何方。主动告诉读者新闻报道的观点来自哪儿;②我们知道什么,以及我不知道什么。新闻系统是不完善的,我们的知识状态总是在变化的;③我们是这样做的;④不相信我们吗?你自己看。与其断言自己是权威,在某方面是专家,不如邀请读者核查证据;⑤哪些是我

---

① Rob Wijnberg,"Why objective journalism is a misleading and dangerous illusion", https://thecorrespondent.com/6138/why-objective-journalism-is-a-misleading-and-dangerous-illusion/157316940-eb6c348e. 查询时间:2023 年 11 月 18 日。

② "Principles-The Correspondent", https://thecorrespondent.com/principles. 查询时间:2023 年 11 月 18 日。

③ [美] 比尔·科瓦奇、汤姆·罗森斯蒂尔:《新闻的十大基本原则》,刘海龙、连晓东译,北京大学出版社 2011 年版,73—74 页。

④ [美] 比尔·科瓦奇、汤姆·罗森斯蒂尔:《新闻的十大基本原则》,刘海龙、连晓东译,北京大学出版社 2011 年版,第 83 页。

们当前的优先报道事项。向读者解释新闻组织对某些报道投入稀缺资源的原因；⑥帮助我们调查。记者邀请读者参与新闻生产过程，向读者展示他们如何工作；⑦做这项工作要花多少钱，新闻编辑室要透明地披露其运作成本；⑧积极邀请读者纠正报道中出现的错误；⑨积极回应读者对报道的批评。① 透明性体现了对读者的尊重，它邀请读者参与新闻生产，而不仅仅是获取他们的注意力。

"透明主观"试图展示而非隐瞒记者个人的观点。在一个怀疑遍布各个角落的时代，展示新闻生产的具体实践，再加上高标准的信息查证，是一种更为理想地提升媒体信任的方式，比所谓"上帝的声音"，或"中立的专业精神"这些话语策略更能获得读者的认同。让记者陈述自己的观点，同时也承认其他观点的存在，鼓励他们说出自己的观点从何而来，并解释自己为什么改变了想法，会给读者留下知识分子诚实的印象。

The Correspondent通过多种方式，将"透明主观"这一原则付诸实践。首先是聘用记者和确定报道的方式。记者不是为了完成预先设定的传统编辑角色而被聘请。相反，记者之所以被聘用，是因为他们自己所了解和深切关注的领域，这些记者可以自由地制定自己的新闻报道议程。

其次，为了让读者了解记者的道德立场，每位记者都要发布一个"使命声明"（mission statement），这个声明无论长短，都能勾勒出记者的计划和希望实现的目标。记者的"使命声明"是他们讲故事的起点，这会给读者一种使命感和方向感，它向读者展示记者为何认为他的报道很重要，以及他希望调查什么、与读者分享什么。例如，报道气候的记者埃里克·豪特欧斯（Eric Holthaus）在"使命声明"中指出："我正在努力使气候问题人性化，我们自己就是气候问题解决方案的一部分。"读者可以在每位记者的个人介绍页面上找到这些"使命声明"②。

虽然The Correspondent坚持"透明主观"原则，允许记者持有某种观点，但也要以非常严格的证据为基础。一旦记者明确表达了他的"使命声

---

① Jay Rosen, "Show your work: The new terms for trust in journalism", http://pressthink.org/2017/12/show-work-new-terms-trust-journalism/. 查询时间：2023年11月18日。

② "The Correspondents", https://thecorrespondent.com/correspondents. 查询时间：2023年11月18日。

明",记者就要保留"公开笔记"(public notebook)。记者不能隐藏他所有的采访内容,直到新闻故事写完才公布这些资料,相反,记者在报道过程中的每一步都要与会员分享他们的工作进程。The Correspondent 将新闻视为一个过程,而不是一个产品。这个"公开笔记"有双重目标。首先,记者要让报道的问题、调查方案和消息来源对读者透明,让读者了解记者的报道路径。这种透明度对于在记者和读者之间建立信任关系非常重要。其次,新闻生产过程透明化也使读者能够参与这一过程。记者与读者分享自己的问题,与读者建立合作共创关系对于实现 The Correspondent 的可持续运作至关重要。

在 The Correspondent,新闻是一个逐渐展开的过程。记者不只是向读者展示新闻成品,而且可以提前分享他们的计划和想法,然后通过"公开笔记"提供不断更新的信息。在 The Correspondent,让读者参与到报道中来,包括以下一些关键环节:①验证会员的专业证书,当记者想在报道中引用某位会员的知识贡献时,需要核实这位会员是否为一名医生或律师;②把会员分为各类专家组,例如:人类学专家、建筑专家、医学专家、自然科学专家、心理学专家等;③联系会员核查报道,并邀请他们参与相关对话,记者与读者交谈互动的时间会占到他们工作时间的 30%—40%[1]。

为了让记者与会员读者的交谈更有效,TheCorrespondent 还设置了一个新的岗位:交谈编辑(Conversation Editor)。交谈编辑有以下几个任务:①邀请会员参加他们熟悉的讨论;②帮助记者利用会员的知识和经验丰富他们的报道;③让评论更加多样化;④组织讨论,接触不同意见,避免出现群体思维[2]。比尔·科瓦奇(Bill Kovach)和汤姆·罗森斯蒂尔(Tom Rosenstiel)指出,新闻业已经逐渐演变成一种合作的工作实践,一种生产新闻的人和消费新闻的人之间持续性的交谈,在交谈过程中,新闻记者邀请公众(invite the public)参与到新闻生产中来,与读者一起共同合作生产

---

[1] "Conversations",https://thecorrespondent.com/conversations. 查询时间:2023 年 11 月 18 日。

[2] Nabeelah Shabbir. "My mission as your conversation editor: doing journalism with you, not just for you",https://thecorrespondent.com/50/my-mission-as-your-conversation-editor-doing-journalism-with-you-not-just-for-you/2016440250-53ffcaa6. 查询时间:2023 年 11 月 18 日。

新闻，这种新闻生产模式要比记者或公民单独制作新闻都要好①。在这种新的新闻生产过程中，读者不只是简单地参与交谈，他们还能了解新闻生产过程中的更多背景信息，这能够帮助他们与社区建立更深厚的联系。

第五节 未来挑战

正如 The Correspondent 的经历所显示的那样，即使是最成功的众筹活动，要想变成一个成功的长期项目，也是一项艰难的挑战。尽管在2018年通过有史以来规模最大的新闻众筹活动筹集了260万美元，该媒体组织还是在2020年暂停运营。

不过，即使是一直在运作的众筹新闻组织也在面临挑战，Krautreporter 的会员人数一度从最初的1.7万名支持者降至5000人。该组织领导人塞巴斯蒂安·艾瑟（Sebastian Esser）指出："我们几乎没能做到可持续发展，我们知道，真正的挑战是在第一年生存下来，因为一年后，与受众交谈时，作为一个新闻组织我们将处于完全不同的境地。他们不再简单地为一个理想主义想法而付钱给你，你发布的新闻报道并非与其他新闻组织完全不同，要创造同样的情感联系并不容易。"② 尽管 Krautreporter 网站在2020年11月再次发起新的众筹活动，但只吸引了2000名新支持者。

众筹活动要想获得成功，新闻组织或记者需要做的不仅仅是把众筹新闻项目放在 Kickstarter 这样的众筹平台上，然后等待资金滚滚而来。据《新闻公报》分析，自2009年以来，在 Kickstarter 上发起的新闻众筹活动中，只有不到25%获得了成功。新闻组织必须要让众筹新闻项目接触到更广泛的网络人群，向他们推介你的故事、出版物或项

---

① Bill Kovach & Tom Rosenstiel, *The elements of journalism* 4rd edition, New York: Crown, 2021, p. Xiii.

② Aisha Majid, "Alternative ways of funding journalism: Crowdfunding has raised $20m + and seeded some major titles", https://pressgazette.co.uk/media-audience-and-business-data/alternative-funding-journalism-crowdfunding/. 查询时间：2023年11月18日。

目，这样他们才会捐款，因此，即使是众筹成功的新闻组织也需要不断去探索可持续的新闻商业模式，否则和传统新闻媒体一样，它们也面临被关闭的风险。

本章小结

在数字转型过程中，新闻组织可以通过商业模式创新来实现可持续发展，但仅仅在现有业务中增加数字技术并不能实现商业模式的根本转变。新技术可以使商业模式创新成为可能，但没有一个引人注目的客户价值主张、一个强大的赢利模式，没有一系列提供产品或服务的关键流程和关键资源，即使是最新的技术也无法在市场上获得成功。但如果实现商业模式创新，即使是成熟的产品也可以实现巨大增长。

对具有不同价值主张、赢利模式的新闻组织进行详细的案例研究，不仅可以拓宽我们对商业模式创新的理解，还可以深入了解商业模式不同维度之间的关系。正如本文分析的 The Correspondent，它将"非突发性新闻"、建设性新闻整合到新闻实践中，将广告商彻底排除在新闻生产系统之外，利用会员提供的会员费维持运作，通过新闻记者与会员共创新闻，重塑了记者与读者社区之间的关系。因此，The Correspondent 不只是在修补支离破碎的新闻商业模式，而是通过商业模式创新来重塑新闻组织的运作，以及公众对新闻业的信任。

总的来讲，商业模式创新是企业的竞争优势，与产品和服务创新相比，商业模式创新更难以复制，出色的商业模式让新闻组织能够以与众不同的方式进行竞争。面对新技术的不断冲击，新闻组织和记者应该冷静下来，认真思考和优化新闻生产的各个部分，通过强有力的商业模式创新来激发新闻组织各个环节的创造性。

附表　　传统新闻商业模式与 The Correspondent 的商业模式比较

传统新闻商业模式		The Correspondent 的商业模式创新
突发性新闻 调查新闻	客户价值主张	非突发性新闻 建设性新闻
以营利为目标 利润最大化 广告 付费订购 原生广告 出售读者用户数据获利	营利模式	不以营利为目标 设置5%的利润上限 会员经济 众筹 捐赠资金
新闻记者 社交平台 技术应用 信息渠道	关键资源	读者组成的知识社区 读者的专业知识和经验 罗森等150多位宣传大使 De Correspondent 的众筹成功经验 荷兰民主与媒体基金会的支持 美国非营利组织的支持
客观新闻报道 新闻组织向读者提供新闻产品 读者参与程度较低	关键过程	透明主观 记者自由选择报道议题 使命声明 公开笔记 交谈编辑 用30%—40%的工作时间与会员交谈 共创 新闻是过程，不是产品

说明：The Correspondent 在美国通过众筹成功之后，运行了一年多便关闭，不过，它的荷兰母公司 De Correspondent 仍在正常运作。这两个新闻网站的运营模式基本一致，通过与传统媒体商业模式的对比，我们可以直观地了解该新闻网站的创新特点。

第十二章　健康新闻驱动的商业模式
——STAT

STAT[①]是一家专注于健康新闻报道的新创媒体组织。STAT主要为读者提供健康、医学和生命科学等方面的新闻报道，这些新闻主要涉及药品生产、卫生技术、科学和公共卫生等行业，让读者了解生命科学行业和人类健康革命的巨大变化。STAT较早对新型冠状病毒疫情大流行发出警报，世界各地的许多读者通过该媒体组织获取新型冠状病毒疫情的相关信息。

STAT新闻网站于2015年11月由波士顿环球传媒（Boston Globe Media）的所有者约翰·亨利（John Henry）创建。里克·伯克（Rick Berke）是该网站的联合创始人兼执行编辑。2013年，亨利以7000万美元的价格从纽约时报公司手中买下《波士顿环球报》（Boston Globe）。之后，亨利决定新创办一个关于健康、医学和生命科学的新闻网站。

谷歌执行董事长埃里克·施密特（Eric Schmidt）曾邀请二十多人参与讨论一个话题：波士顿有机会成为美国的科技中心，但如今却被硅谷取代。话题涉及马萨诸塞州在生命科学领域具有的优势。波士顿是美国生命科学的研究中心，亨利熟悉当地的生物技术、机器人技术和医学教育，以及美国一些重要实验室的杰出科学家。他意识到，生命科学中许多引人注目的故事根本没有被报道——或者以一种非常有限的方式来报道。与此同时，亨利对寻找新的新闻模式一直充满热情。他走访过世界各地的新闻编

[①] STAT是拉丁词"Statim"的缩写，意思是"立即"、"即刻"（immediately）。在医疗行业中，STAT这个词意味着重要和紧急。

辑部，与数十位媒体高管会面，讨论传统新闻机构面临的问题。在这次讨论后，亨利开始着手创建STAT[①]。

STAT 主要报道发生在健康和生命科学领域的故事。亨利认为："在未来几十年内，全球许多最重要的故事将来自生命科学。我们的任务是揭露并跟踪这个领域的重大事件。"[②] 不过，在当下，新闻媒体对这些重要问题的报道不太充分，STAT 的创建目的就是想解决这一问题。

里克·伯克曾担任《纽约时报》的记者和编辑，他以联合创始人的身份加入 STAT。伯克还聘请了一些报道健康新闻的资深记者，比如，科学专栏作家莎伦·贝格利（Sharon Begley），以及曾为《华尔街日报》报道制药业新闻的埃德·西尔弗曼（Ed Silverman）。伯克指出，他加入这家初创公司，就是为了"有机会创建一个新闻机构，讲述未被讲述的故事"。[③]

第一节　健康新闻利基网站

很多时候，当新闻组织听到"利基"（niche）一词时，首先会想到小众。不过，这对于其他一些新闻组织而言可能意味着机遇。STAT 作为一个专注于健康、医学和生命科学的独立新闻网站，是波士顿环球媒体集团创建的第三个独立利基网站。2014 年 3 月，波士顿环球媒体集团推出专注于技术的 BetaBoston 网站，2014 年 9 月推出专门报道天主教的新闻网站 Crux。这几个利基新闻网站都是波士顿环球媒体集团努力追求更广泛的国内和国际读者的一种策略。从理论上来讲，传统媒体可以通过深耕相关垂直领域，来扩大整体受众覆盖范围，同时这也有助于推动媒体组织快速发展。

[①] John Henry，"Why I started STAT"，https：//www.statnews.com/2015/11/04/why-i-started-stat/. 查询时间：2023 年 11 月 26 日。

[②] John Henry，"Why I started STAT"，https：//www.statnews.com/2015/11/04/why-i-started-stat/. 查询时间：2023 年 11 月 26 日。

[③] David Folkenflik，"Boston Globe Owner Launches 'Stat News' Site Covering Life Sciences"，https：//www.npr.org/2015/11/04/454692304/boston-globe-owner-launches-stat-news-site-covering-life-sciences. 查询时间：2023 年 11 月 26 日。

波士顿环球媒体集团的独立利基网站发展模式与大西洋月刊媒体集团的（Atlantic Media）运作类似，后者通过创建 Quartz 和 Defense One 找到了成功的发展模式，Quartz 主要报道全球商业新闻，Defense One 主要报道国防工业。这些网站都是围绕一群高度集中的读者发展起来的，网站的读者有较高的黏性。在受众不断分化，传统新闻媒体受到挤压的情况下，这种新闻发展模式或许更容易让读者接受。

创建利基新闻网站是媒体市场发展的一个趋势。当针对特定的受众提供这些目标明确的产品时，网站可以获得受众一定程度的忠诚度和定期参与，这是其他方式难以获得的。但是这类新闻网站比较难以扩大规模，因此通过读者订阅获取收入是较为可行的策略。

STAT 的创建正好发生在科学新闻报道发生巨大转变的时刻。虽然像《纽约时报》和《纽约客》（New Yorker）这样的媒体仍在投资科学新闻报道，但其他媒体组织却在逐渐减少科学新闻的报道。《哥伦比亚新闻评论》的一项统计数据显示，科学报道是最早从日报中删除的板块之一。1989 年，美国主要报纸中有 95 个科学或健康周报，到 2005 年降至 34 个，2013 年降至 19 个。目前，大多数健康科学新闻报道被大大软化，从新闻版面转移到"生活方式"版块。2008 年，CNN 裁撤了整个科学报道团队。同年，哥伦比亚大学以"就业市场疲软"为由暂停了环境新闻项目。约翰霍普金斯大学于 2013 年终止其全职科学写作项目。以科学为中心的出版物也受到传媒业结构性变化的影响。《科学》杂志经历了一段痛苦的转型，最终推出数字版。

不过，在各类数字平台上涌现出的一批新创媒体组织填补了这一报道空白。2014 年，纽约公共广播电台（WNYC）推出一个新的健康服务频道。同年，澳大利亚网络媒体组织 The Conversation 推出了美国版，该媒体的编辑与专家学者合作为广大读者发布科学和健康新闻。此外，许多基于科学新闻的播客节目也广受欢迎，比如，两位 NPR 新闻记者于 2015 年 1 月创建的 Invisibilia。

当下，利基媒体正迎来它们的新时代，这些垂直话题网站有很大的增长和扩展空间。总体发展趋势是，用户会为在其他地方无法轻易获得的高质量内容付费。在一个一切都变得去中介化（disintermediated）的时代，与用户建立直接关系的重要性变得越来越明显，这也是传统媒体无法通过规模扩张来实现的。

第二节 精益创业

STAT 作为一家独立于《波士顿环球报》的新闻网站而创建。STAT 不是《波士顿环球报》的一个组成部分或下属机构，这是两个不同的新闻组织，有不同的工作人员，但它们彼此会共享一些内容，并相互补充。STAT 与《波士顿环球报》之间的关系是：独立、灵活、互补。

STAT 创始人亨利认为，一个新闻机构在数字时代只有独立地创建起来才能够灵活地发展。不过，STAT 作为《波士顿环球报》的近亲出版物（它们拥有同一个老板亨利）也受益颇多，《波士顿环球报》毕竟是美国重要而受尊敬的新闻机构之一。STAT 执行主编伯克指出："作为一家独立的初创公司，STAT 给了我们在国内和国际上的吸引力，以及在确立新职位、薪水方面的灵活性。同时，我们可以释放出一种实验精神，而不被传统报纸发行的挑战所拖累。"[1]

作为一种互补合作关系，STAT 的一小部分报道会出现在《波士顿环球报》上，两者可以互相利用对方的报道——《波士顿环球报》在其印刷版中特别推出 STAT 的内容，而 STAT 则负责推出一些《波士顿环球报》的报道，尤其是商业新闻报道。但 STAT 独立运作。这与《纽约时报》和《华盛顿邮报》的做法不同，《纽约时报》和《华盛顿邮报》的垂直内容报道，都是在其主网站上发布。事实上，亨利让 STAT 成为一家独立新闻网站，来为母公司带来更多创收机会。

STAT 作为一家媒体初创公司，得到了《波士顿环球报》的支持，该报拥有经验丰富的记者。STAT 作为一个独立的新闻网站，按照自己的议

---

[1] Lucia Moses，"Boston Globe-backed health news startup Stat is cracking the vertical media model"，https://digiday.com/media/health-care-news-site-stat-starting-crack-vertical-media-model/. 查询时间：2023 年 11 月 26 日。

第十二章　健康新闻驱动的商业模式

程报道新闻,但 STAT 可以利用《波士顿环球报》成熟的信息技术和人力资源支持,这有助于 STAT 比其他公司更快地发展。双方这种合作关系,在某种程度上推动了 STAT 的顺利发展。STAT 具有明显的创业敏捷性和活力,同时能够为自己开辟独特的新闻报道渠道。

《波士顿环球报》在地区性报纸中的数字订阅处于领先地位,其订阅量有 22 万之多,位列全球最受欢迎的新闻网站第 19 位[①]。STAT 作为一个新创媒体组织,与《波士顿环球报》相比还是有较大差异。例如,《波士顿环球报》可以推出低至 1 美元的折扣订阅,但这种订阅折扣优惠对 STAT 的运营来讲并不合适。

自创建以来,STAT 的发展较为顺利,而《波士顿环球报》的数字转型则较为坎坷。事实证明,将《波士顿环球报》与 STAT 分开是正确的策略。亨利指出:"我们犯了很多错误,一家拥有 140 年历史的新闻组织的文化,并不是数字初创公司全部所需要的。它们之间有着不同的节奏。"[②]除了自身的成功,STAT 也让母公司波士顿传媒集团的运营变得多样化,媒体的多元组合总是胜过单一的运营。

事实上,STAT 就是传统报业公司的一项新闻实验。新闻初创公司的优势就在于,可以随时进行试验和改变路线,并尝试新事物。在经历了多年的衰落之后,近几年科学媒体的崛起得益于互联网提供了新的多媒体和数字技术来讲述引人入胜的故事,并可以通过可视化的方式来解释那些原本难以接触或不太吸引人的信息。当然,STAT 也是一项富有雄心的新闻事业。当一些新创媒体组织试图填补科学和健康媒体领域的巨大空白时,STAT 把大笔赌注押在由经验丰富的记者所报道的原创内容上,并瞄准全球受众。作为一家新创媒体组织,STAT 也有足够的资源。亨利作为创始人从一开始就想投入更多资源让 STAT 脱颖而出。STAT 每年的预算高达数百万美元。STAT 在财务上自给自足,主要通过广告收入、赞助、举办活动、付费,以及授权其

[①] William Turvill,"The 100k Club: Most popular subscription news websites in the world revealed", https://www.pressgazette.co.uk/news-publishers-surpassed-100000-digital-subscriptions/. 查询时间:2023 年 11 月 26 日。

[②] Ricardo Bilton,"Inside The Boston Globe's niche website strategy", https://digiday.com/media/inside-boston-globes-niche-website-strategy/. 查询时间:2023 年 11 月 26 日。

他媒体组织刊登其内容来实现营利。例如，STAT 可以派遣记者安德鲁·约瑟夫（Andrew Joseph）前往哥伦比亚 10 天，在那里撰写一系列关于寨卡病毒的报道。但是作为一个新创媒体组织，STAT 需要一定的时间来建立和累积声誉。

第三节 "新型冠状病毒效应"

2020 年，STAT 因对新型冠状病毒疫情大流行的报道而备受关注。这家医学和健康新闻网站一开始就意识到了危机，并集中所有报道资源来报道新型冠状病毒。STAT 的一位编辑甚至说，"我们就是为此而生的"。2020 年 1 月 30 日，在世界卫生组织正式宣布新型冠状病毒疫情为"国际关注的突发公共卫生事件"时，STAT 已经发表了 49 篇关于新型冠状病毒的报道。

在 2020 年新年前夜，STAT 的记者海伦·布兰斯韦尔（Helen Branswell）[①] 正在完成一篇关于埃博拉疫苗的报道，这时她隐约知道了自己要报道的下一个重大新闻。2021 年 1 月 4 日，STAT 发布了布兰斯韦尔关于"不断增长的不明原因肺炎病例"的第一篇报道。她在报道中指出，有一些迹象表明"这是一种新病毒，甚至可能是一种新的冠状病毒"。当时 STAT 的编辑和记者已经意识到这是一个重大事件，并逐渐投入大量报道资源。STAT 开始将有关新型冠状病毒的报道放在主页突出位置。紧接着，STAT 围绕新型冠状病毒举办了第一个网络虚拟活动。凭借一个高效率的记者团队和对卫生领域的关注，STAT 在世界其他地区陷入混乱的情况下，设法保持了对事态的把握。

STAT 新闻来源的真实性和对流行病学的理解能力，让该新闻组织能够及时识别正在形成的危机。新型冠状病毒疫情危机从一开始就是该网站的头版新闻，并逐渐成为 STAT 报道的重点内容，在某种程度上，这要归功于传

---

① 布兰斯韦尔曾是加拿大新闻社的一名健康新闻记者，2011 年尼曼新闻实验室研究员，2015 年在 STAT 开始从事传染病调查，擅长报道传染病信息。

染病记者布兰斯韦尔丰富的经验和解析数据的熟练能力。布兰斯韦尔一直奋战在每一次大流行的前线：非典、H1N1、中东呼吸综合征、寨卡病毒、埃博拉病毒，以及新型冠状病毒疫情。2021年2月，布兰斯韦尔因对新型冠状病毒疫情的报道获得乔治·波尔克公共服务新闻奖（George Polk Award for Public Service Journalism），颁奖评委指出："布兰斯韦尔在161篇报道中追踪了新型冠状病毒的传播——每周超过三篇，这些报道几乎都是及时而敏锐的。"[①] 执行主编伯克曾经指出，如果有一场大流行在美国暴发，STAT显然有位女记者可以去报道："我从没想过会发生这么大规模的疫情，我们很幸运有一位比任何其他新闻组织的记者都更了解这些病毒的人。"

2020年，新型冠状病毒疫情导致STAT网站的流量是平时流量的四到五倍。流量激增的部分原因是，与许多其他媒体组织一样，STAT将有关大流行的报道全部置于付费墙之外，并让该网站的30名精通健康和医学的记者、编辑，集中精力来报道这个重大卫生事件。与此同时，STAT成为其他媒体的可信来源，在全球被引用、链接或提及。

2021年，STAT开始大幅扩张，主要原因是新型冠状病毒疫情大流行期间的爆炸性增长。这家健康新闻媒体在2020年的收入超过1,000万美元，比2020年增长约66%。该公司计划2021年增加约40%的员工，并进一步推出新的数据产品、线上活动和定制分析报告。

不过，STAT并没有被激增的流量数据冲昏头脑。STAT首席收入官安格斯·麦考利（Angus Macaulay）在谈到该网站2020年的流量激增时指出："很多读者都是一次性访客。我们真正关注的是有多少人点击了我们的付费内容，并最终转化为付费内容订阅者。因为我们着眼于更长远的发展。我们从一开始就希望把STAT打造为一个报道健康和医学的媒体品牌，不仅希望拥有一些类似于专业媒体品牌（例如，《新英格兰医学杂志》(The New England Journal of Medicine)的权威，也要拥有像《纽约时报》

---

① "The George Polk Award", https://www.liu.edu/polk-awards/Current-Winners. Major Awards for STAT, https://www.statnews.com/stat-awards/.

《华尔街日报》等媒体的发展雄心。"[1]

当世界在 2020 年被彻底颠覆时，STAT 正好处于一个独特的位置，它比其他新闻组织具有报道新冠疫情的更多优势，这是因为它早已奠定的报道基础。在大流行之前，STAT 因对 OxyContin 营销和处方的调查而备受的称赞。STAT 的调查还发现，IBM 利用人工智能来治愈癌症并没有达到宣传效果，以及群体思维如何阻碍阿尔茨海默氏症的治疗。STAT 的报道风格简单明了，面向的是普通读者。但它也赢得医学专家的认可，哈佛大学公共卫生学院的流行病学教授威廉姆·汉那吉（William Hanage）称赞该网站的报道容易理解，但仍然"严谨"。

2020 年是新闻业有史以来最为严峻的一年。随着大流行在全球蔓延，社会开始应对全球隔离和消费者需求前所未有的低迷。没有哪个新闻编辑室是安全的。每天都有更多的坏消息。员工的暂时解聘变成了永久解雇，广告商消失了，可能再也不会回来，记者的预算枯竭，原本就岌岌可危的新闻业，受此冲击变得更加难以为继。不过，在大流行期间，STAT 逆流而上，蓬勃发展。STAT 在 2020 年的营利能力有了明显提升。创始人约翰·亨利决定将网站赚到的钱再次投资扩张，结果让 STAT 的员工人数从 2020 年初增加了 50%，达到 69 人[2]。

STAT 的受众主要是对药物开发和公共卫生政策感兴趣的医疗专业人士。该网站推出的报道通俗易懂，同时针对那些即使没有大流行，也会对医疗健康感兴趣的人。在 2019 年，STAT 平均每月只有 150 万访问用户，在 2020 年随着新冠病毒肆虐全球，各地的读者都在寻找他们能找到的有关新型冠状病毒的任何重要信息，其中有许多读者第一次登录 STAT 主页。一夜之间，STAT 的读者扩展到全球各地。

在 2020 年 2 月，该网站的流量增加两倍，达到每月 470 万独立访客。

---

[1] Elizabeth Shilpa, "STAT's plans for a post-COVID era after a crazy year of growth", https://wan-ifra.org/2021/08/stats-plans-for-a-post-covid-era-after-a-crazy-year-of-growth/. 查询时间：2023 年 11 月 26 日。

[2] Elizabeth Shilpa, "STAT's plans for a post-COVID era after a crazy year of growth", https://wan-ifra.org/2021/08/stats-plans-for-a-post-covid-era-after-a-crazy-year-of-growth/. 查询时间：2023 年 11 月 26 日。

到 3 月，这一数字激增至 2300 万，结果让 STAT 的全年广告销售强劲。处于巨大变革的事件中，STAT 健康新闻网站其实面对的已经不仅仅是利基受众。伯克指出，"自去年以来，情况已经彻底改变了。我们网站的月访问量已稳定在 700 万左右。"这意味着 STAT 进入了一个新的发展阶段[①]。

第四节 核心商业模式——付费订阅

一 STAT+

何为 STAT+？STAT+是 STAT 提供的生物技术、制药、政策和生命科学深度报道与分析的付费订阅服务。STAT+主要提供四个方面的内容：生物制药（Biopharma），从投入启动资金到临床试验数据的市场动态分析；健康科技（Health Tech），医疗保健和技术的最新发展，包括人工智能的新进展和科技巨头的最新举措；医疗政策，国会、监管机构和生命科学的交叉领域；医疗科学，报道推动药物研制和开发的科学突破[②]。

STAT+于 2016 年 12 月启动。STAT 网站的许多新闻报道都是免费的，而 STAT+是一个高级订阅项目。STAT 从一开始就计划将订阅发展为 STAT 业务的基础。目前，STAT 设置了一个硬付费墙（hard paywall），大约 50%的内容仅供订阅者访问。STAT+推出之时每月 29 美元，订阅费目前上涨为每月 35 美元（或每年 349 美元）。STAT 在网站创建仅一年之后，就将大量内容置于付费墙后，从目前来看，仍然是一个大胆的举动。首席营收官安格斯·麦考利指出，用户的最初反应很好，至关重要的是，网站整体流量并没有下降，而是创下了新高。

[①] Elizabeth Shilpa, "STAT's plans for a post-COVID era after a crazy year of growth", https://wan-ifra.org/2021/08/stats-plans-for-a-post-covid-era-after-a-crazy-year-of-growth/. 查询时间：2023 年 11 月 26 日。

[②] "What is STAT+？", https://www.statnews.com/stat-plus/. 查询时间：2023 年 11 月 26 日。

STAT+的订阅用户可以享受一系列专属福利：每日报告与分析，最全面的行业报道和生物技术、制药和健康科技行业的分析；仅限订阅者的新闻电子邮件，两份每日新闻电子邮件向用户简要介绍当天最重要的行业新闻，以及需要了解的头条新闻的突发新闻提醒；独家行业活动（Exclusive industry events），邀请参加网络虚拟的和线下面对面的 STAT+活动，以及全国各地行业活动的早期访问和优惠折扣；"STAT+对话"（STAT+ Conversations），每周有机会与记者和行业专家进行实时视频对话。

此外，STAT+还努力让订阅者和记者之间建立直接联系。例如，一些以健康、医药等话题为中心的讨论是在一个专门创建的 Slack 频道上进行，方便订阅者与记者交流。另一种形式是电话会议（conference call），记者在写作报道之前，向订阅者描述他刚刚在重大事件中观察到的情况。所有这些都是新闻记者所做的高质量、独家报道的延伸，也是订阅者与 STAT+更加密切接触的机制。

STAT+订阅者可以访问该网站的生物技术、制药行业的相关政府政策报道，这类主要是针对读者感兴趣的相关专业的信息，订阅者还可以获得与活动相关的独家信息，收到综合新闻电子邮件，并可以直接与网站的记者联系。高质量新闻和原创内容显然是 STAT+发展的基础，该新闻网站以此来促进读者参与，并逐渐建立社区意识。

无论为用户提供多少好处，建立付费墙总是会涉及许多风险因素。STAT 通过事先对用户调查，以及向其他付费新闻组织学习来规避风险。决定哪些内容需要付费，哪些免费，这是新闻组织日常讨论和实验的主题。STAT+没有固定的报道数量，但 STAT+每天至少会提供 6 篇有价值的报道，有时还会更多。其中的一些报道是由长期专门关注制药行业的记者撰写，最近几年，这些专业记者已经培养了一批读者。在创办 STAT+之前，STAT 发现这些记者拥有最忠实的读者。读者不断回过头来阅读他们撰写的报道。这些记者提供了类似于业内人士的观点，所以 STAT 对这类报道收费很自然。

建立付费墙的最终目的是减少 STAT 对传统广告和赞助内容/原生广告的依赖。伯克指出："我们决心寻找其他收入来源。所以这就是为什么我们把它作为构建优质产品的第一个测试。到目前为止，我们取得了很大的进展，我们对读者的回应感到高兴。"① 设置付费墙之后，STAT 网站的流量并没有降低，相反，STAT 的整体流量继续增长，每月的独立访问者高达 170 多万。STAT 的目标是在三年内积累 1 万订阅者。STAT 在 2019 年第一季度实现了这一目标，2018 年至 2019 年该网站的用户增长 81%。

目前，许多新闻组织正在尝试推出付费墙和会员计划。政治新闻网站 Politico 推出了会员制模式 Politico Pro。Politico Pro 的基础订阅价为每年 5000 美元，根据订阅的级别不同，不同高级会员费甚至高达 10 万美元。STAT 的定价更像《纽约时报》，而不是 Politico。STAT 让少量业务和编辑人员加入 STAT+，但并非所有人都全部投入。一些记者同时为 STAT 和 STAT+撰稿，如果有独家新闻，STAT 可能会决定先让订阅者阅读。但无论这些报道是出现在免费网站上，还是出现在付费墙后，故事类型不会改变，也不会有任何利益冲突，所以也不会影响整个新闻室的运作。

除了独家编辑内容外，STAT+还为订阅者提供与同行和业界人士交流的机会。STAT+为其订阅成员创建了一个 Slack 小组，这些成员将能够参与 Slack 作者和行业资源之间的问答环节。这种新的订阅服务方式，试图与读者建立一种重要的社区意识，而不是交易性的、简单访问网站的关系。

最终，STAT 希望 STAT+为其运营开辟一个可行的新收入来源，并减少对广告的依赖，因为广告无法无限期地支持其庞大的团队成本。STAT 的很大一部分收入来自原生广告，在未来，STAT 希望 10%—20%的收入来自组织和举办线上和线下活动，其余的则是订阅收入和广告。

二 团体订阅（B2B 订阅）

实施付费订阅策略以来，STAT 及其高端付费产品 STAT+的用户定位越来越清晰。目前，STAT 的订阅收入接近 50%，并努力寻找更多大型企业组织成为会员。事实证明，大多数想阅读并为 STAT+付费的人都是生物

---

① WAN-IFRA Staff, "Boston Globe's STAT niche site eyes paid-content trials", https://wan-ifra.org/2016/06/boston-globes-stat-niche-site-eyes-paid-content-trials/. 查询时间：2023 年 11 月 26 日。

技术和制药行业的专业人士。STAT 看到团体订阅大幅增长，并增加专门人员来提升团体订阅收入。STAT 没有透露具体付费用户数量，但伯克指出，"我们的目标是在头三年里获得1万名订阅者，目前已经远远超出了我们的目标。"①

目前，团体订阅占 STAT 付费订阅收入的很大一部分。2017 年，STAT 的收入为 70% 的广告收入，30% 的订阅收入；现在，STAT 的收入大致是 57% 的广告收入，43% 的订阅收入，有大约三分之二的订阅是年度订阅。伯克指出，"通过企业的预先承诺，获得资金是件好事。"② 团体订阅中有只有6个人这样的小公司，也有大公司、大学、政府组织和非政府组织这类较大的团体，STAT 的首席营收官安格斯·麦考利没有提供定价明细，但指出较大团体或公司的许可费用有数千美元。STAT 还与一家德国公司达成一项交易，STAT 为该公司 25000 人提供团体订阅（STAT 大约四分之一的读者是国际读者）。伯克指出，"我们没有去找他们，是他们来找我们。我们做的很多工作不仅是面向企业的，而且是为了吸引更多用户，但我们商业战略的基础是建立在 STAT+ 之上。"③ STAT 希望在为专业人士提供报道和吸引足够多的受众之间取得平衡，这样才能获得关注，并找到新的订户，其中最大的转换渠道是 STAT 提供的9份免费新闻电子邮件。

STAT 的团体订阅者不仅包括研究医院和生物技术公司，还包括律师事务所、投资者团体和基金会。麦考利指出，"我们在企业订阅方面做了大量工作。现在，企业订阅收入约占 STAT 业务的 25%，我们希望继续增

---

① Digiday, "Health news site Stat is putting up a ＄10 paywall for its new documentary", https：//digiday.com/future-of-tv/health-news-site-stat-putting-10-paywall-new-documentary/. 查询时间：2023 年 11 月 26 日。

② Digiday, "Health news site Stat is putting up a ＄10 paywall for its new documentary", https：//digiday.com/future-of-tv/health-news-site-stat-putting-10-paywall-new-documentary/. 查询时间：2023 年 11 月 26 日。

③ WAN-IFRA Staff, "Boston Globe's niche site STAT makes bold move into paid content", https：//wan-ifra.com/2017/03/boston-globes-niche-site-stat-makes-bold-move-into-paid-content/. 查询时间：2023 年 11 月 26 日。

长"。① 尽管大流行让 STAT 接触到了大量公众，但 STAT 的核心业务目标依然是医疗保健生态信息系统中的读者。

目前，STAT 鼓励企业订阅，或年度订阅。2020 年，月度订阅者增长强劲，但 STAT 看到月度订阅者的流失率要高于年度订阅者。鉴于年度订阅者和企业订阅者的价值明显高于每月订阅，该团队鼓励订阅者承诺订阅年度或企业订阅。伯克指出："人们愿意为有附加价值的新闻报道付费，但最令人感到意外的是，大公司、政府机构和其他团体组织，对此表现出了浓厚的兴趣，这是我们没有预料到的，这是一个很好的现象，我们希望尝试签约比我们预期的更大的团体。"② 在推出 STAT +付费订阅战略时，该公司已经计划推出团体订阅。在推出付费订阅最初的 30 天内，有近 70 家公司或组织主动联系 STAT，其中有很多大型学术机构、制药公司、风险投资家、律师事务所、咨询公司等组织机构。目前，STAT 还在研究如何才能让每月订阅用户至少再坚持 30 天或 60 天。对于 STAT 来说，大部分订阅用户流失都发生在前 90 天。因此，STAT 为读者提供了前 30 天的免费试用期。

目前，团体订阅成为 STAT 增长的一个主要推动因素。STAT 的订阅团队也一直在努力销售团队订阅服务，甚至可以为三人组织提供订阅服务。麦考利指出："我们将达到这样一个点，即企业订阅将超过个人订阅增长率，企业订阅有足够的增长空间。"③

STAT 从订阅者那里获得的消费数据和反馈有助于为其多元化战略提供明确的发展方向。STAT 的小型订阅和产品团队希望弄清楚如何更有效地吸引读者们，在订阅者访问该网站时为他们提供更加个性化的体验。咨

---

① WAN-IFRA Staff, "Boston Globe's niche site STAT makes bold move into paid content", https：//wan-ifra.org/2017/03/boston-globes-niche-site-stat-makes-bold-move-into-paid-content/. 查询时间：2023 年 11 月 26 日。

② Digiday, "Health news site Stat is putting up a ＄10 paywall for its new documentary", https：//digiday.com/future-of-tv/health-news-site-stat-putting-10-paywall-new-documentary/. 查询时间：2023 年 11 月 26 日。

③ Lucia Moses, "Boston Globe-backed health news startup Stat is cracking the vertical media model", https：//digiday.com/media/health-care-news-site-stat-starting-crack-vertical-media-model/. 查询时间：2023 年 11 月 26 日。

询公司斯特林森林集团首席执行官罗布·里斯塔尼奥（Rob Ristagno）指出，"我认为媒体组织坐在一座金矿上，那就是他们拥有的第一方数据。如果你和他们交谈并得到反馈，你就回答了一个重要的问题：那就是他们为什么要这么做。"[1]

三　STAT Reports

除了推出 STAT + 付费订阅外，STAT 还推出售价较高的专门研究报告——STAT Reports。STAT Reports 帮助读者深入理解不断变化的健康和生命科学行业，希望读者能够跟得上最新的颠覆性技术变革。这个报告会深入探讨诸如 2020 年总统候选人对处方药定价的立场，或投资生物技术的前 50 名风险资本家的概况等话题。STAT Reports 报告的定价各不相同，目前价格最便宜的报告为 499 美元[2]。

四　STAT 印刷版：Sunday STAT

作为一个额外的受众购买和广告开发计划，STAT 还推出了一份印刷出版物，与《星期日波士顿环球报》一起发行。STAT 曾报道过一个与昆虫有关的故事：昆虫学家遇到错误地认为他们的家或身体被虫子侵扰的人。这个故事最初在网站上发布时受到极大关注，但 STAT 重新向读者展示这个故事——Sunday STAT 封面故事，STAT 与《波士顿环球报》合作推出的印刷报纸插页。Sunday STAT 作为一份 12 页的小报与《波士顿环球报》一起发行。Sunday STAT 主要由专题报道组成，这些报道最初发表在 STAT 网站上，然后被重新用于印刷。例如，上文提到的昆虫故事在网上发表时长达 3000 字，但为了能刊登在纸质小报上，不得不删减一半。

目前，尽管 Sunday STAT 只是通过《波士顿环球报》发布，但该网站

---

[1] Lucia Moses, "Boston Globe-backed health news startup Stat is cracking the vertical media model", https://digiday.com/media/health-care-news-site-stat-starting-crack-vertical-media-model/. 查询时间：2023 年 11 月 26 日。

[2] "STAT Reports", https://reports.statnews.com/. 查询时间：2023 年 11 月 26 日。

也希望与其他媒体组织合作,将这类插页报道发布到其他报纸上。STAT 正在与当地铁报纸讨论出售 STAT 报道的印刷版供他们重印和分发。伯克指出:"全国有许多城市有很多从事科学、医学和健康工作的人,他们会对这类报道感兴趣。雇佣我们的部门要比雇一个全职记者更便宜,因为我们可以吸引全国各地的记者,把一切都准备好。如果你是一家当地报纸,你所要做的就是把我们提供的内容打印出来,这并不便宜,但这比雇佣自己的记者去采写报道便宜。"[1]

Sunday STAT 为该媒体组织带来更多的订阅者。由于《波士顿环球报》拥有自己的印刷厂,因此,Sunday STAT 是一个风险较低的传播活动,还有可能会增加 STAT 的读者群。审计媒体联盟提供的数据显示,《波士顿环球报》周日的印刷发行量约为 23.4 万份。

不过,STAT 仍然是一个以数字为主的出版物。对 STAT 来说,Sunday STAT 是一个很好的补充,它为 STAT 带来全新的受众。Sunday STAT 印刷版上还可以刊载整整两页的广告,并且已经有广告商开始联系《波士顿环球报》。《波士顿环球报》的营销团队为 Sunday STAT 销售广告。

《波士顿环球报》会定期在网上和印刷版中重新发布 STAT 的新闻报道,而且在《波士顿环球报》网站的主页上有一个 STAT 小栏目。《波士顿环球报》每周在报纸上发表六篇左右的 STAT 报道——主要是商业新闻报道。不过,Sunday STAT 报道的故事以前从未出现在《波士顿环球报》中。目前,印刷版并不是 STAT 收入来源的主要组成部分,但 STAT 希望它成为整个公司更大收入组合的一部分。

五 售卖数据产品

2020 年 3 月,STAT 与 Applied XL 合作推出了一个数据仪表板,让人

---

[1] Joseph Lichterman, "Stat is publishing a print section in Sunday's Boston Globe –and it might be coming to a paper near you", https://www.niemanlab.org/2017/04/stat-is-publishing-a-print-section-in-sundays-boston-globe – and-it-might-be-coming-to-a-paper-near-you/. https://www.niemanlab.org/2017/04/stat-is-publishing-a-print-section-in-sundays-boston-globe – and-it-might-be-coming-to-a-paper-near-you/. 查询时间:2023 年 11 月 26 日。

们能够实时查看新型冠状病毒疫情数据。这是同类产品中的第一个，它鼓励 STAT 加速其数据产品的生产与提供。麦考利指出："你将会看到我们继续扩张，我们将用更多自助服务工具深入市场。"①

STAT 还计划推出两款迎合高端用户的新产品。第一个产品数据订阅服务，允许订阅者对复杂的数据集进行分类，例如临床试验数据。第二个产品是将其系列深度报告扩展到远程患者监测和中国生物技术发展等主题，这些产品以数百美元的价格出售给个人用户，或者人们也通过团体订阅购买。

第五节　迈向多元化收入

读者付费订阅已经构成 STAT 的收入基础，除了拥有一万多名付费订阅者，STAT 一直专注于开辟多元化的收入来源渠道。

一　原生广告

STAT 的大部分收入来自付费新闻产品 STAT+订阅，该网站在疫情期间流量猛增，引起了广告商的关注，尽管大多数新闻组织都遭受到广告客户损失的打击，但 STAT 表示，其广告业务和活动业务都出现了大幅增长，广告交易总量增长 33%②。

原生广告是 STAT 的主要收入来源之一。在 2016 年，原生广告甚至占到 STAT 业务的 90%，STAT 有近 60 家广告合作伙伴。在后疫情时代，STAT 的原生广告业务一直持续增长。麦考利指出，"我们在原生广告方面继续取得成功。我们从创建的第一天开始就非常重视这一业务收入来源，因为这是一种趋势，广告商们已经开始全面在这方面发展。我们利用了这

---

①　"STAT partners with Applied XL to launch a new clinical trials monitoring platform powered by artificial intelligence", https://www.statnews.com/stat-and-applied-xl-launch-clinical-intelligence-platform-stat-trials-pulse/. 查询时间：2023 年 11 月 26 日。

②　"Advertise With Us", https://www.statnews.com/advertise/. 查询时间：2023 年 11 月 26 日。

一点，同时比较重视原生广告业务的开发。"①

二 活动收入

2019年，STAT通过组织活动获得的收入超过100万美元，2020年活动收入增长30%。STAT在2021年的活动序列中增加了三次虚拟峰会，重点是2021年7月组织的线上科学大会。这些活动的赞助广告很快销售一空②。

线上和线下活动为STAT带来更多收入，同时STAT也在围绕相关话题来打造社区。在2021年1月，该公司为STAT+订阅者举行了关于药物批准过程的小组讨论活动。STAT正试图把网站上报道的热门话题，带到论坛活动中。

此前，STAT还举办过一个售卖门票的活动——STAT健康峰会（STAT Health Summit），这次活动的250个座位很快就销售一空。这些项目的目标是确保它们本身有价值，麦考利在谈到STAT的首次健康峰会时指出："我们希望人们在参加完会议离开时说，这值得我花时间。"③ 在未来，STAT计划组织举办更多的售卖门票活动。尽管上述业务收入对总收入的贡献不是很大，但这些业务对以后收入的贡献总体上相当可观。在未来，STAT的活动收入计划能够占其总收入的10%。

在组织活动方面，STAT还与《大西洋月刊》合作，在波士顿举办为期一天的面对面线下活动，以此来吸引付费订户。有些活动将面向更广泛的观众，比如科学记者赛斯·姆努金（Seth Mnookin）讲述了他成瘾经历的面对面活动。

---

① Mark Stenberg, "Medical Publisher Stat Tops 30, 000 Subscribers and Nears ＄20 Million in Revenue", https：//www.adweek.com/media/stat-news-medical-subscribers/. 查询时间：2023年11月26日。

② "STAT EVENTS", https：//www.statnews.com/stat-events/. 查询时间：2023年11月26日。

③ "STAT EVENTS", https：//www.statnews.com/stat-events/. 查询时间：2023年11月26日。

三 内容授权收入

将 STAT 内容授权给其他出版商也为该新闻组织带来了一定的收入。STAT 的最新授权合作伙伴是彭博媒体分销（Bloomberg Media Distribution）。麦考利指出："他们选择我们，是因为他们扩大了在内容组合中提供彭博以外的其他品牌的业务。这一商业计划不会改变我们总的商业战略，但这是一个很好的未来收入来源，也是突出我们新闻报道的一种方式。"①

此外，STAT 还就其一部 80 分钟纪录片的授权进行谈判，该纪录片讲述的是一名双腿截肢的麻省理工学院科学家创造出了大脑控制机器人四肢的故事。STAT 计划与一家电视网络达成协议，将该纪录片出售给流媒体公司。

四 捐赠收入

在大流行期间，STAT 也是美国首批暂时取消付费墙的媒体之一。流量的激增促使该公司开始接受捐赠。在 2020 年，该公司收到"数以万计"的捐款，这对 STAT 来说是一个意想不到的收入来源。这也表明，STAT 已成为大流行期间值得信赖的新闻来源之一②。

此外，STAT 还创建了 9 个免费新闻电子邮件和 2 个播客节目来吸引读者，并将这两个新闻渠道作为转化普通读者为付费读者的一个主要方式。

本章小结

STAT 的价值主张是报道复杂的生命科学和医学话题。在 STAT 推出之前，围绕着这些话题的大多数前沿报道，一般只出现在医学期刊上。像大

---

① "Licensing Stories"，https：//www.parsintl.com/publication/stat/. 查询时间：2023 年 11 月 26 日。

② "Support STAT's journalism"，https：//www.statnews.com/contribute/? src = footer_nav. 查询时间：2023 年 11 月 26 日。

多数初创媒体企业一样，STAT一直在努力实现收入多元化——其网站上的原生广告、十几份新闻电子邮件的赞助收入，以及不断增长的活动业务提供了一部分收入。STAT在2020年和2021年成功转向举办线上虚拟活动。这些额外的收入是STAT长期收入多元化战略的一部分。

STAT网站上大约一半的内容是免费的。不过，STAT商业模式的核心是付费订阅，即STAT+。付费读者每年需要花费349美元，这给新闻工作人员带来了压力，迫使他们制作信息丰富的优质内容。近年来，团体订阅逐渐成为STAT关注的一个焦点——公司或研究机构为一定数量的员工购买，或者在特定情况下，为他们的全职员工购买。团体订阅续订率能达到90%到95%，而且这种订阅收入比较稳定。

STAT成功的关键之一是该公司对市场的了解。STAT正在进入一个整体增长的市场。STAT通过深入调查，不仅了解市场规模，还了解该市场中有多少人是内容消费者，以及有多少人愿意为内容付费。STAT在发布一年后便推出了付费墙。STAT成功的另一个重要因素是新闻报道的可信度。从一开始，STAT就聘请一支规模虽小，但真正具有权威性的记者团队，这些记者团队已经拥有庞大的追随者，并且走在健康新闻报道的前沿。这一切都有助于STAT作为一个新媒体品牌迅速建立声誉。

2020年对于STAT来说是快速发展的一年，该新闻网站获得了很高的流量。但更重要的是，人们对该新闻组织有了深刻的印象，STAT逐渐成为在健康新闻报道领域一个权威和可信赖的信息来源。STAT在医疗健康行业中的品牌知名度逐渐提升，同时加速了STAT向医疗健康领域相邻市场延伸的机会，并为该新闻组织奠定了向全球扩张的基础。

附表　　　　　　　　　**STAT 商业模式画布分析**

重要合作 波士顿环球报 PARS 国际授权组织	关键业务 健康新闻报道 单独发布的健康与生命科学报告 关键资源 专业的健康新闻记者	价值主张 专业的、高质量的健康新闻报道	客户关系 信任 网络社区 渠道通路 STAT 新闻网站 STAT 应用程序 新闻电子邮件 播客 线上与线下活动	客户细分 全球读者（B2C） 企业组织（B2B）
成本结构 新闻编辑室的运作费用 新闻记者和员工工资 开发新产品费用			收入来源 面向普通读者的订阅收入（B2C） 面向组织机构的团体订阅收入（B2B） 出售数据收入 出售单独的报告收入 原生广告 组织和举办活动收入 内容授权收入 捐赠收入 广告收入	

说明：1. STAT 创建伊始主要通过原生广告来获取收入，目前主要通过 STAT+ 来获取付费订阅收入，STAT 只是对部分内容收费。

2. STAT+ 的付费订阅收入中，团体订阅占很大一部分比重，这也是该媒体组织注重开发的一部分收入。

3. STAT 的母公司是波士顿环球媒体集团，STAT 是该媒体集团旗下一个新创建的、独立的利基新闻网站，与《波士顿环球报》是合作关系，不是隶属关系。

第十三章 新闻电子邮件驱动的商业模式
——Substack

常有人说，新闻业是一个垂死的行业。尽管新闻媒体的广告收入、发行量和编辑室都在萎缩，但一个不太引人注目的传统信息渠道——新闻电子邮件（email-newsletter）① 正朝着相反的方向发展。Substack，一个以付费订阅为主要营利模式的新闻电子邮件平台，日益受到媒体和记者的关注。2017年，克里斯·贝斯特（Chris Best）、哈米什·麦肯齐（Hamish McKenzie）和杰拉杰·塞西（Jairaj Sethi）创建了Substack，该平台允许任何人通过电子邮件形式免费发布新闻，同时提供订阅服务，Substack从订阅收入中收取10%的费用。

国际期刊联盟发布的2021年第二季度全球新闻媒体订阅排行榜显示，Substack以50万名订阅用户迅速跃居第13位，排在财新网（第11位）和经济学人（第12位）之后②。2021年4月，英国《新闻公报》（*Press Gazette*）发布的"10万俱乐部：数字新闻订阅排行榜"中，Substack名列第10位③。作为一个创建不到5年的数字内容平台，其发展速度引人注目。自创建以来，Substack吸引了一大批记者入驻该平台，比如：BuzzFeed的安

---

① *Email Newsletter* 在媒体中有时译为新闻通讯、新闻简报（纽约时报中文版），它一般指的是通过电子邮件传递由记者编辑或专门撰写的信息内容，为了避免与传统新闻报道写作中的新闻通讯、新闻简报相混淆，本文译为"新闻电子邮件"。

② FIPP，" Global Digital Subscription Snapshot 2021 Q2 "，https：//www.fipp.com/resource/global-digital-subscription-snapshot-2021-q2/.

③ William Turvill，"100k Club：Digital news subscriptions top 23m, Press Gazette research finds"，https：//pressgazette. co. uk/digital-news-subscriptions-ranking-100k-club/.

妮·彼得森（Anne Peterson）、《卫报》的杰迈玛·基斯（Jemima Kiss）、科技记者凯西·牛顿（Casey Newton）、普利策奖得主格伦·格林沃尔德（Glenn Greenwald）、气候环境记者艾米丽·阿特金（Emily Atkin）等。

新闻电子邮件这样一个旧媒体渠道，为何突然变成一个记者关注的行业？甚至有那么多记者和作家开始在该平台独立创业。在本章作者通过元新闻话语分析，来考察记者如何解读 Substack 平台的崛起，以及它的商业模式创新对新闻业意味着什么。理解记者如何以话语方式定位新进入者——不管是欢迎进入，还是拒绝进入——有助于了解记者如何看待自身行业领域的变化，同时也让他们重新审视所在行业的范式价值[1]。

第一节　新闻电子邮件的崛起

新闻电子邮件曾经被认为技术含量低而且过时。2009 年，《华尔街日报》宣布新闻电子邮件已死。2010 年左右，很多新闻组织开始放弃新闻电子邮件，它们认为随着社交媒体的兴起，新闻电子邮件已经跟不上时代的发展。但事实证明，对于那些希望与读者建立直接联系的媒体组织来说，新闻电子邮件正变得越来越有价值。它能够帮助读者培养阅读习惯和忠诚度，这对实施数字订阅和会员模式的传统媒体组织尤为重要。一些新闻组织已经将新闻电子邮件视为一种强大的工具，因为它不仅能减少订阅用户流失，而且能带来收入。像《纽约时报》和《华盛顿邮报》已经开发了 50 多种提供不同内容的新闻电子邮件。

新闻电子邮件变得越来越重要，还有一个主要原因是它是获取读者第一手数据的有效工具，它对媒体将普通用户转变为付费用户有很大帮助。牛津大学路透新闻研究所研究员尼克·纽曼（Nick Newman）指出："如果我想更好地了解一个读者，或让他们更好地了解我，建立信任，培养他们

---

[1] Matt Carlson & Seth Lewis, *Boundaries of Journalism: Professionalism, Practices and Participation*, New York: Routledge, 2015. pp. 7–12.

养成阅读的习惯，没有比电子邮件更好的信息渠道了。"[1]

由于受新型冠状病毒疫情大流行的影响，新闻电子邮件的订阅数量在大幅上升。新型冠状病毒疫情大流行冲击了整个新闻业的生产和消费。人们在家里寻找可信的消息来源，这极大促进了新闻电子邮件市场的繁荣。还有什么能比读者在收件箱里接收的电子邮件更值得信赖？调查公司 LiveIntent 提供的数据显示，94%的媒体组织表示，扩大电子邮件规模是 2021 年的首要任务。[2]

第二节 新闻商业模式创新

面对传统商业模式的崩溃，新闻业在不断探索新的商业模式。近几年，一些发布新闻电子邮件的记者发现，他们在 Substack 获得的订阅收入，甚至超过他们日常工作的收入。Substack 以新闻电子邮件作为首要的信息渠道，让读者与记者、作家建立直接联系，Substack 通过付费订阅获取收入，这是新闻商业模式出现的巨大变化。

如果记者只是创建免费新闻电子邮件，Substack 不收取任何费用；如果记者有订阅收入，该平台会从他们的订阅收入中抽取 10%，信用卡公司 Stripe 再抽取 3%，其余收入直接归记者所有。Substack 的与众不同之处在于，它为作家和记者开发了一种获取收入的方式——把他们的读者（粉丝）转化为付费订阅者。此外，与一些竞争对手不同的是，Substack 强调给记者和作家更多自由，让他们拥有自己的内容和用户电子邮件列表，如果他们想离开平台，他们可以随时带走订阅者。

Substack 创建的一个初衷是，试图摆脱算法的影响和控制。新闻电子

---

[1] Nic Newman, "The Resurgence and Importance of Email Newsletters", https：//www.digitalnewsreport.org/survey/2020/the-resurgence-and-importance-of-email-newsletters/. 查询时间：2023 年 11 月 26 日。

[2] Ray Schultz, "Put Your Money Where Your Email Is：Brands, Publishers Are Investing This Year", https：//www.mediapost.com/publications/article/364557/put-your-money-where-your-email-is-brands-publis.html. 查询时间：2023 年 11 月 26 日。

邮件从记者直接传输到读者邮箱，中间不受算法影响。借助新闻电子邮件，记者与读者之间建立一种"点对点"的直接联系。Substack 本质上是对脸书和推特等社交媒体存在的弊病的一种回应，并把新闻电子邮件作为一种增长和维持用户的方式。从设计思路上来看，Substack 在打破算法对读者控制的过程中，让读者控制他们所阅读的内容。目前，占主导地位的社交媒体平台在很大程度上决定了读者能看到什么。读者能够接触到的新闻信息，绝大部分内容都经过了算法的过滤和排序。对于数以亿计的读者来讲，算法推送的新闻已经取代报纸、杂志和电视新闻频道，成为决定信息如何进入读者大脑的主要因素。但在 Substack 平台，读者可以自主选择订阅他们想看的内容，也可以有意识地决定让哪些记者和作家生产的内容进入他们的收件箱，或者花钱订阅哪些记者或作家生产的内容。

Substack 有明确的价值主张——给记者和作家提供一个独立的写作空间，让他们通过读者的付费订阅获得收入。基于广告的新闻商业模式，记者一般会被鼓励去撰写能够带来流量的文章。在基于订阅的商业模式中，无论是免费还是付费，作者都有动机写一些有价值的内容，这样读者才不会退订。新闻电子邮件让读者和作者之间的价值交换更简单、更透明，使参与者都能受益。正如凯西·牛顿所说："我要每天为我的用户创造价值，每天我都需要制作一些对他们来说每月值 10 美元的内容。"[1]

Substack 运作的关键指标是记者和作家的收入——只有当 Substack 平台的记者和作家赚钱时，Substack 才会从他们的订阅收入中抽取分成。这个商业模式本身并不太复杂。Substack 不希望读者对信息推送上瘾，也不希望把读者的注意力卖给广告商。相反，Substack 希望读者能找到一些有价值的内容来阅读，而只有写出高质量内容的作者才能获得收入。订阅模式让记者或作家需要的受众规模，比广告模式需要的受众少很多。如果他们能让 1000 人—2000 人每月支付 5 到 10 美元，他们基本上就可以维持生计。此外，围绕新闻电子邮件，记者还可以创建利基社区，每个新闻网站

---

[1] Bobby Allyn, "Tired Of The Social Media Rat Race, Journalists Move To Writing Substack Newsletters", https://www.npr.org/2020/12/02/941020719/tired-of-the-social-media-rat-race-journalists-move-to-writing-substack-newslett. 查询时间：2023 年 11 月 26 日。

都报道相同主题和故事的时代已经结束,现在的挑战是如何面对利基市场的崛起。一个特定利基社区的编辑内容越清晰,就越有可能围绕它建立一个忠诚的付费受众社群。

Substack 能吸引很多记者加入该平台,它的无广告生态系统也起了关键作用。Substack 专注于订阅和创造良好的用户体验是以牺牲广告为代价的。Substack 的内容发布系统中不容纳广告,也不会在记者的报道旁边投放广告。尽管这样,目前还是有一些广告出现在 Substack 的无广告系统中。一些初创小公司正在帮助新闻电子邮件作者在无广告的 Substack 平台销售广告。无广告系统出现的广告可能会威胁 Substack 的商业模式。Substack 力图避开广告,它的商业模式设计也依赖于这一决策。如果 Substack 上的广告变得无处不在,该平台的融资模式就会面临风险,这将迫使 Substack 要么取缔广告,要么拥抱它。最后 Substack 需要面对的问题是:如果记者和作家想要广告,但平台创始人想要订阅,那么它最终会朝着哪一个方向发展?

第三节 新闻电子邮件市场的激烈竞争

目前,Substack 在新闻电子邮件市场处于领先地位,在开拓这一市场的过程中,Substack 做出了很大贡献,但也面临着激烈的竞争。2021 年 6 月底,脸书推出了一个名为 Bulletin 的新服务,该服务允许作者发布免费或付费的新闻电子邮件。Bulletin 承诺不会向作家收取任何费用,作家可以保留自己作品和订阅名单的全部所有权。Bulletin 是脸书对 Substack 等新闻电子邮件平台的直接回应。现在已经有 30 多位作家加入 Bulletin。在未来,脸书还计划吸引一批本地记者加入 Bulletin,该公司承诺至少提供 500 万美元用于记者报道地方新闻。

推特也在积极进入新闻电子邮件市场。2021 年 1 月,推特收购了 Revue 新闻电子邮件平台[①]。Revue 是一家荷兰公司,提供与 Substack 类似的服务。推特收购 Revue 也让它与 Substack 形成了直接竞争。Substack 和 Revue 都允

---

① 推特最初希望收购 Substack,但被拒绝。

许新闻电子邮件作者提供付费和免费的混合选择。推特把 Revue 提取的收入费用降至 5%，也是为了吸引新作家。面对社交媒体巨头的强势进入，Substack 的创始人贝斯特指出："我相信，推特和脸书进入付费新闻电子邮件市场，对作家和记者来说是件好事，对媒体生态系统也是一种积极的促进。我们需要更多的行动，赋予作家力量，以减少注意力经济的影响。"

面对迅速崛起的新闻电子邮件市场，以及不断流失的记者，传统新闻组织也在积极进入这一市场。2021 年 2 月，《福布斯》（Forbes）宣布推出"新闻记者创业家"（Journalists Entrepreneurs）项目，让记者通过《福布斯》的内容管理系统发布个人新闻电子邮件，所得的订阅收入，《福布斯》与记者各占一半。这表明一些传统新闻组织越来越意识到记者能够把自己打造为"一个人的企业"，同时也可以为媒体组织创造更多收入。

Substack 一直在以高薪挖走《纽约时报》的记者。该报评论记者利兹·布鲁尼格（Liz Bruenig）已经入驻 Substack，该平台给布鲁尼格提供了 20 万美元预付款，这是她在《纽约时报》的薪水的两倍。《纽约时报》也陆续收到一些员工的请求，希望在 Substack 和 Revue 等平台发布新闻电子邮件。由于这些新平台日益成为《纽约时报》的直接竞争对手，他们的请求通常不会得到批准。该报的总体态度是，有兴趣创办新闻电子邮件的员工，首先应该在《纽约时报》自己的平台上创建新闻电子邮件。目前，《纽约时报》已经将专栏作家保罗·克鲁格曼（Paul Krugman）在 Substack 开设的免费新闻电子邮件，带回了该报纸，并计划陆续推出一批付费订阅的新闻电子邮件。

面对激烈的竞争，Substack 为保持市场领先地位和发展势头，也在不断扩张。2021 年 7 月，Substack 收购了写作辩论平台 Letter，该平台已经有一些著名作家加入，比如，诺姆·乔姆斯基（Noam Chomsky）、尤瓦尔·赫拉利（Yuval Harari）。Letter 与 Substack 秉持同样的价值观，志在培育一个可以提升对话质量的媒体生态系统。总之，作为一个新创平台，要想在竞争中胜出，最终要看 Substack 是否可以创建一个比社交媒体和传统媒体更好的社区。

第四节　推动地方新闻发展和国际扩张

近几年，美国地方新闻媒体日趋衰落，出现了所谓的"新闻荒漠"。Substack 的运作模式在促进地方新闻报道方面有一定的潜力。2021 年 5 月，该平台宣布了一个名为 Substack Local 的项目，该项目旨在帮助地方新闻记者建立基于订阅模式的本地新闻渠道，来促进地方新闻生态系统的发展。麦肯齐指出："地方新闻需要克服的首要问题是旧商业模式的失败。这是我们尝试培育新事物的开始。"①

Substack Local 项目面向世界各地的申请者开放，以帮助记者开发有效的新闻商业模式，创建可持续的地方新闻组织，为地方新闻提供足够的增长空间。Substack 为在该平台上发布地方新闻的记者提供总计 100 万美元的启动资金。Substack Local 是以新闻电子邮件为核心的地方新闻模式。这种模式在一定程度上代表了地方新闻业未来的发展趋势。目前，Axios Local 利用新闻电子邮件在美国 30 多个中等规模的城市报道当地新闻。6AM City 现在为美国 9 个地区的新闻电子邮件订户提供本地娱乐新闻和文化报道。其他创新项目，比如，Tiny News Collective，也在使用新闻电子邮件向读者传递本地新闻。

这些创新项目都有一个相似的业务结构：一个以城市为基地的小型团队，他们联系读者的主要方式是新闻电子邮件。这种运作模式允许在成本方面尽量降低开销，同时充分利用新闻电子邮件来接近读者。Substack 开发本地新闻市场，无疑是件好事，也是促进地方新闻发展的一个良好开端。地方新闻记者流失是许多国家新闻业面临的一个迫切问题，Substack 开发的新闻电子邮件工具可以帮助一些地方媒体组织和记者去探索解决方案。

Substack 在推动地方新闻发展的同时，也在推动国际扩张。Substack

---

① Biz Carson, "Substack's CEO explains why we're all obsessed with newsletters now", https://www.protocol.com/substack-ceo-newsletter-obsession. 查询时间：2023 年 11 月 26 日。

平台目前有数百个来自美国以外的记者创建的新闻电子邮件。该平台一直在努力扩大国际报道范围，招聘更多在全球扩张方面有经验的记者。Substack 已从全球遴选出 12 名记者，有一半记者来自国外，包括罗马尼亚、加纳、巴西、英国和澳大利亚等国的记者。

Substack 的国际市场扩张可能会遇到一些挑战，但麦肯齐认为该平台的核心理念和商业模式适用于世界上任何一个市场。"我们不认为在华盛顿行得通的东西，在埃塞俄比亚就行不通。如果受众渴望高质量的报道和信息，并且愿意付费，那么这种模式就能够奏效。"① 目前，Substack 在英国、加拿大、澳大利亚、新西兰等国已经有大幅度的用户增长。

第五节　推动记者独立创业

中国专家比尔·毕晓普（Bill Bishop）是 Substack 平台最早的创业记者，通过新闻电子邮件订阅，毕晓普的年收入超过 10 万美元。2020 年 9 月，记者凯西·牛顿离开工作 7 年的科技媒体 The Verge，去 Substack 平台创建了新闻电子邮件——Platformer。牛顿指出："突然之间，你再也不用要求老板给你加薪了。你所要做的就是做好工作，吸引用户。这似乎是一个非常有趣的游戏。我所要做的就是找到几千个愿意每月付给我 10 美元的人，这样我就能得到新闻业最好的工作了。"②

新闻组织的衰败状态让包括牛顿在内的许多记者开始尝试创业。新闻业长期依赖广告商业模式获取收入，但这种方式已经变得不可持续。脸书和谷歌控制了一半以上的数字广告市场，媒体组织不得不争夺剩余的广告收入。这一现实，加上新型冠状病毒疫情对经济的影响，使新闻业遭受重

---

① Biz Carson, "Substack's CEO explains why we're all obsessed with newsletters now", https://www.protocol.com/substack-ceo-newsletter-obsession. 查询时间：2023 年 11 月 26 日。
② Bobby Allyn, "Tired Of The Social Media Rat Race, Journalists Move To Writing Substack Newsletters", https://www.npr.org/2020/12/02/941020719/tired-of-the-social-media-rat-race-journalists-move-to-writing-substack-newslett. 查询时间：2023 年 11 月 26 日。

创。有调查显示，仅在2020年，美国就有1.6万多名记者失去工作[1]。这一现状导致许多记者加入Substack。

新闻电子邮件给记者和作家带来了创业机会。目前，牛顿已经获得了660多名付费用户。他没有透露确切收入，但考虑到他的订户数量和每月10美元的定价模式，牛顿每月至少可获得5500美元。正如他所说，"新闻行业失去了数千个工作岗位。裁员多发生在报纸行业，传媒业基本上没有一个部门不受到裁员的影响。所以，如果你相信新闻对民主真的很重要，那么你就要问问自己，未来可能会出现什么样的新商业模式。"[2]

2020年10月，普利策奖得主格伦·格林沃尔德辞去自己参与创办的媒体The Intercept的职务，加入Substack。他的新闻电子邮件拥有2万至4万名付费订阅者，如果按每人每月至少收费5美元来计算，格林沃尔德每月可获得8万至16万美元。这显然比他以前做记者的收入多。格林沃尔德指出："读者订阅不一定是因为他们得到了回报，可能是因为他们想支持新闻业的发展，人们渴望把这个品牌（Substack）当作一项事业来支持。"[3]

不过，一大批记者独立创业带来的一个问题是，这对被他们抛在身后的新闻组织意味着什么？传统媒体对读者仍有一个巨大的吸引力：个性鲜明的专栏评论。传统媒体的专栏文章和分析评论，是吸引读者付费订阅的关键所在。在Substack上蓬勃发展的记者是那种能让读者掏出信用卡订阅他们作品的记者。Substack挖走的正是这些性格鲜明的记者。因此，Substack对传统新闻媒体的威胁可以理解为经济威胁。对媒体组织而言，这意味着要么找到与Substack竞争的方法，要么生产Substack不能或不愿提供的内容。

---

[1] Fern Siegel. "Study: Newsrooms Lost Over 16,000 Jobs In 2020", https://www.mediapost.com/publications/article/359330/study-newsrooms-lost-over-16000-jobs-in-2020.html?edition=. 查询时间：2023年11月26日。

[2] Bobby Allyn, "Tired Of The Social Media Rat Race, Journalists Move To Writing Substack Newsletters", https://www.npr.org/2020/12/02/941020719/tired-of-the-social-media-rat-race-journalists-move-to-writing-substack-newslett. 查询时间：2023年11月26日。

[3] Jemima Kelly, "Substack's success shows readers have had enough of polarised media", https://www.ft.com/content/3e565df2-0cb2-4126-a879-eb2710eef03a. 查询时间：2023年11月26日。

第六节　激情经济与创造者经济

有学者将Substack的运作方式称为"创造者经济"（creator economy）或"激情经济"（passion economy）。2019年，在《激情经济与未来的工作》一文中，霍洛维茨合伙投资人李金（Li Jin）创造了"激情经济"一词，她指出，创造者比以往任何时候都更容易将自己的专长转化为商业风险投资[1]。

激情经济主要指一个商业生态系统，在这个生态系统中，创造者创造产品并提供服务，而这些服务的价值很大程度上取决于创造者的专业知识。像Substack、Patreon、OnlyFans这类创业公司都是激情经济的例子。要想在激情经济环境中茁壮成长，创造者需要了解自己拥有哪些能够满足市场需求的独特技能，同时将他们的独特个性货币化，依靠个性来赚取收入。这些创造者可以在Substack上写新闻电子邮件获得收入，在OnlyFans上销售独家内容，也可以在Patreon上建立付费墙。在新型冠状病毒疫情暴发的前几年就已经出现了这种商业变化，新型冠状病毒疫情迫使每个人都在家工作，导致激情经济开始繁荣。

亚当·戴维森（Adam Davidson）在《激情经济》（*The Passion Economy*）一书中指出，通过瞄准未被服务的受众或用户，创造一种无法复制的产品，并在网络空间寻找客户，激情经济的创造者可以在一个由大型企业主导的经济中获得成功，前提是要找到一个市场：一个大到足以让你的企业成功，但又小到可以让你主导的市场[2]。戴维森认为，激情经济有两个基本原则：大规模地创造亲密关系；不简单地提供商品。大规模的亲密关系是指创造者与他们的用户建立有意义的关系的能力，即使用户只

---

[1] Li Jin. "The Passion Economy and the Future of Work", https://a16z.com/2019/10/08/passion-economy/. 查询时间：2023年11月26日。

[2] Adam Davidson, *The Passion Economy*: *The New Rules for Thriving in the Twenty-First Century*, New York: Vintage（EPUB），2020, pp. 73-75.

有几千人，遍布世界各地，也能够维持一个小企业生存①。激情经济的另一个原则是"不简单地提供商品"。虽然激情经济需要明智的商业战略和相关技术，但激情经济的核心是连接认同：一个充满激情的创造者，找到他们充满激情的消费者。戴维森认为，现代经济是杠铃形的，大型企业通过规模、数量和商品化来控制市场的一边。对当下的创业者来讲，成功在于杠铃的另一端：针对利基受众定制产品②，正如在Substack平台创业成功的一些记者。凯文·凯利（Kevin Kelly）指出，互联网最初应该是这样的，如果你有1000个真正的粉丝，你就可以过上好日子。Substack所代表的正是1000个粉丝的最初理念。③

本章小结

Substack一直强调："我们真正的产品是我们的商业模式。"利用新闻电子邮件这个传统信息渠道，Substack让记者和作家创建一个出版物变得简单。Substack的整个商业运作依赖于获得记者和读者的信任。从目前新闻业发展的趋势来看，付费订阅已经成为媒体生态系统中一个重要的组成部分。服务于特定利基市场的记者和作家，可以通过新闻电子邮件订阅来获得经济收益。

在当下的媒体生态中，读者与媒体之间的关系正在发生变化。读者可能会关注某一家新闻组织，但更可能关心的是某个记者或作家，读者越来越愿意花钱去支持这些人。依托新闻电子邮件这个传统信息渠道，记者去探索基于订阅的新闻商业模式，这可能会帮助新闻业找到可持续的运作模式，同时也让记者找到创业机会。当然，Substack这种商业模式并不一定

---

① Adam Davidson, *The Passion Economy*: *The New Rules for Thriving in the Twenty-First Century*, New York: Vintage (EPUB), 2020, p. 85.

② Adam Davidson, *The Passion Economy*: *The New Rules for Thriving in the Twenty-First Century*, New York: Vintage (EPUB), 2020, pp. 96-98.

③ Kevin Kelly, "1000 True Fans", https://kk.org/thetechnium/1000-true-fans/. 查询时间：2023年11月26日。

适用于所有类型的内容，Substack 也不会是唯一的新闻模式，它将与 ProPublica 这类非营利模式，BBC 这类公共服务模式，以及其他市场化新闻商业模式共存。

附表		**Substack 商业模式画布分析**		
重要合作 风险投资公司安德森·霍洛维茨。 2019 年 Substack 从该公司获得 1500 万美元融资，2021 年又获得 6500 万美元融资。	**关键业务** Substack Pro 预付款项目 Substack Local 地方新闻项目 Substack Grow 帮助作者创建新闻电子邮件的培训课程项目 为记者提供的奖学金项目 并购写作辩论平台 letter **核心资源** 新闻电子邮件平台 创建播客的工具 在该平台创建"微型新闻组织"的多种工具 为记者提供法律援助	**价值主张** "一个独立写作的空间" 帮助用户创建新闻电子邮件频道，建构社区，通过订阅获得收入。 作家和记者在平台来去自由。 只有在记者获得收入时，平台才会抽取 10% 的提成。 平台是免广告的设计系统。	**客户关系** 与平台的记者、作家和读者建立信任关系，促进订阅。 **渠道通路** 新闻电子邮件	**客户细分** 独自创业的记者、作家 精益创业的新闻组织 读者
成本结构 员工工资 开发平台工具费用 并购 letter 的费用 预付款项目、地方新闻项目、培训课程项目费用			**收入来源** 从作家和记者的订阅收入中抽取 10% 的提成	

说明：Substack 作为一个电子邮件平台，主要通过从新闻记者的订阅收入中提成来获取收入。不过，在该平台的一些创业新闻记者和创业新闻组织（比如，The Dispatch）既有采取订阅模式的，也有采取会员模式的。

第十四章 结论

第一节 迈向多元化协同商业模式

影响新闻媒体商业模式转变的一个重要因素是数字化转型。数字化转型是指在网络平台上传播媒体内容的转变，读者通过电脑、手机、平板电脑，甚至是 VR、AR、元宇宙等新兴数字渠道消费内容。数字转型的目标是建立一个完全的数字传播渠道。数字化转型影响着整个传媒产业链，从内容生产到内容发布，再到内容消费。

在数字媒体领域，传统媒体与一大批原生数字新创企业争夺用户的时间和注意力。许多数字原生媒体组织，比如，Tortoise、Axios 和 BuzzFeed，往往表现出更高的创业精神和商业模式灵活性。这些新闻媒体组织通常专注于特定的主题，使用专门的技术，如慢新闻、调查性新闻或数据新闻，或作为新闻提供者服务于特定的地区。出于生存的需要，它们的收入来源也往往比传统大型媒体组织更广泛。

新的数字渠道和产品不仅扩展了内容的传播，而且它们的性质和消费模式与传统媒体有很大的不同。这意味着创新新闻数字产品面临完全不同的问题，需要不同的策略、内容、展示、商业模式和运作结构。在数字环境中运营，也迫使传统媒体在技术、软件和系统以及管理和操作人员上进行更多投资。《华盛顿邮报》《环球邮报》和 Axios 等引领数字新闻变革的组织发现，数字技术投资对它们的战略和未来增长至关重要。与同行相比，《华盛顿邮报》及时看到了投资技术可能带来的回报，并逐渐把投资技术和授权转让技术作为一项重要的收入来源。

在数字化转型的过程中，媒体组织面临的主要挑战并不总是媒体内容生产，而是内容传播和货币化。尤为重要的一点是，它们要在年轻一代中获得知名度和认同。在这方面，社交媒体平台，如微信、微博、抖音、快手，以及脸书、推特，是链接受众的重要桥梁，因为它们在媒体组织扩大影响力和获取潜在新用户方面扮演着重要角色。目前，社交平台处于关键地位。社交平台成为媒体组织特定商业模式的合作伙伴，对媒体组织而言，需要管理经营与这些在线平台的关系，以获取最大价值。

平台经济是指随着社交媒体平台的扩展，推动在线内容平台化，以及平台崛起成为社交网络的主导基础设施和经济模式。对于新闻组织来说，平台化并不是一个简单的发展趋势。当新闻组织与社交媒体平台建立新的关系时，平台公司可以控制这种合作，并获得大部分的经济利益。新闻组织如果失去了对传播内容的控制，因此也就会失去与受众的联系，以及受众的访问控制。当传统媒体组织通过第三方（如微信、抖音）访问时，获取有用的数据相当困难，因为这些数字巨头将大部分数据保留在内部，供自己使用更符合他们的利益和发展战略。此外，与平台公司相比，大多数新闻组织在规模和资源方面处于劣势。正是出于这方面的考虑，《纽约时报》拒绝加入"苹果新闻+"，并以自己的传播网络为基础打造第一手数据库。

社交媒体平台是新闻组织需要面对的战略环境中的最大转变，虽然社交媒体平台带来了巨大受众，但它们也损害了媒体组织的收入，控制了内容消费环境、与受众的接触，以及消费数据。对于新闻组织而言，平台化的另一个问题是，对传统媒体的认同和品牌资源可能会被平台获取和继承，比如，一些用户在社交媒体上阅读新闻报道时，可能根本不会注意信息内容的来源。

一 关系战略

在当下的媒体生态中，许多媒体组织的商业模式可持续运作，都与从用户那里获得收入和数据有关。不断变化的媒体消费模式、收入来源，以及平台经济模式的崛起，要求媒体组织需要更加战略性、灵活性地思考它们与不同用户群体的关系，并进行相应的调整和变化，以便更好地与用户建立紧密联系。围绕媒体创新的许多新的想法都要求专注于获取和留住忠实的付费用户，也就是实施受众第一的策略，或以受众为核心的商业发展战略。

媒体组织越来越多地使用从数字产品和移动交互中获得的数据，以此来了解媒体消费者及其消费模式。这些数据提供了有关消费者关系，以及如何更恰当地培养消费者关系的资料。由于第一手数据可以帮助媒体组织更好地为消费者服务，如何战略性地使用数据必须要有很清晰的思路。关键的一点是，媒体组织需要改善与用户的关系，努力为消费者提供更多有价值的内容，而不仅仅是为了收集数据而收集数据。

在收集媒体用户数据的同时，媒体组织需要开发新的用户介入模式。这种用户介入模式的本质是在用户和媒体组织之间发展出一种亲密的个人联系。介入（engagement）是基于吸引和依恋的感觉，而不仅仅是交换和消费。基于交易和功能性使用的关系，比如转发和点赞，只能产生程度相对较低的连接关系，并不能为用户或媒体组织创造多少价值。建立更高层次的关系需要相互尊重和追求共同利益。媒体组织与个人建立的高层次关系能唤起情感、归属感、参与感，也可能唤起用户对媒体组织的某种主人翁意识。从某种程度上讲，这也是《卫报》等新闻机构实施会员模式的基本出发点。

二　共创与服务

有许多种方法可以衡量媒体与用户之间的关系强度。从较低层次上来看，媒体组织倾向于通过点击、阅读时间和评论等介入指标来进行评估。高层次的关系往往由会员模式、参与活动、提供意见和建议，以及共创内容等方式来实现。与读者建立富有成效的关系，说起来容易做起来难。媒体组织需要让用户相信，这种关系对他们有好处。关系不仅仅是媒体组织向目标用户营销的一种方式，这种关系还要能够为用户带来价值。传统上，媒体消费者或受众一般被认为是媒体组织营销和销售工作中相对被动的对象。从这个视角来看媒体与受众之间的关系，就有可能导致媒体组织失去一个机会——让消费者或受众真正参与产品和服务的设计、营销，以及开放生产过程的机会。

媒体商业模式的核心应该是以服务为主导，正如杰夫·贾维斯（Jeff Jarvis）所说，"新闻即服务"。[①] 根据服务主导的逻辑，媒体组织提供的价值越来越多地与消费者共同创造，而不是嵌入到产品中。因此，服务主导的媒体逻辑的核心是，媒体组织与媒体消费者之间的互动消费过程。从服务主导的逻辑观点来看，受众可以成为媒体组织生产和运作的资源，以及内容生产的合作者，不仅仅是内容生产的接受目标。尤其是在社交媒体时代，价值不是生产者独自在生产过程中创造的，而是在生产者与消费者之间的互动消费过程中创造的。价值不仅存在于媒体产品中，还存在于内容生产过程和服务之中。与受众或消费者共创价值，不仅仅是一种优化内容生产价值链的方式，同时也是一种创新的媒体商业模式。

媒体服务逻辑不同于以商品为主导的逻辑，后者是面向生产和以公司为中心的逻辑，是两个多世纪以来媒体业务的驱动逻辑。传统的以商品为主导的逻辑认为，价值是在产品生产过程中创造的——产品本身具有价值——而消费者处于生产过程之外。在传统的大众传播模式中，报纸或电视媒体在没有消费者参与的情况下创造了媒体产品的价值。

按照以服务为主导的逻辑，通过培育或让媒体消费者介入，共同生产价值正在日益被创造出来。服务逻辑基于建立和维护个人联系、预测和解决消费者的需求、创建简单性和易用性，以及关注与消费者的互动。消费者满意度处于服务逻辑的核心。与许多其他行业一样，媒体组织的商业模式如果不能从有效的价值主张出发，即如何满足消费者的需求，或者如克里斯坦森所说"为消费者解决一个问题"，[②] 那么随着时间的推移，这类商业模式也不会成功。追求受众至上的商业模式需要改变媒体组织的文化和

[①] David Weinberger, "Jeff Jarvis on journalism as a service", https：//www.youtube.com/watch? v=k0ypw-ZPk6o. 查询时间：2023年11月26日。

[②] "Jobs to Be Done", https：//www.christenseninstitute.org/jobs-to-be-done/. 查询时间：2023年11月26日。

结构，以提供使其成功所必需的互动模式和策略路径。

三 组织变革

对于媒体组织而言，面对不断变化的社会、经济和技术环境，以及在高度竞争的市场中生存的挑战，创新是关键，其中商业模式创新和产品创新处于核心的位置。虽然许多媒体组织都在尝试开发创新的商业模式，但创新本身是一个系统性工程，因为它涉及产品创新、技术创新和过程创新等多方面问题。很多所谓的创新往往不是创新，而是适应。通过做出改变以适应新的可能性和追求新的机会比较重要，也有一定的意义，但这并不代表创新。

媒体商业模式的创新需要组织文化变革和思维模式的改变。媒体创新的阻碍很大程度上是文化方面的，在新闻行业中，新闻编辑室内部往往是系统的、根深蒂固的实践和习惯性的工作模式占主导地位，这是嵌入在特定的生产模式中的新闻实践意识形态的结果。

除了转变观念，媒体组织的新闻记者还需要掌握更广泛的技能和知识。当下新闻商业模式创新需要的知识和技能，传统媒体组织的员工往往不具备。这些技能包括数字内容制作、网站设计、数字营销和销售、社交媒体内容协调、数字账户管理和网络分析，以及读者、广告商和其他利益相关者的关系管理和参与促进。通过内容联合、专门制作的新闻电子邮件、组织活动、为企业组织提供原生广告，以及创意服务来扩展商业模式，这就要求媒体组织的员工拥有新技能。这种特定的技能培养和训练同时也会体现出一种创业态度、一种竞争动力、一种服务心态，以及新闻组织创造特定商业模式和价值的能力。

四 多元化协同商业模式

媒体生态和媒体消费的转变导致了对新商业模式的需求和媒体业务的变革。面对激烈的数字转型，新闻组织探索和接受多元化商业模式是一个比较可行的商业发展策略。

在过去 20 多年中，新闻业迅速失去了大部分广告来源。传统的新闻商业模式已经失去优势，这迫使新闻业开发新的商业模式和商业战略。所有新闻组织当下的商业模式转型包括开发新的生产流程、新的产品，以及呈现内容的新方式，同时还要确立读者和新闻组织之间新的关系。因此，新闻组织不仅仅要关注如何获取新收入。收入当然是很重要的一个部分，但在探索新的商业模式的过程中，新闻组织有一个宏观的视角更加重要。不过，对于许多传统新闻组织来说，这种转变并不容易，因为大多数新闻媒体组织是在一个处于比较稳定的状态的环境中发展起来的，在这种环境中，变化相当缓慢，并且也能赚到一定的利润。现在，这些传统媒体的商业模式需要以更快的速度适应数字媒体环境，这个新的数字媒体环境受到媒体技术快速发展和新平台崛起的影响，同时也受到受众不断变化的媒体消费习惯的影响。

遵循传统商业模式的新闻组织不再像过去那样能够赚取足够多的利润。传统报纸媒体和杂志上的广告在不断减少，而社交媒体平台的在线广告在不断增长，尤其是为少数平台所垄断。免费在线内容的传播，以及消费者媒体阅读行为的变化，这些因素结合在一起破坏了印刷媒体的传统商业模式。印刷媒体的传统商业模式是通过生产价格低廉的内容来吸引大量读者，然后把这些读者卖给广告商。这种商业模式主要是由于媒体组织在特定的地理区域享有近乎垄断的生产和传播渠道，但在数字时代，这种垄断生产和传播模式已经被互联网完全颠覆。

尽管广告作为媒体组织的收入来源依然较为重要，但其重要性在急剧下降。在传统新闻业务中，数字订阅已经成为媒体的主要收入来源。由于传统报纸媒体总体上转向数字订阅收入，新闻组织与消费者的关系与过去相比发生了很大变化，这些新闻组织所采用的定价模式也不同于印刷产品。许多传统新闻媒体的网站提供不同的价格，让读者可以从不同的设备和平台上获取信息，也可以通过支付不同的价格，以获取优质和专业的新闻报道。所有内容不再以相同的价格提供给所有消费者。新闻组织重新关注人们愿意付费的高质量报道和独家新闻报道，而不仅仅是接触到大量受众。因此，新闻商业模式创新并不意味着要降低内容质量，而是对新闻组织的内容质量提出了更高要求——考虑到新闻业的未来，这实际上是一种更积极的发展战略。不过，从全球来看，这并不是一个普遍的趋势，在亚洲、拉丁美洲和南欧地区，新闻媒体仍然严重依赖广告收入，而读者为内容付费的意愿或能力非常有限。

新闻商业模式出现的另一个明显变化是，传统新闻组织对任何一种形式的资金依赖程度，与以往相比都要下降很多。由于传统媒体将读者收入和广告收入结合起来的商业模式在很多方面已经过时，新闻业务越来越依赖于从更多样化的收入来源中获取资金（见表14.1）。来自读者、广告商、线下活动、电子商务、慈善组织、赞助商等多种资金来源都在贡献收入。追求多样化的收入需要传统媒体组织积极变革，在这一过程中，会产生以前媒体组织中不常见的运作成本。

传统媒体组织进行商业模式创新时，需要更加注重对价值、服务，以及与读者关系的深入挖掘。传统纸质媒体正在演变为多元化的媒体组织，这些媒体组织拥有各类产品、服务和品牌组合。媒体经济学家罗伯特·皮卡德（Robert Picard）认为，媒体商业模式创新的重点是建立和培育与读者、广告商、合作伙伴，以及中间商之间的价值创造关系[①]。当这些关系有效时，它们就成为产生收入的基础。

虽然传媒业的所有部门都受到技术、竞争和消费者选择等变化的影响，但变化的程度和速度差别很大。新闻组织正在重构他们的商业模式，在使其适应数字世界时，他们需要评估运营模式，并积极创新他们当前的商业模式、产品提供和生产流程来适应当下媒体环境的改变。重要的一点是，媒体组织需要调整自己的商业模式，使之适合自己的市场和用户，而不仅仅是模仿别人的做法。总之，为了实现商业模式的可持续发展，新闻组织不应该抱有单一商业模式的想法，追求多元化的协同商业模式是媒体组织未来发展一个较为可行的路径。

---

① Robert Picard, *The Economics and Financing of Media Companies*, New York: Fordham University Press, 2011, pp.26-31.

表14.1 多元化协同新闻商业模式

	卫报	华盛顿邮报	BuzzFeed	Axios	财新	STAT	环球邮报	Tortoise	The Correspondent	气候内幕新闻	Substack
付费订阅	√	▲		√	▲	▲	▲	▲			▲
会员模式	▲		√	√	√	√		√		√	
组织举办活动	√	√	√	√	▲		√	√		√	
电子商务	√	√	▲		▲	▲	√	√			
原生广告	√	√	▲	▲	▲		√				
众筹	√								√		
众包	√							√			
非营利慈善基金	√									▲	
品牌授权		▲	▲								
IT供应商		√		√			√				
历史档案售卖				√	√						
售卖课程在线教育	√	▲	▲	√	▲	▲	▲				
广告	√	√		√	√	√					
内容授权	√							√	√	√	
图书销售					√		√	√		√	

▲：新闻组织的主要收入来源
√：新闻组织的其他收入来源

第二节 多元化创新三角

新闻组织不仅仅要去积极实践多元化协同商业模式创新，在某种程度上，还需要进行多元化的产品创新，同时也要积极接触各类不同的受众群体，尤其是Z时代。多元化协同商业模式、多元化产品、多元化受众，这三个方面构成了媒体组织创新发展的稳定三角。

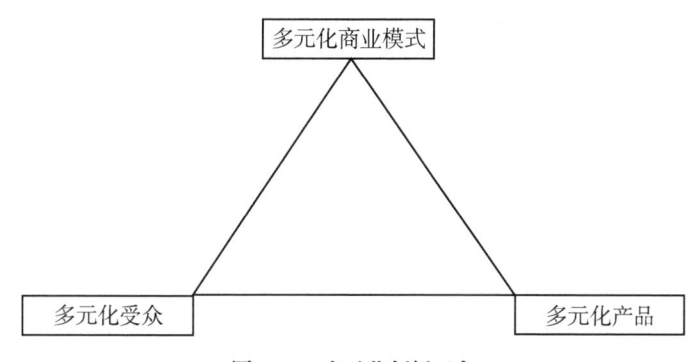

图 14.1 多元化创新三角

多元化协同商业模式：在当下的数字化环境中，新闻组织不能完全依赖于一个收入来源。在过去，新闻组织主要依赖于广告收入，对于一些新闻组织来说，广告收入甚至占到它们收入的70%—80%，甚至更多，但从目前的媒体经济发展趋势来看，这是非常不现实的。广告收入主要流向数字巨头，而新闻组织逐渐转向读者来获取收入，这种商业模式的转向会对新闻生产模式产生很大影响，因此我们才会看到越来越多的新闻组织强调与读者建立关系、强调邀请读者进入生产流程、强调新闻生产的透明性，发生这些变化的原因，在一定程度上与新闻商业模式的转变有关系。但是，新闻组织不能像过去依赖广告收入那样依赖读者收入，而应该是在读者收入的基础上开辟其他收入来源，比如，上文提到的原生广告、活动创收、电子商务、众筹与众包、非营利资金、售卖课程、售卖历史档案图片，甚至开发出售软件技术，只有实现有机的、多元化收入来源协同组合，新闻组织的商业模式才有可能实现可持续发展，也才有可能抵御激烈的市场震荡和冲击，正如疫情对新闻组织的冲击。

多元化受众：新闻组织还应关注不同年龄阶段受众的新闻消费特点，尤其是Z时代的新闻消费和媒体消费特点，这些年轻受众是未来新闻媒体消费的主力，只有吸引年轻受众，新闻媒体的未来才有希望。

多元化产品：新闻组织要不断去开发新产品，比如，新闻电子邮件、新闻播客、新闻游戏、新闻可视化、沉浸式新闻、解困新闻，甚至是VR新闻、AR新闻、区块链新闻等等。最终通过这些创新的新闻产品来吸引受众，并逐渐与他们建立联系，将他们转化为新闻组织的付费读者。多元化产品思维对于新闻组织的未来发展至关重要。

对于一个新闻组织来说，能够获取多元化的收入来源，同时能够不断创新多元化新闻产品，最终吸引多元化的受众，这样才有可能实现稳定的可持续发展。

第三节 迈向成功的商业模式创新

商业模式是有目的地设计以价值创造为中心的行动系统，商业模式关注的是如何做生意，它涉及一个新闻组织的长期战略发展。商业模式是颠覆性和竞争优势的重要来源，它超越（但高度互补）现有创新来源，例如，产品创新或流程创新。不管是传统新闻组织，还是新创媒体组织，都需要理解和认识创新的新商业模式给他们带来的机遇和挑战。换句话说，这些媒体组织都需要一个商业模式创新战略（business model innovation strategy）。

目前，许多媒体组织面临的一个根本问题是，往往忙于数字产品的运营，以至很少花时间进行深入的战略思考，特别是在一些媒体组织中没有专门负责战略和业务发展的人员。大多数媒体组织在推出数字产品时，如果没有更成熟的商业模式视角，就会对运营结果感到失望，这是因为它们的产品不会有效地服务于受众、广告商，甚至它们自己。

第十四章 结论

媒体商业模式创新的关键在于，它不仅仅关乎收入，而且越来越多地关乎与消费者的关系、价值创造，以及不断改进的产品和服务。创建新的商业模式并不像决定改变商业模式那么简单。它需要新的战略和资源，并让战略可行。媒体组织尝试新的商业模式、产品和服务，也需要改变组织思维，变得更具有创业精神，愿意接受不同的结果和失败。在某种程度上，媒体组织需要采用硅谷常见的"提前失败"（fail forward）或"快速失败，经常失败"（fail fast, fail often）的思维方式[1]。

对于大多数媒体组织来说，接受失败是一个巨大的挑战，因为几代人都不需要在他们的商业模式中承担风险。目前，随着传统媒体的衰退和变化，不冒险本身就是危险的，因为它会导致失去机会，无法以新的方式成长和发展，会迫使媒体组织依靠现有的、不断弱化的商业模式来生存。一些媒体组织好像暂时做得很好，但实际上是慢慢地失败，这最终会导致大多数媒体组织进入最后的"死亡螺旋"，可能再也不会有发展机会。

媒体环境和媒体消费者的转变让创造新的商业模式成为必要。本书希望提供一种对新闻商业模式创新的理解和认识，尤其是新闻组织在创新商业模式时面临的挑战，以及这种创新的新闻商业模式如何让一个媒体组织全面运作起来。因此，在某种程度上讲，商业模式创新战略已经成为各类媒体组织领导人需要考虑的战略选择之一，其核心是建立和维持媒体组织在市场上的竞争优势，以及获取或开发哪些资源来实现媒体组织的整体营利。

当然，商业模式创新的承诺不仅仅是创造和获取经济价值，企业组织还可以通过商业模式创新来构建一个美好社会[2]。印度的阿拉文眼科医院[3]和孟加拉国的格莱珉银行[4]向我们展示了这些企业组织如何通过商业模式创新让世界变得更美好。它们的商业模式创新给予我们重要的提醒：人类

---

[1] Raphael Amit & Christoph Zott, *Business Model Innovation Strategy: Transformational Concepts and Tools for Entrepreneurial Leaders*, New Jersey: Wiley, 2021, pp.193-205.

[2] Raphael Amit & Christoph Zott, *Business Model Innovation Strategy: Transformational Concepts and Tools for Entrepreneurial Leaders*, New Jersey: Wiley, 2021, p.353.

[3] 面向穷人免费手术的一家连锁医院，其商业模式类似于肯德基的连锁运营模式。

[4] 一项面向贫困农村妇女提供小额贷款的商业模式创新，创始人穆罕默德·尤努斯因此获得2006年诺贝尔和平奖。

面临的重大问题，如贫困、不平等、饥饿、疾病或气候变化，在一定程度上也可以通过商业模式创新来解决。例如，为了应对气候变化，我们需要可持续的商业模式创新，而不仅仅是清洁的技术、产品、服务和流程。从这个意义上讲，商业模式创新可以帮助我们为所有人开辟一条通往更加美好、光明的未来的道路①。

---

① Raphael Amit & Christoph Zott, *Business Model Innovation Strategy: Transformational Concepts and Tools for Entrepreneurial Leaders*, New Jersey: Wiley, 2021, p. 353.

参考文献

一 中文专著

白红义：《新闻研究：经典概念与前沿话题》，上海交通大学出版社 2018 年版。

崔保国、徐立军、丁迈：《中国传媒产业发展报告（2021）》，社会科学文献出版社 2021 年版。

陈韬文、黄煜、马杰伟、萧小穗、冯应谦：《与国际传播学大师对话》，中国人民大学出版社 2011 年版。

李金铨：《传播纵横：历史脉络与全球视野》，社会科学文献出版社 2019 年版。

彭增军：《新闻业的救赎：数字时代新闻生产的 16 个关键问题》，中国人民大学出版社 2018 年版。

魏炜、李飞、朱武祥：《商业模式学原理》，北京大学出版社 2020 年版。

王亮：《传媒产业破坏性创新管理研究》，厦门大学出版社 2020 年版。

张维迎：《理念的力量》，西北大学出版社 2014 年版。

张维迎：《市场的逻辑》，西北大学出版社 2019 年版。

［美］克里斯·安德森：《长尾理论》，乔江涛、石晓燕译，中信出版社 2012 年版。

［日］今枝昌宏：《商业模式教科书》，王晗译，华夏出版社 2019 年版。

［美］詹姆斯·韦伯斯特：《注意力市场：如何吸收数字时代的受众》，郭

石磊译,中国人民大学出版社 2017 年版。

[美]尼基·厄舍:《互动新闻:黑客、数据与代码》,郭恩强译,中国人民大学出版社 2020 年版。

[美]比尔·科瓦奇、[美]汤姆·罗森斯蒂尔,《新闻的十大基本原则——新闻从业者须知和公众的期待》,刘海龙、连晓东译,北京大学出版社 2014 年版。

[美]克莱顿·克里斯坦森:《颠覆性创新》,崔传刚译,中信出版社 2019 年版。

二 中文期刊

白红义、李拓:《新闻业危机应对策略的"正当化"话语:一项基于中国媒体宣言的探索性研究》,《新闻大学》2017 年第 6 期。

白红义:《"正在消失的报纸":基于两起停刊事件的元新闻话语研究——以〈东方早报〉和〈京华时报〉为例》,《新闻记者》2017 年第 4 期。

白红义:《边界、权威与合法性:中国语境下的新闻职业话语研究》,《新闻与传播研究》2018 年第 8 期。

陈卫星:《智能传播的认识论挑战》,《国际新闻界》2021 年第 9 期。

陈卫星:《从数学到计算机的媒介考古学》,《陕西师范大学学报》(哲学社会科学版)2021 年第 4 期。

陈积银、曾涛:《国外智能推荐型视频媒体的产业链研究》,《西安交通大学学报》(社会科学版)2019 年第 5 期。

崔保国、刘金河:《论数字经济的定义与测算——兼论数字经济与数字传媒的关系》,《现代传播》(中国传媒大学学报)2020 年第 4 期。

崔保国、郑维雄、何丹嵋:《数字经济时代的传媒产业创新发展》,《新闻战线》2018 年第 11 期。

崔保国:《传媒经济学研究的理论范式》,《新闻与传播研究》2012 年第 4 期。

常江、田浩:《建设性新闻生产实践体系:以介入性取代客观性》,《中国出版》2020 年第 8 期。

常江：《数字时代新闻学的实然、应然和概念体系》，《新闻与传播研究》2021 年第 9 期。

丁和根：《"媒介经济学"还是"传媒经济学"》，《新闻与传播研究》2015 年第 5 期。

丁汉青、杨雅、喻国明：《2020 中国互联网广告市场的十大特点与发展趋势——基于对〈中国互联网广告数据报告（2020）〉的分析》，《新闻界》2021 年第 2 期。

丁方舟、［美］马特·卡尔森：《元新闻话语与新闻社会学研究的文化路径——卡尔森〈元新闻话语与新闻业的意义：定义管理、边界工作与正当化〉译评》，《新闻记者》2019 年第 8 期。

胡泳：《论交流模式的变迁》，《现代传播》（中国传媒大学学报）2021 年第 1 期。

胡泳、年欣：《中国数字化生存的加速与升级》，《新闻与写作》2020 年第 12 期。

黄楚新：《全面转型与深度融合：2020 年中国媒体融合发展》，《现代传播》（中国传媒大学学报）2021 年第 8 期。

黄楚新、许可：《论媒体深度融合的机制创新路径》，《山西师大学报》（社会科学版）2021 年第 5 期。

李娟、刘勇：《变动时代新闻职业价值的消解与重构——基于 ONE 实验室解散的元新闻话语研究》，《新闻记者》2018 年第 5 期。

彭兰：《"液态""半液态""气态"：网络共同体的"三态"》，《国际新闻界》2020 年第 10 期。

彭增军：《算法与新闻公共性》，《新闻记者》2020 年第 2 期。

彭增军：《墙里秋千墙外道：新闻付费墙与会员制》，《新闻记者》2019 年第 8 期。

彭增军：《慢新闻：回归还是反叛》，《新闻记者》2018 年第 11 期。

彭增军：《主义与生意：新闻模式与商业模式的悖论》，《新闻记者》2018 年第 1 期。

彭增军：《谁来豢养看门狗：社交网络时代新闻媒体的商业模式》，《新闻记者》2017 年第 1 期。

钱婕、[美]马丁·康伯伊、咸学文：《莱文森调查：元新闻话语交锋与英国报业监管困境》，《新闻界》2021年第6期。

李彪、张雪、高琳轩：《从管理新闻到回避新闻：社交分发环境下新闻消费方式的转向》，《新闻与传播研究》2021年第9期。

史安斌、戴润韬：《新冠肺炎疫情下的全球新闻传播：挑战与探索》，《青年记者》2020年第13期。

苏涛、彭兰：《技术与人文：疫情危机下的数字化生存否思——2020年新媒体研究述评》，《国际新闻界》2021年第1期。

佘文斌、童岩：《危机中的价值重审：转型语境下的新闻职业话语——对47篇休刊词的研究》，《新闻界》2020年第5期。

唐绪军、黄楚新、王丹：《媒体深度融合：中国新媒体发展的新格局——2020—2021年中国新媒体发展现状及展望》，《新闻与写作》2021年第7期。

吴信训、喻国明、胡泳、韩晓宁：《从上海报业新动向看中国传媒业转型与政媒关系》，《国际新闻界》2014年第2期。

喻国明：《新型主流媒体：不做平台型媒体做什么？——关于媒体融合实践中一个顶级问题的探讨》，《编辑之友》2021年第5期。

喻国明：《有的放矢：论未来媒体的核心价值逻辑——以内容服务为"本"，以关系构建为"矢"，以社会的媒介化为"的"》，《新闻界》2021年第4期。

朱鸿军：《颠覆性创新：大型传统媒体的融媒转型》，《现代传播》（中国传媒大学学报）2019年第8期。

朱鸿军、张化冰、赵康：《我国推行原创新闻付费的障碍与路径创新研究》，《新闻大学》2019年第7期。

朱春阳、曾培伦：《圈层下的"新网红经济"：演化路径、价值逻辑与运行风险》，《编辑之友》2019年第12期。

赵曙光、张竹箐：《2019年国际新闻传播学研究的十个核心议题》，《新闻记者》2020年第7期。

张辉锋、翟旭瑾：《中国传媒业商业模式类别及创新路径》，《中国出版》2019年第6期。

张志安、王海燕、范吉琛：《变革中的新闻业及其未来——牛津大学路透新闻研究所所长尼尔森教授访谈》，《新闻记者》2019 年第 10 期。

周睿鸣：《元新闻话语、新闻认识论与中国新闻业转型》，《南京社会科学》2021 年第 2 期。

周睿鸣：《"转型"：观念的形成、元话语重构与新闻业变迁——对"澎湃新闻"的案例研究》，《国际新闻界》2019 年第 3 期。

曾繁旭、王宇琦：《重新定义传媒业的创新：持续性传媒创新与颠覆性传媒创新》，《新闻与传播研究》2019 年第 2 期。

曾繁旭、王宇琦：《传媒创业研究：一个新兴领域的研究脉络与中国议题》，《新闻记者》2019 年第 2 期。

王天定：《建设性新闻：要做无助者的"导盲犬"》，《青年记者》2020 年第 7 期。

王亮：《受众需要完成的任务——媒体产品定位的新视角》，《编辑之友》2019 年第 3 期。

王亮：《臭鼬工厂：互联网时代媒体组织结构设计创新》，《编辑之友》2017 年第 10 期。

王辰瑶：《反观诸己：美国"新闻业危机"的三种话语》，《国际新闻界》2018 年第 8 期。

王辰瑶、范英杰：《打破新闻：从颠覆式创新理论看 BuzzFeed 的颠覆性》，《现代传播》（中国传媒大学学报）2016 年第 12 期。

王辰瑶、刘娉婷：《〈卫报〉"开放新闻"实践的个案研究》，《编辑之友》2016 年第 7 期。

王辰瑶：《新闻创新研究：概念、路径、使命》，《新闻与传播研究》2020 年第 3 期。

王沛楠、史安斌：《观念祛魅与边界重构：数字时代的西方元新闻话语研究》，《西安交通大学学报》（社会科学版）2021 年第 5 期。

三　英文文献

Alan Rusbridger, *Breaking News: The Remaking of Journalism and Why It*

Matters Now, London: Picador, 2019.

Alan Rusbridger, *News and How to Use It: What to Believe in a Fake News World*, Edinburgh: Canongate Books, 2021.

Bill Kovach& Tom Rosenstiel, *The Elements of Journalism: What Newspeople Should Know and the Public Should Expect* (4th Edition), Maryland: Crown, 2021.

Bill Dodd, *Solutions Journalism: News at the Intersection of Hope, Leadership, and Expertise*, Maryland: Lexington Books, 2021.

Barbie Zelize, *What Journalism Could Be*, Cambridge: Polity Press, 2017.

Caitlin Petre, *All the News That's Fit to Click: How Metrics Are Transforming the Work of Journalists*, New Jersey: Princeton University Press, 2021.

Francesco Marconi, *Newsmakers: Artificial Intelligence and the Future of Journalism*, New York: Columbia University Press, 2020.

Jill Abramson, *Merchants of Truth: The Business of News and the Fight for Facts*, New York: Simon & Schuster, 2019.

James Hamilton, *Democracy's Detectives: The Economics of Investigative Journalism*, Cambridge: Harvard University Press, 2018.

James Hamilton, *All the News That's Fit to Sell: How the Market Transforms Information into News*, New Jersey: Princeton University Press, 2003.

Jason Paul Whittaker, *Tech Giants, Artificial Intelligence, And The Future Of Journalism*, New York: Routledge, 2019.

Ian Hargreaves, *Journalism: A Very Short Introduction*, Oxford: Oxford University Press, 2014.

Kelly McBride&Thomas Rosenstiel, *The New Ethics of Journalism: Principles for the 21st Century*, Washington: CQ Press, 2013.

Michael Schudson, *Why Journalism Still Matters*, Cambridge: Polity Press, 2018.

Michael Schudson, *Journalism: Why It Matters*, Cambridge: Polity Press, 2020.

Margaret Sullivan, *Ghosting the News: Local Journalism and the Crisis of American Democracy*, Columbia Global Reports, 2020.

María Luengo& Susana Herrera-Damas, *News Media Innovation Reconsidered*:

Ethics and Values in a Creative Reconstruction of Journalism, New York: Wiley, 2021.

Mitchell Stephens, *Beyond News: The Future of Journalism*, New York: Columbia University Press, 2014.

Nick Couldry, *Media: Why It Matters*, Cambridge: Polity Press, 2019.

Nicholas Diakopoulos, *Automating the News: How Algorithms Are Rewriting the Media*, Cambridge: Harvard University Press, 2019.

Robert McChesney & John Nichols, *The Death and Life of American Journalism: The Media Revolution that Will Begin the World Again*, New York: Nation Books, 2010.

Richard Perloff, *The Dynamics of News: Journalism in the 21st-Century Media Milieu*, New York: Routledge, 2020.

Victor Pickard, *Democracy without Journalism?: Confronting the Misinformation Society*, Oxford: Oxford University Press, 2019.

后　　记

《新闻商业模式创新：理论、实践与案例》一书系统地探讨了当代新闻商业模式的多元化发展路径，旨在为新闻从业者、学者和学生提供有益的参考和启示。本书的完成离不开诸位师长、友人的指导、支持和帮助，在此，我谨向他们表达最诚挚的谢意。

感谢中国海洋大学王天定教授和西北大学王亮教授。他们阅读了本书书稿，还对书稿的结构和内容提出许多建设性意见，使得本书的学术性和实用性得到极大提升。不过，本书中出现的任何错误均由本人独自承担，与他人概无关系。

感谢陕西师范大学优秀著作出版资金资助、陕西省社科重大项目资金资助，以及陕西师范大学新闻与传播学院诸位同仁在本书出版过程给予的帮助。

感谢陕西师范大学研究生孙玟琪、陈嫣、陈俊宇、县智博，他们在数据整理和图表绘制方面帮助我做了大量细致工作。

感谢牛津大学路透新闻研究所、皮尤研究中心、世界报业协会、国际新闻媒体联盟等研究机构，他们发布的行业报告和研究成果为本书研究提供了重要的数据支持和理论参考。

特别感谢中国社会科学出版社张湉博士，她认真负责、耐心细致的专业编辑是本书得以顺利出版的前提。

新闻业正处于一个充满挑战和机遇的时代，创新是推动新闻业可持续发展的关键。希望本书能够激发更多新闻从业者和学者不断探索和创新，共同推动新闻业健康发展。

张建中
2024 年 6 月 26 日